U0032635

Intellectual History

專號：盧梭與早期中國共和

3

2014 年 9 月

目錄

發刊辭

　　整體史學之興衰與思想史之興衰相維；反之亦然。

　　史學興盛的原因眾多；有緣於外部因素者，如某類重要或大宗史料的突然出現、政治因素的推波助瀾、學科建制化之後的自我複製與再生產的能力等等；但真正能讓史學持續灌入活頭源水的原因，則在於吾人主觀上對重要歷史課題的強烈好奇；以及足以將好奇轉化成學術議題的社群對話。史料、政治或知識環境固然可於一時之間創造史學研究的能量，但研究者能否從史料爬梳、凝塑出具深遠意義的課題，從而回饋給政治環境以多元反思的歷史理解，則與史學社群對歷史學的持續回顧與提高視野密切相關。如果歷史學界不願將這類自我理解與反思的功課交付給專事方法論的哲學家，那唯一的可能，或許就是有待思想史從業人員更積極地介入此道，讓整體史學能夠從中汲取足夠的養分。

　　上述所言不等於冀望思想史家自命為史學界的導師。正好相反，許多思想史家在創造議題之時，只是史學軍團的游擊兵或初入史學花苑的小園丁。思想史家無法告知我們真實如何取得，或史學應當如何等等認識論的規範真理，而毋寧是提出議題及其重要性的討論。胡適當年「截斷眾流」，將春秋時期之前的思想論述從中國哲學史中剔除，無疑正面地激撓了當時的史學重要議題。馬克思提議的資本主義

批判史觀，不只導引了近代討論資本主義興起的史學重鎮——例如布勞岱（Fernand Braudel）等人，也造成現代史學對下層社會歷史的關注。他們都未曾自命為思想史家。但無疑的，若要周全地討論近代思想史，他們的著作或想法絕對不容忽視。他們都關心於如何將歷史概念化、意義化、問題化；從而能夠介入重要的歷史議題。

從概念到重要歷史議題中間的論證發展當然有許多種路徑，其關係也不是一路平遂，常常充滿糾葛。但開放地接待概念與歷史議題之間的關係，或許是對思想史研究最佳的「定義」方式：思想史不是個既定的領域，它的疆界，或正確地說，它的生命注定隨著概念與歷史議題之間多樣的關係之開展而開展。如果討論一件宋代陶器時不預設所謂器型、風格或歷史脈絡是既與或既定的，那麼研究者勢必得從器類的思維範疇開始進行思考研究，進而了解此陶做為當時美感秩序、生活秩序、甚至禮儀或政治秩序中的因素或配件的地位與意義。再者，工藝之內容反映美感價值之分疏、判斷、選擇，正如同工匠的社會存在反映時代對職業、人格、地位、榮譽等等的價值態度。統整各類細微價值而描繪出某一歷史社會、族群的人生態度、價值取向，是思想史家正當且當為的知識目標。

將思想史的畛域推至如此之大，其實是漢語思想史之傳統使然。近幾十年來，隨著史學的專業化，漢語思想史家們對某一文本、思想史人物、甚至時代思想氣氛的研究與日俱進——其成果也確實令人燦然欣喜。但是過度的專業化永遠有自我區隔的風險。如何讓漢語世界的思想史重新與整體史學的命運密切聯繫在一起，應是此刻思想史研究者不可迴避的課題。本文首揭「整體史學之興衰與思想史之興衰相維」，此義甚難以分析方式證成，只能以「歷史經驗」或「選擇之親近性」的方式略以示意。衡諸近百年之世界史學，應以法語、德語、

英語、華語史學界為四大傳統；應無疑義。而法、德、英語史學均有其獨特而擅場的「思想史」傳統，迄今未衰。法語世界有「心態史」（l'histoire des mentalités）史學寫作，強調社群於長時間的集體心態或世界觀。無論學界對於何謂「心態史」、何人可為代表有所歧見，此一特色史學與一九二〇年代以來的年鑑學派（Annales）強調長時間、社會、經濟、人口等面向的史學發展息息相關，殆無疑義。德語世界則有「概念史」（Begriffsgeschichte）的提法，認為理解歷史的重要途徑之一在於掌握概念之變化以及概念與其社會之間的關係。這個史學傳統既有19世紀黑格爾精神史（Geistesgeschichte）的遺緒，也有現代德國哲學與社會學的特殊影響力。英語世界在一九四〇年代有注重西洋文明傳統的美國學者 Arthur Lovejoy 所提倡的觀念史（history of ideas）；一九六〇年代後有昆丁‧史金納（Quentin Skinner）所強調的觀念之脈絡史學（contextual history of ideas），認為歷史研究的重點不在於再現觀念本身，而在分析觀念的使用者與其外在環境的互動關係。此種說法顯然與柯林烏（R. G. Collingwood）以及奧斯汀（John Austin）的思想（史）研究傳統有關。此外，歐美與英國尚有受到馬克思主義所啟發的思想史研究，例如 Keith Thomas、E. P. Thompson、Gareth Stedman Jones、Christopher Hill 等人的著作。如果單以社會史來統稱這些著作，顯然忽略了他們對於觀念的重視與分析，也過度撕離了思想史與整體史學的關係。而義大利裔的 Carlo Ginzburg 膾炙人口的 *The Cheese and Worms* 其實是精彩的庶民思想史作品。總而言之，這幾個大史學傳統各自有其相應的「思想史」傳統。這絕非偶然，而是兩者之間形成回饋的循環有以致之。

　　淵遠流長且勝義迭出的漢語史學及其思想史之間的關係，與上述傳統其實並無二致。唯一差別在於華語世界有「樸學」的傳統，較缺

少哲學或方法論的辯證與語言來對自身的知識操作進行定性的工作。其實，漢語世界的「思想史」是個光譜或幅員相當廣的史學次領域。它涵蓋對觀念、概念的關注與分析，也包含智識份子的研究。甚至，緣於秦漢以降漸次成熟的經籍志、四部、學案、乃至有清一朝的考證學傳統，使得在近代漢語學術中，思想史與學術思想史很難完全切割；甚至在加入政治史或制度史研究體例之後，有「制度思想史」這樣少見於其他重要史學傳統的概念。漢語世界此種學術底蘊，造成自一九二〇年代起，風起雲湧的思想史研究盛況。梁啓超、錢穆等人固然是自認且公認的前後相望的思想史大家，其他如王國維、陳寅恪等人的史學之大者，如前者的〈殷周制度論〉，後者的《隋唐制度淵源略論稿》與許多論文其實也都牽涉到制度與思想或大傳統的價值體系。如果思想史家錢穆的制度史寫作，是以通貫的史學思想為中國歷代制度加以定位，透顯制度背後的價值體系，王國維、陳寅恪等人的著作則是以制度說明大傳統或社會心態的結構力與滲透力。甚至一般認知裡，不被視為思想史家的史學教授，其著作也多半觸及，甚至處理思想史課題，例如沈剛伯從社會地理，討論先秦法家的起源與流派，以社會史著稱的李宗侗不只研究史學史，也注疏《春秋公羊傳》。即使是標榜「唯物史觀」的一些史家，如翦伯贊、郭沫若，尤其是侯外廬等人的史學作品，都相當關注思想與思想史。換言之，這一群被稱之為早期社會史的研究者，其實都有很深的思想史涵養，這使得他們的史著能夠對其他同行產生較大的啟示。甚至常被誤認為反對思想史的傅斯年，他最好的學術作品之一即是《性命古訓辨證》，也泰半與思想史密切相關。幾乎可以這麼說，不標榜思想史，甚至偶而質疑思想的重要性，懷疑思想史的確定性，卻實質上從事思想史工作並卓有貢獻者，是現代漢語史學的特色。漢語思想史富有豐沛的傳

統與水脈，使得研究者得以左右逢源，或者在潛移默化中，關注（學術）思想史的課題，或甚至運用概念來詮釋歷史。單一的經典思想人物、概念、著作、課題固然值得研究，但積極擴展議題，並努力概念化各類研究課題，期能在概念層次上與其他議題相通、相融而回過頭來摶聚成更具意義與廣度的議題，或許是讓思想史重新成為漢語整體史學之底蘊的唯一可能。

相較於法、德、英語世界的現代思想史寫作，漢語世界的思想史傳統雖然較少方法論的自我釐清與自述，卻有更為寬廣的學術史、制度史底蘊。上世紀四十年代以來，左派的「批判史學」與右派的「同情的理解」之間的齟齬如今已然低盪，逐漸相融於同一個史學傳統。加上司馬遷「通古今之變」的遠大傳統，使得漢語思想史在課題廣度、態度、時間向度上，或許尚不足以稱之為遠邁於其他語言世界的思想史傳統，卻鼎足並立而有餘。可惜，雖然自20世紀晚期開始，漢語史學明顯有去意識形態化、去物質主義化的傾向，卻似乎同時也有去思想化的傾向。晚近去思想化的傾向，可能原因是在所謂全球化、普世化的當代政治生活中，一些基本的價值與概念，諸如民主、憲政、人權、正義、國家理論、主權等等常常被認為均源自西方，使得傳統中國或華文思想史，尤其是政治思想史研究的正當性需要予以特別說明，或常常只能在反抗西方中心論這種被動論述中建立正當性。另一方面，晚近西方史學中以新文化史為大蠹的新物質主義史學，如消費、出版、醫療、視覺、身體、收藏等等史學主題，相當程度吸引了史學界的注意力。然而正如自稱為思想史家的傅柯（Michel Foucault）的著作所展示，身體可以是思想史家的研究思考的自然場所。思想史與身體史或其他被籠統稱之為新文化史或新物質主義歷史的次領域，若始終平行發展，對彼此都是限制。如果思想史要獲取源

頭活水，它顯然可以發展概念化、問題化、意義化歷史議題的能力，將上述次領域的歷史意義——如果不是文獻——考量進去，並加以擴大。

　　漢語思想史學界的前輩已為此領域留下諸多典範與經典，但今日它所面臨的挑戰之鉅，也遠大於半世紀之前的景況。今日談論思想史而要求有通貫之識或橫跨三個斷代者，已如鳳毛麟角。跨國族或國際化的思想史寫作雖然有引人之處，但其困難度較諸槍砲或傳染病的全球歷史，不可以道里計。或許，在通古今之變與全球思想史之外，思想史可以更專注於議題的整合與擴大。思想史應該更敞懷地擁抱各類歷史議題，期能與整體史學的發展脈動同步。如果思想史家們相信，他們終究不只能回應、預流史學新潮，也能夠概念化、問題化、意義化各式新舊的歷史議題，思想史或許能夠成為其他史學次領域發掘議題、聯結議題、解決議題的靈感來源。此為本刊之所祝願，而願為路橋者。

編輯語

　　本期有三篇文章討論盧梭政治思想在中國與日本的早期詮釋與受繼。此三文各有所長，但都集中於討論盧梭的《社會契約論》（*Du Contrat Social*），尤其是其中最具魅惑力與爭議的概念：普遍意志（volonté générale）。

　　王曉苓〈盧梭「普遍意志」概念在中國的引介及其歷史作用〉是一篇分析精細且具歷史縱深的精采論文。王文認為，十九世紀末日本人中江兆民精到的漢文譯本《民約通義》開啟了中文世界對盧梭政治思想的關注與討論。循此，王文約略依清末、民國、1949至文革、1990年代後等四個時期，分別列舉、闡述幾位具代表性人物。論文的前大半部依序討論梁啟超與汪精衛，嚴復、章士釗、張奚若，何兆武，王元化等人對「普遍意志」的理解與爭議；是精細的文本分析。王文認為，盧梭的政治思想，尤其是「普遍意志」概念具有「兩面性」（p. 56）。一方面，它彰顯人不可讓渡的自然主權—因此可能主張激進民主；另一方面，它又強調政治社會中的成員，也就是公民必須服從普遍意志的指揮—因此可能形成極權統治。這個兩面性導致了歷來中文世界對盧梭理解的分歧。王文最後從時代背景、政治議程以及政治環境的變遷等外部因素，論證上述各家對於盧梭思想理解的差異。從君主立憲到革命，從相信進步的人民民主到反左，在不同的政

治光譜下，反射出盧梭的不同樣貌。總之，王文是篇黑格爾式的思想
史論文，以後世、歷史後設的立場，逐一審視主要闡述者的理解、翻
譯、衍伸及其闡述的時代背景。在一種「全知」的眼光下，希望對過
往的詮釋文本投以時代性的理解。

　　范廣欣的〈盧梭「革命觀」之東傳：中江兆民漢譯《民約論》及
其上海重印本的解讀〉是問題意識清晰，論理強勢的學術文章。范文
認為，盧梭政治思想並不強調革命，並不鼓吹消滅君主統治。那麼，
范文問道：「近代以來中國人是怎樣通過閱讀《社會契約論》發現了
革命呢？」（p. 70）這問題等於暗示、追問了中國近代革命意識的起
源。根據范文的理解，此間與中江兆民翻譯《社會契約論》，也就是
上海大同譯書局出版的《民約譯解》密切相關。范文大量利用中江兆
民自己在譯本中所加入的個人意見－〈解〉－，企圖說服讀者，中江兆
民以相當迂迴、夾譯夾注、幾近微言大義的方式，逐漸將盧梭的「反
對君主專制」，往「否定君主制本身」推進。（p. 82）范文進一步論
證，中江刻意使用「黨」一字來表示 ‘society, aggregation, association,
community, union’ 等多種不同概念，明顯帶有革命黨的修辭意味。
（pp. 92, 95）相較於王文的歷史縱深，范文完全集中於中江兆民文本
的內外部分析，特別注意中江遣詞用字的意旨。但范文也注意到《民
約譯解》在中國以《民約通義》重印面世時所發生的文本再造，尤其
是重印版的序言，較諸中江激進，根本就是「徹底否認君主專制，而
承認革命的正當性」。（p. 101）換言之，從日本的《民約譯解》到中
國的《民約通義》，中國近代的革命思想依著這份亞洲的盧梭文本而
生長。

　　蕭高彥〈《民約論》在中國：一個比較思想史的考察〉是篇方法
論意識極為清晰的論文。上述范文的論述注重作者認定的正確的、

非革命的盧梭，對照中江文本不狃於時而造作出的潛在的革命話語，以及此話語在晚清中國情境下的放大。如果范文可看成史特勞斯式的（Straussian）的文本解讀，蕭文則是自承、自省的史金納式（Skinnerian）思想史書寫：以翻譯文化理論來平衡史金納方法論中的主體意識與作為，而凸顯在地文化條件所釀醞的新種政治語言。蕭文的分析對象以中江兆民、楊廷棟、劉師培、馬君武為主，說明這些譯者及其文化在特定條件下所構思的翻譯策略與概念傳遞，創造出甚麼政治想像。以中江為例，他「君」「邦」「民」「士」「臣」等詞分別代表sovereign, power, people, citizen, subject等等，顯然是以儒家政論來安置新的、未來的政治秩序想像。但蕭文的目的不止於觀念的比較，而進一步指陳，這些特殊的翻譯可能指向何種政治議程。中江兆民以「君權」翻譯sovereign，少了「主權者」這抽象的概念，導致了「以人民自為君主」遮蔽掉了「以人民自為主權」。其結果，傳統的個人君主統治制度在《民約論》裡變成不可能的選項。（p. 128）這其實反倒相當呼應中江在譯著裡強調的「民約」主軸。蕭文最精彩的分析應該是有關楊廷棟的部分。從上述王文或范文的角度看，楊廷棟的翻譯顯得粗糙且錯漏百出。但蕭文以文化交會暨脈絡化方式來理解楊廷棟，反倒得出令人驚喜的文本詮釋。蕭文認為，關鍵在於楊廷棟以「公理」來翻譯「普遍意志」。這固然使得盧梭文本可以與傳統儒家清議概念疏通，但更重要的是，它「將盧梭的『民約』」「轉化成一種憲政主義論述」。（p. 136）這顯然也與楊廷棟強調輿論、議會或「集言之制」互為表裡。用更簡潔的說法就是，楊廷棟將盧梭洛克化了。（p. 137）而到了劉師培、馬君武等革命派，他們則強調危急時刻的「特別會議」，普遍的平等觀念，以及人民的權力等等指向在清末政治情境下的革命正當性話語。尤其是馬君武以「帝權」來指涉人

民主權，顯然「超越了中江的語彙系統」。（p. 156）

上述三篇文章分進合擊，將以「民約」、人民主權等概念為主的中國近現代政治語彙，甚至文化傳遞的研究做了具有多重對話效果的精緻展示。無論後繼研究者對這些論文評價為何，任何超越企圖，都必然具相當挑戰性。

林正珍的〈分裂的亞洲認同：近現代東亞世界觀的對位式呈現〉主題與前述三文相當不同，文類風格也完全迥異，但所論時代與社會則高度重疊，對研究近現代文化思想者，這四篇論文之間應該有相互印證啟發之用。林文提示道，相較於中國天下觀的限制，亞洲的亞洲概念是日本文化特殊論的產物。此概念一方面顯示出日本國族在既有的，亦即西方中心、資本主義的世界史框架中，追尋主體的努力，另一方面則與日本帝國主義的理性化或合理化接榫。這是相當精確也深具啟發的觀察。此外，林文仔細描述了日本思想界如何在近六十年從新亞細亞主義，也就是自任融合東西文明的角色，逐漸轉向多元與自省的亞洲觀。此一宏觀的歷史態度之考察，應該可以提供中日近現代比較史或交流史的研究者一個思考背景。

多元思考同樣是戴麗娟〈法國史家的記憶課題：近三十年的重要著作與討論〉一文的重要元素。戴文詳細介紹法國史家對於何謂歷史記憶所進行的發明、寫作與反省。根據戴文，歷史記憶就是相對於學院歷史書寫的歷史。它是民間的、多樣的、地方的、分散的，甚至是個人的。（p. 215）換言之，我們現今所懷抱的性別、階級、國族等等認同，很可能有相當程度，來自非學院歷史的建構。這個認定或觀察，就是歷史記憶研究的起點與主要內容。這既是學院歷史的反省，也是學院對非學院書寫的介入。但是，誠如戴文所精確交代的，此一學院歷史的反省與介入──「記憶之所在」，也可能成為非學院、民

間、或媒體所欲收編的「所在」。本文是中文世界少見有關此一主題的詳盡介紹，相信它對中文世界西方現代史學史相關研究應該會有長久影響。

【論著】

盧梭「普遍意志」概念在中國的引介及其歷史作用

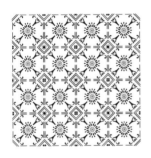

王曉苓

現任巴黎狄德羅大學東亞學院助理教授，美非亞社會科學研究中心（CESSMA）成員，研究領域爲中國近現代思想史以及盧梭對中國的影響。主要著作有：*Qu Qiubai (1899-1935) «Des mots de trop»—L'autobiographie d'un intellectuel engagé chinois*, Editions Peeters Paris-Louvain, 2005（《瞿秋白〈多餘的話〉：一個中國知識份子的自傳》，與魯林 Alain Roux 合著）；*Jean-Jacques Rousseau en Chine: de 1870 à nos jours*, dans l'Edition Musée Jean-Jacques Rousseau—Montmorency, 2010 等。

盧梭「普遍意志」概念在中國的引介及其歷史作用

摘要

「普遍意志」是盧梭《社會契約論》的核心概念。由於其內涵極其複雜，並具個人自由主義與極權主義的雙重趨向，歷來對其意涵的解讀眾說不一，論爭不斷；其爭議性也影響到盧梭思想在中國的解讀。通過考察最初的兩個《社約論》漢譯本，以及自十九世紀末以來不同時期最有代表性的相關論著，本文試圖以對照分析的方法，來探討這一概念是如何翻譯和解讀的，以及每個時期對這一概念不同解讀的歷史根源。

其實，盧梭「普遍意志」概念在中國所引發的不同詮釋以及爭議，往往與不同時期的國情緊密相連。耐人尋味的是，辛亥革命前以及民國時期對盧梭「普遍意志」的批評主要來自對「國民」資格的懷疑，擔心天賦人權說會使人人濫用自由，最終導致社會秩序的混亂。顯然，把盧梭學說視為倡導個人極端自由之說。解放後，盧梭的政治理論被視為「只是資產階級民主革命時期代表小資產階級的利益和要求」的理論而被邊緣化。而文革之後，盧梭的「公意」理念被詮釋為「消融了特殊性與個體性」的抽象普遍性，成為導致「極權專制」的理論依據。如今，盧梭成為學術界研討的對象，回歸作者原著，按照思想家本人的邏輯來挖掘和解讀盧梭思想的原始意涵成為當今學者的研究方向。

通觀盧梭的政治論著，我們以為盧梭試圖通過「普遍意志」原則來構建一種使個人自由與政府權力之間和諧的政治體制。因此盧梭所反對的不是每個人的私利，而是有損於平等自由的個別意志或特殊利益。探討這一理念的深層內涵及其在中國的接受歷史，對當下仍具現實意義。

關鍵詞：普遍意志，大公無私，自私自利，社約，主權者

一、前言

　　盧梭（Jean-Jacques Rousseau, 1712-1778）是法國十八世紀啓蒙時期傑出思想家之一，他的《社會契約論》對美、法、乃至中國的共和革命都有重大影響。「普遍意志」（volonté générale）是盧梭政治學說中的一個核心概念，儘管這一概念並非他所發明，[1]但盧梭給予這一概念新的意涵，在他的《論政治經濟學》（1755）、《日內瓦手稿》（1758-1760）、《愛彌爾——或論教育》（1762）、《關於波蘭政府的思考》（1772）、《山中來信》（1765），[2]等主要政治和教育論著中多有闡述，特別是在《社會契約論：政治權利的原理》（以下簡稱：《社約論》1762）中，作者對這一概念的產生、性質及其作用進行了系統的論述。[3]如何理解這一概念直接關係到對盧梭整個政治思想體系的理解。然而歷來對這一概念內涵的解讀眾說不一，論爭不斷。[4]這一觀念

1　關於「普遍意志」概念的淵源問題，詳見張翰書，〈「共通意志」探源〉，原載《新天地》（臺北，1963），後收入袁賀、談火生主編，《百年盧梭——盧梭在中國》（長春：吉林出版集團公司，2009），頁309-314；張佛泉著，談火生譯，〈「公意」概念的起源與發展〉，英文原載黃德偉編，《盧梭在中國》（香港，1997），頁97-107，後收入袁賀、談火生主編，《百年盧梭——盧梭在中國》，頁315-325；談火生，〈盧梭的「共同意志」概念：緣起與內涵〉，原載《中西政治文化論叢》，6（天津，2007），頁357-383，後收入袁賀、談火生主編，《百年盧梭——盧梭在中國》，頁336-356。

2　關於盧梭的政治論著，包括《社會契約論》，主要參考：*J.-J. Rousseau Œuvres complètes*, tome III (Paris: Bibliothèque de la Pléiade Gallimard, 1964)；關於《愛彌兒——或論教育》，參看 *J.-J. Rousseau Œuvres complètes*, tome IV.

3　盧梭在《社約論》中有61處之多論及「普遍意志」這一概念，可見這一概念所占的重要位置。

4　據我們最近在中國知識網（CNKI）上的搜尋，關於盧梭「公意」（或「普遍意志」）概念的研究論著就可找到1882條結果，可見中國學術界對此概念的研究相當關注。

也主要是通過盧梭《社約論》的漢譯本引進中國的。所以本文對這一概念的討論主要參照《社約論》的相關論述。在進入主題之前，有必要先探討一下關於這一概念的中文翻譯。

對於volonté générale概念的漢譯，最初至今有過多種譯法，如：眾意、眾志、公意、公志、總意、公理、公道、輿論、國民之意、國民總意、普遍意志、共同意志、共通意志、一般意志、公意志、公共意志等，表明這一概念在中國語境中難以找到確切的對應詞。不同的譯法亦反映了譯者或論者對這一概念的不同理解。目前，最為通行的譯法是「公意」。在我們看來，「普遍意志」更接近這一概念的內涵。從語意上講，中文的「普遍」有：全面、廣泛、普通、共同性等含義，與法文的générale（普遍的、總體的、一般的）相近；「意志」表示意願和志向，較接近法文的volonté（願望、意願、意志）一詞。與「公意」相比，「公」字，除了有公平、公正、公共的字面意思外，在中國道德傳統中，往往與「私」對立：常出現於「以公滅私」、「大公無私」等詞語中。漢語中的「私」字有多重內涵：從社會範疇上區分，「私」是指非國家部門，包括個人、家族、黨社等；從道德價值上判斷，指追求自我利益，亦包含負面的不顧他人或全域的「自私自利」之意。而且，在中文語境中，「公」與「私」是一對內涵極其豐富並與時變遷的概念。黃克武先生對明末至清末時期公私概念的演化脈絡作了深入的考察和梳理，指出明末清初與清末民初對公私觀念討論的共同點在於兩個時期的思想家在肯定「私」與「利」的同時並非放棄「公」的道德理想，仍然擁護中國傳統中「天下為公」、「大公無私」的目標，也反對徇私或「假公濟私」等自私行為。明末與清末思想家所肯定的「私」均為庶民的合情、合理之私，並以此來討論「合私以為公」，亦即以肯定每一個個體的合理欲望、

私有財產、個人隱私，以及各人對公共事務的參與，來建立社會正義
的準則。所不同的是，明末公私觀念的討論與反專制君主「私天
下」、宋明理學內部的變化，以及明清社會經濟變遷有關，所注重的
「私」是指個人欲望與私有財產權；清末對公私的討論則具有更強烈
的西方影響的色彩，更爲關注由全體國民私其國，來倡導「國民」的
權利。[5]回到volonté générale概念，雖然明清時期「合私以爲公」的觀
念與「公意」概念有相近之處，但應當指出，盧梭所說的volonté
générale理念並非「私意之和」，[6]而是源於每個公民又用於每個公民卻
有別於「個別意志」的共同意志。所以，無論從其「起源」還是「目
的」而言，它都是「普遍」的。盧梭所反對的不是個人「私利」
（l'intérêt privé），而是可能危害平等自由的個別意志或特殊利益
（volonté et intérêt particuliers）。因此，我們認爲用「普遍意志」翻譯
volonté générale更接近原義，亦比較中性：與「普遍」對立的是片
面、個別和特殊。當然，共同意志、共通意志、一般意志也與原文接
近，只是含義各有側重。[7]

　　盧梭《社約論》自十九世紀末引進中國至今，已經歷了一百多年
的歷程。「普遍意志」作爲該著的主要概念，不僅引發了多種不同的

5　關於明末到清末公私概念變化的詳細分析，請參見黃克武，〈從追求正
　　道到認同國族──明末至清末中國公私觀念的重整〉，《近代中國的思潮
　　與人物》（北京：九州出版社，2013），頁3-39。
6　「普遍意志」（volonté générale）與「眾人之意」（volonté de tous）的區
　　別，將在下文進一步分析。
7　「共同」：強調大家都有的，彼此相同的，與其對應的法文是commun；
　　「共通」：未必各方面完全相同，但各方可以認同，與之對應的法文是
　　accepté en commun；「一般」：強調普通，尋常，中等，雖然與特殊、個
　　別、相對，但可以理解成不包括「特殊」或「不尋常」的，與其對應的
　　法文是ordinaire, moyen。

譯法，思想界和學術界對其內涵的詮釋也因歷史背景不同而發生變化。本文試圖從歷史的視角，通過比較思想史的方式，對國人自晚清以來對這一概念的譯介、論爭和研討進行對比分析，以求考察這一政治理念在不同的歷史時期如何被解讀，以及在與中國國情結合時究竟引發了怎樣的思考或論爭，並對各時期不同解讀的歷史淵源及其作用進行探討。

　　由於篇幅所限，在眾多相關「普遍意志」文獻中，本文僅就四個不同時期的代表性譯本與論述進行分析：盧梭《社約論》在清末最初的的兩個漢譯本（日本中江兆民與楊廷棟的譯本）；梁啓超（1873-1929）的〈盧梭學案〉及其作為君憲派代言人與共和革命派主筆汪精衛（1883-1944）就「國民總意」概念的論爭；民國時期嚴復（1854-1921）、章士釗（1881-1973）與張奚若（1889-1973）的相關論述；解放後何兆武對盧梭《社約論》的介紹；以及文革後王元化（1920-2008）等對盧梭「公意」概念的批判，並且略述近期法國學者就這一概念的研究取向。

二、盧梭「普遍意志」在中國不同時期的引介與傳播

（一）清末的引進與論爭

1. 中江兆民與楊廷棟的譯本

　　1898春出版的《民約通義》是迄今所看到的最早的《社約論》漢譯本。書封上印有「民約通義，法儒盧騷著，人鏡樓主人提」，內含署有「戊戌春，東莞咽血嚨嗁子誌」（即1898年2月至5月）的序文，但未署譯者及出版者名。譯文內容僅限於原著的第一書（全著共

四書），是由日本明治時期著名思想家中江篤介（1847-1901，筆名兆民）根據法文翻譯的。[8]中國第一部完整的《社約論》是由留日學生楊廷棟（1879-1950）從原田潛的日譯本[9]翻成中文的。[10]辛亥革命之前這兩部譯著是國人瞭解盧梭「普遍意志」觀念的主要資源。

　　中江譯文的最大特點是根據自己的理解，不依照原文句序，而按文言行文習慣，來意譯盧梭的《社約論》。他對「普遍意志」這一概念並沒有固定譯法，往往隨語境而變換詞語來解譯這一概念，如：

8　中江兆民曾兩次翻譯《民約論》，首先於1874年譯成日文，又於1880-1882年譯成古漢語，而每次都只翻譯了《社約論》第二書的第六章。其譯著對當時日本的自由民權運動產生過巨大影響，中江爲此而享有「東洋盧梭」之稱。《民約通義》的內容與中江篤介《民約譯解》（卷1）基本相同，只是〈敍〉、〈譯者緒言〉、〈著者緒言〉未錄。中江兆民的譯本曾多次在中國刊發，對中國民主思想的發展產生很大影響，相關研究，詳見島田虔次著，賀躍夫譯，〈中江兆民著譯作在中國的傳播〉，《中山大學學報論叢（哲學社會科學）》，27（廣州，1992），頁175-178；狹間直樹，〈中國人重刊《民約譯解》——再論中江兆民思想在中國的傳播〉，《中山大學學報論叢（哲學社會科學）》，25（廣州，1991），頁149-154；狹間直樹，〈「東洋盧梭」中江兆民在近代東亞文明史上的地位〉，收入沙培德、張哲嘉主編，《中央研究院第四屆國際漢學會議論文集：近代中國新知識的建構》（臺北：中央研究院，2013），頁53-68。本文採用版本：盧騷著，中江兆民譯解，《民約通義》（共21頁）；《民約譯解》卷1、卷2（一至六章），收入井田進也編，《中江兆民全集》（東京：岩波書店，1983），第1冊，頁65-129。

9　戎雅屈·婁騷原著，原田潛譯述覆義，《民約論覆義》（東京：春陽堂藏版，1883）。

10　楊廷棟譯文的第一部分首先於1900至1901年以《民約論》爲標題分期發表在留日學生創辦的《譯書彙編》期刊上，1期（1900年1月）、2期（1901年1月）、4期（1901年5月）、9期（1901年12月）。其中《社約論》第一書的內容載入第1、2期。1902年楊廷棟將全部譯文彙編成書發表：路索著，楊廷棟譯，《路索民約論》（上海：作新社·開明書局，1902）。

「眾意之所同然」、「公意」、「法令」、「公志」、「眾議」等。中江認
為「邦」與「民」皆為「眾意相結而成體者」，民約主旨就是「人人
自舉其身與其力，供之於眾用，率之以眾意之所同然是也」。[11]把「普
遍意志」譯為「眾意之所同然」，有別於傳統的君主專制，意即人人
當服從大家共同的意願。

　　在盧梭看來，社會契約是個人與個人同公眾（public）的約定，
所以每個人都受著雙重關係的制約：對於個人，他是主權體的一個成
員，有立法的權力；而對於主權者，他是國家的一個成員，有服從法
律的義務。從主權體的角度來看，他不會傷害自己的成員的，因為那
樣一來，就等於主權者自己要傷害自己。然而從個人的角度考慮，個
人對共同體卻有可能造成損害。盧梭在第一書第七章第七段中分析了
「每個人」（chaque individu）作為「人」（homme）的「個別意志」
與作為「公民」（citoyen）的「普遍意志」的雙重性，這一段對於理
解「普遍意志」與「個別意志」的關係很重要，有必要徵引原文，與
今譯、中江和楊廷棟譯文進行比較分析。

　　（1）原文與三種譯本的對照
盧梭：

　　En effet chaque individu peut comme homme avoir une volonté

<hr>

11　盧騷著，中江篤介譯解，《民約通義》，頁14。對應的盧梭原文：
　　"Chacun de nous met en commun sa personne et toute sa puissance sous la
　　suprême direction de la volonté générale."（我們每個人都以自身及全力共
　　同置於普遍意志的最高指導之下）。Rousseau, "Contrat social," *J-J.
　　Rousseau Œuvres complètes*, t. III, p.361. 以下簡寫為：Rousseau, CS I:6.9，
　　意即：《社會契約論》書1、章6、段9。

particulière contraire ou dissemblable à la volonté générale qu'il a comme citoyen. Son intérêt particulier peut lui parler tout autrement que l'intérêt commun; son existence absolue et naturellement indépendante peut lui faire envisager ce qu'il doit à la cause commune comme une contribution gratuite, dont la perte sera moins nuisible aux autres que le payement n'en est onéreux pour lui, et regardant la personne morale qui constitue l'État comme un être de raison parce que ce n'est pas un homme, il jouirait des droits du citoyen sans vouloir remplir les devoirs du sujet, injustice dont le progrès causerait la ruine du corps politique.

事實上，每個個人作爲人來説，可以具有個別意志，與其作爲公民所具有的普遍意志相反或者不同。他的個別利益對他而言，可以完全不同於公共利益。他絕對的、自然獨立的存在，可以使他將自己對公共事務應盡的義務看作是一種無償的奉獻，並以爲不盡的話對別人的危害會小於因盡了自己所要付出的代價。而且，把構成國家的道德人格看作是理性的存在，因爲它不是一個人，於是他就只享公民之權利，而不願意盡其作爲國民的義務。這種不公正行爲的蔓延，將導致政治體的毀滅。（今譯）

中江譯文：

夫人人皆一身而兩職。故其爲君之所令，爲臣或有不悦矣；公意之所欲，私情或有不願矣。且也，其爲君也，非己獨專，而必與眾偕。且所謂君，無形體可見，至於臣則心思嗜慾、耳目肺腸，皆己所專有。於是乎視其當爲國服者，若專益於眾而己曾無與者。乃云我之服是務，在我極可憚，而我即不服，在眾不必有

害。於是乎爲臣之務是逃，而爲君之利是守。此習一成，民約壞墮，不可救止。故曰：不豫爲之防，不可以保其無背民約也。

楊氏譯文：

或謂以一人之意見，而決社會〔國家〕[12]之公議，則人必先私後公可知也。所謂義務者，盡之於我不見益，而不盡亦無害於眾人。故社會〔國家〕爲人民全體之說，妄而已矣。要之無論何人，不盡義務而得權利，亦何不可之有！嗚呼！是實覆滅社會〔國家〕之說也。生民以來，豈有欲營私利而蔑公益，欲庇一己而毀社會〔國家〕之理哉？余恐一己不可庇，而暴橫之虞隨其後；私利不可營，而敗亡之禍接踵而至也。

（2）重要觀念的評比：

A. 個人之雙重性：「人」與「公民」

盧梭在這段論述中使用了一系列對應的政治術語，來表達當「每個人」作爲「人」與其作爲「公民」的意志不能吻合所產生的矛盾，及其原因與後果。中江和楊廷棟的譯文各具特色，我們將把上面這一段分成三個層次進行分析，首先是「普遍」與「個別」兩種不同的意志的不同趨向。試比較：

12　應當指出的是楊廷棟於1902年出版其全譯本《路索民約論》時，將其之前在《譯書彙編》上發表的《民約論》中的「社會」一詞改爲「國家」，這一改動，可視爲楊廷棟刻意凸顯「國家」觀念的重要性。而他之前所用的「社會」一詞，源於日人原田潛的《民約論覆義》（頁45）。儘管「社會」與「國家」是盧梭政治哲學中的兩個重要概念，但是在這一段中既無相應的「社會」亦無「國家」詞語。

表一、「人」與「公民」的不同趨向

作／譯者	內文	說明
盧梭	chaque individu: homme−volonté particulière−intérêt particulier≠ citoyen−volonté générale−intérêt commun	
今譯	每個個人： 人−個別意志−個別利益≠ 公民−普遍意志−公共利益	為了論證每個人所俱備的人與公民的雙重性，盧梭使用了兩組相應而趨向不同的重要概念。
中江	人人： 君−令−公意所欲≠ 臣−不悅−私情或有不願	中江按照中國傳統習慣：以君／臣之序，用描述性語言來意譯盧梭的抽象概念。
楊廷棟	一人意見−決國家之公議−必先私後公	楊廷棟把原文中人的雙重性，誤譯成一人（統治者）之獨斷專行的必然後果。

資料來源：

1. 原文：Rousseau, CS I: 7.7, p. 363.
2. 今譯：筆者根據原文並參照何兆武譯本[13]的翻譯。
3. 中江譯本：《民約通義》，頁15b-16a。
4. 楊廷棟譯本：《路索民約論》，頁11。

　　盧梭說：「每個個人作為人來說，可以具有個別意志，而與其作為公民所具有的普遍意志相反或者不同。他的個別利益對他而言，可以完全不同於公共利益。」意即個別意志或個別利益相加，並不等於普遍意志或公共利益。中江的譯文翻得很漂亮，也相當達意。他用「君」與「臣」來表達原文中個人作為「公民」（citoyen）與「人」

13　盧梭著，何兆武譯，《社會契約論》（北京：商務印書館，2008）。

（homme）的雙重性；用「君之令」與「臣不悅」以及「公意之所
欲，私情或有不願矣」來表達原文中「個別意志」與「普遍意志」以
及「個別利益」與「公共利益」之間的矛盾。從字面上看，仍保留儒
家傳統的語境：「君」依然代表政治權威（君令）與道義（公意）。
然而，卻有了新的內涵，「君」與「臣」已不再代表東方政治話語中
的上、下兩個不同的等級：「君」者，「合眾而成」，其職責爲「議而
發令」；[14]「臣」之責是「奉乎令」；所謂「民約」就是「君臣交盟，實
人人躬自盟也」[15]：「凡與此約者，皆有與乎爲君也，自其將出令而
言，則君與其臣盟；自其將奉乎令而言，則臣與其君盟。故曰雖云君
臣交盟，實人人躬自盟也。」[16]

　　所以說：「民約也者，人人相將自舉身以與于眾者也，非向所謂
自舉身以與於君者也」，[17]中江在此用「君」（統治者）來轉譯盧梭原
文 "personne"（任何人）一詞，顯然是一種翻譯策略，而不是一種曲
解。雖然把盧梭泛指的「任何人」轉換爲專指的「君」，但卻更加凸
顯了通過民約建立的國家與通常的君主專制的國家有著本質的區別：
人人不再因強力所迫而將自身奉獻於統治者（君），而是處於自願結

14　盧騷著，中江篤介譯解，《民約通義》，頁15。
15　盧騷著，中江篤介譯解，《民約通義》，頁15。
16　盧騷著，中江篤介譯解，《民約通義》，頁14b。
17　盧騷著，中江篤介譯解，《民約通義》，頁13b。中江用「君」（統治者）
　　來翻譯 "personne"（個人），而盧梭原文是指任何人，並非只限於統治
　　者："……chacun se donnant à tous ne se donne à personne" (Rousseau CSI:
　　6.9, p.361)（每個人既然將自身奉獻給全體，就意味者不奉獻任何人）。
　　其實盧梭並非針對某個君主，而是針對一切人依附人的不平等制度，社
　　會契約之目的就是要將人與人的關係變成人與物的關係，意即人與法律
　　的關係，使每個人只遵守源於普遍意志的法律，而無須服從任何個別意
　　志。參見 Rousseau, *Emile*, p.249.

合把自己奉獻於眾，於是「眾」便取代了「君」，所以說「君合眾而成」:「君云臣云，初非有兩人也。夫君合眾而成，則君之所利，必眾之所利，無有相抵。」[18]儘管中江採用了儒家傳統的政治術語，但其譯文相當清楚地轉達了盧梭《社約論》的要旨。然而，通觀全文，我們觀察到中江在此並沒有用他之前用過的「士」來翻譯原文中的「公民」（citoyen）一詞，[19]而是沿用了他在本章用來翻譯「主權者」（souverain）的「君」字[20]：雖然都是指人民以主動的身份參與主權權威，但在盧梭的語彙中有嚴格的區分：「主權者」（souverain）指行使立法權的全體人民，「公民」是從參與主權權威的個體而言。儘管中江獨特的翻譯策略使其譯文別具一格，卻不免使不諳法文的讀者將通常的「君」與基於民約的「合眾而成」之「君」相混淆，原田潛翻譯《民約論覆義》時很可能參照了服部德和中江兆民的譯本，[21]但卻

18　盧騷著，中江篤介譯解，《民約通義》，頁15b。
19　中江在第一書第六章中用「士」來翻譯「公民」（citoyen）：當共同體的成員「個別地作為主權權威的參與者，就叫做公民」（"......s'appellent en particulier *citoyens*, comme participants à l'autorité souveraine". CSI: 6.10, p.362），中江譯文：「自其議律例而稱曰士」，見盧騷著，中江篤介譯解，《民約通義》，頁14。根據儒家的價值觀，「士」指文人，居於傳統社會「四民」（士、農、工、商）之首，在日文中則主要指「武士」階層，文人或武士皆可視為社會之菁英。
20　蕭高彥先生對這一問題進行了深入的探討，認為表面上中江的譯法是一種概念上的退卻和混淆，而實際上是中江的修辭策略。因為以「君」翻譯「主權者」，意味著以民約取代君權，全體人民「躬自盟」成為君主。見蕭高彥，〈《民約論》在中國〉，中央研究院人文社會科學研究中心「政治思想研究專題中心」主辦，《紀念盧梭誕生三百周年學術研討會論文集》（2013年6月10日-11日），頁11-12。
21　中江兆民的《民約譯解》發表於1882年，比原田潛早一年，而服部德譯本更早。見戎雅屈 盧騷，服部德譯，《民約論》（有村壯一藏板，1877，東京国立国会図書館藏）。

把《社約論》解讀成「君民之約」。而楊廷棟又沿襲了這一誤讀：把「每個人」的雙重取向解讀爲「一人」（統治者）與國家的對立，指出「一人」專斷，決國家之公議，必然會導致「先私後公」之後果。

　　B. 個人雙重性不同取向的原因

　　在盧梭看來，每個人作爲「人」的「個別意志」與作爲「公民」的「普遍意志」雙重性體現在「個別利益」與「公共利益」的對立上，盧梭分析這種衝突產生的原因，基於「人」的自然天性導致他對公民「義務」與「國家」存在的忽視。我們將這部分的主要概念按原文順序分爲三個層次與中江和楊廷棟的譯文加以比較：

表二、個別意志與普遍意志對立之原因對照

作／譯者	內文	說明
盧梭	① (homme) son existence absolue et naturellement indépendante ② ce qu'il doit à la cause commune = contribution gratuite; ne pas le faire: moins nuisible aux autres < le payement ... pour lui, ③ l'Etat = un être de raison ≠ un homme	
今譯	①人的絕對的、自然獨立的存在， ②對公共事業應盡義務＝無償奉獻（不盡義務）對人之害＜己所付之代價 ③國家道德人格＝理性的存在≠一個人	盧梭： 個人對自我絕對存在與對國家的道德理性存在的意識會導致他忽視國民義務及其後果。
中江	③君≠獨專＝與眾偕＝無形體可見。 ①臣（心思嗜慾、耳目肺腸）＝皆己所專有。 ②當爲國服者＝專益於眾＝而己曾無與者。 　服務＝在我極可憚／不服＝在眾不必有害。	中江打破原文順序，按照君／臣之序：先說「君」再說「臣」，先說「國」（眾）再說「己」（我）。

楊廷棟	②義務：於我不見益；不盡亦無害於眾。 ③國家爲人民全體之說＝妄而已矣。	楊的譯文只部分反映了原文的意思（②③點）。

資料來源：
原文：Rousseau, CS I:7.7, p. 363.
今譯：筆者根據原文並參照何兆武譯本的翻譯。
中江譯本：《民約通義》，頁16。
楊廷棟譯本：《路索民約論》，頁11。

　　盧梭在此所說的「他絕對的、自然獨立的存在」，其實是指自然人（l'homme naturel）的存在狀態。他在《愛彌兒》中的一段話可用來作爲注腳：

> 自然人（l'homme naturel）對自己而言就是全部，他是整數、是絕對的整體，他只對自己或他的同類才具有比例關係。社會人（l'homme civil）則只不過是一個分數，有賴於分母；他的價值就在於他對全體、也就是對社會整體的比例關係。[22]

「自然人」的概念是盧梭爲了探討人的本質及其生存條件，在其《論人類不平等的起源與基礎》一文中，所設想的人的原始自然狀態：他們原本「過著自由、健康、善良和幸福的生活」，[23]只須聽從自己的生理本能，維持最基本的生存需要。每個人自身是一個完整的、孤立的整體，所以他們的存在可以視爲「絕對的、自然獨立的」。而「公民」應該是「崇高制度」（Institutions sublimes）下孕育的具有道德的人，有別於基於盧梭稱之爲「新自然狀態」（nouvel état de nature）或

22　Rousseau, *Émile* I, O.C., IV, p.249.
23　Rousseau, *Discours sur l'inégalité*, O.C., III. p.171.

「偽社約」（faux contrat social）制度下的「市民」（bourgeois）。他們
往往人性被異化，[24]受輿論的左右，只圖「表像」（apparence）和自己
的特殊利益（intérêt particulier）。「公民」只有在基於社會公約的理
想國裡才能造就，正如盧梭在《愛彌兒》中所言：「良好的政治制度
可以使人更好地脫離其自然性：去掉他的絕對的存在，而給予他相對
的存在，將其『小我』融入共同體中（l'unité commune）；使每個人
不再以爲自己是一個整體，而是全體中之一部分（partie de l'unité），
而且只能在全體中才會感受到自身的存在。」[25]盧梭從「人性」的可變
性著眼，提出如何將人的「絕對的、獨立的存在」意識轉化爲與全體
共同存在的「公民」意識，從而使每個公民將自身利益視爲「共同利
益」之一部分，把國家的存在與自身存在聯繫在一起。[26]中江則從人
的雙重「職責」亦即「人人皆一身而兩職」的角度來闡述公民義務對
「我」與對「眾」之利害。中江以具體生動的詞語來表達盧梭原文中
的抽象概念，如：他用「國」來翻譯「共同事業」（或公共事業）
（cause commune），用「公意之所欲」來轉達「共同利益」（intérêt

24　關於盧梭「自然與異化」的討論，詳見劉康，〈兩間餘一卒，荷戟獨彷
　　徨──Rousseau 的自由觀〉，中央研究院人文社會科學研究中心「政治
　　思想研究專題中心」主辦，《紀念盧梭誕生三百周年學術研討會論文
　　集》，頁13-15。

25　Rousseau, *Émile* I, O.C, IV, p.249.

26　在《社約論》中，盧梭把改變人性的使命交由立法家來完成：「可以這
　　樣說，敢於爲一國人民創制的人，必須覺得自己能夠改變人性；能夠把
　　每個人由一個完整的孤立的個體轉化爲一個更大的整體的一部分，使各
　　人以一定的方式從整體中獲得自己的生命與存在；能夠改變人的素質，
　　使之得以加強能夠使我們每個人以部分的和道德的存在代替我們從自然
　　界獲得的生理的和獨立的存在。」見Rousseau, CS II: 7.3, p.381. 關於盧梭
　　「人」的概念，參見Robert Derathé, "L'homme selon Rousseau," *Pensée de
　　Rousseau* (Paris: Editions du Seuil, 1984), pp.109-124.

commun）的意思，而原文中反覆出現的關鍵詞commun（共同的：與人人休戚相關的事業、利益）沒有直接明確表達出來。然而，其譯文清楚表達了「君」（眾）與「臣」（個人）對於國家的不同態度和立場。楊的譯文則批評個人忽視應盡義務對國家的危害，因為「國家為人民全體」所構成。

C. 公民義務與國家存在息息相關

在這一段的最後部分，盧梭歸結當個人只享公民權利，不盡國民義務時而產生的嚴重後果。試將原文中的主要概念與三種譯本加以對照：

表三、公民義務與國家存在息息相關對照

作／譯者	內文	說明
盧梭原文	droits du citoyen / devoirs du sujet，injustice / la ruine du corps politique.	
今譯	公民權利／國民義務 不公正行為／政治體的毀滅	只享公民權利不盡國民義務為「不公正行為」，其後果導致「政治體的毀滅」。
中江譯文	臣之務／君之利 民約壞墮／不可救止	逃避為臣之務，會致使民約壞墮，不可救止。
楊廷棟譯文	義務／權利／覆滅國家之說 欲營私利，而蔑公益／欲庇一己，而毀國家。	不盡義務而得權利會造成覆滅國家之說，以至於「毀國」。

資料來源：

原文：Rousseau，CS I:7.7，p. 363.

今譯：作者根據原文並參照何兆武譯本的翻譯。

中江譯本：《民約通義》，頁16。

楊廷棟譯本：《路索民約論》，頁11。

　　盧梭把「只享受公民權利，而不願意盡國民義務」界定為「不公
正行為」（injustice），若其蔓延，將導致「政治體的毀滅」。中江的
譯文言簡意賅，直接把「為臣之務是逃，而為君之利是守」之後果解
讀為：「此習一成，民約壞墮，不可救止。」原文中「不公正行為」
（injustice）這一概念卻被忽略了。在盧梭政治理論中，「公正」
（justice）理念，是共同體正當性的基礎：其內涵既指每個公民享有
的平等權利，又包括每個國民應盡的「義務」。「權利」與「義務」
相輔相成，不可分離。否則，便失去了「公正性」。儘管存在著某些
疏漏，中江的譯文成功地反映了原文中「個別意志」（私情）與「普
遍意志」（公意）可能出現的對立取向及其後果。

　　楊廷棟由於把盧梭的「社會契約」概念理解成作為「人民」推立
「君主」並與其相約之約，[27]所以將這一段關於個人作為「人」與作為
「公民」的雙重性誤解為統治者與國家之公議的對立：倘若一國之君
獨斷專行，不顧「公議」可能會出現的惡果：那麼勢必「先私後
公」；並進一步推斷「營私蔑公」會給國人帶來的嚴重後果：「生民
以來，豈有欲營私利而蔑公益，欲庇一己而毀國家之理哉！余恐一己
不可庇，而暴橫之虞隨其後；私利不可營，而敗亡之禍接踵而至
也。」[28]這段引語實為楊廷棟自己所加，與原文沒有直接關係，卻很容
易使人想到晚清革命刊物對清廷的指控。

27　楊廷棟在譯文中寫道：「天下之事，不有前因，必無後果。夫取決於
　　眾，推立君主，是為民約之因；人民之於君主，有應盡之責，是為民約
　　之果。若夫君主妄逞己意，而與民約之旨相背馳，則君民之義既絕。」
　　路索著，楊廷棟譯，《路索民約論》，頁11。
28　路索著，楊廷棟譯，《路索民約論》，頁11a。

（3）綜論清末兩部譯作

從以上的例子可以觀察到，中國最初發表的兩個盧梭《社約論》漢譯本對「普遍意志」的不同詮釋，中江兆民的譯本清楚地表述了「普遍意志」爲「衆意所同然」（或「公意」）及其與「私情」（個別意志）的對立；服從「法令」（普遍意志）就意味著保護個人自由；以及「人義之自由」（公民自由）源於「衆意所同然」，又爲之所限等主要思想。[29]不過，值得注意的是，盧梭的「普遍意志」之出發點爲每個「公民」的意志，而落腳點爲與人人休戚相關的「共同利益」，中江譯文以「君」（集體）轉譯個體的「公民」，以「當爲國服者」轉譯與每人相關的「共同事業」，則凸顯了整體的國家利益。從上述例文中，我們亦可領略中江兆民獨到的翻譯策略。《民約通義》並非是一部簡單的直接譯作，而是融會東西文化的再創作。中江用儒家傳統術語來表達盧梭的政治理念，很可能是出於他的政治道德理念。[30]中江以「君權」翻譯 "souveraineté"（主權），以「君」轉譯

29　盧騷著，中江篤介譯解，《民約通義》，頁17。關於中江譯著的評析，參見 Hisayasu Nakagawa, *Des Lumières et du comparatisme, un regard japonais sur le XVIII siècle* (Paris: PUF, 1992).

30　參見中江篤介，〈原政——妻騷政論之大旨意譯〉，《歐米政理叢談》，21（東京，1882），收入《中江兆民全集》，第11冊，頁420-421。這篇文章發表於《民約譯解》刊發之後，中江在此闡述了他對東、西文化以及對盧梭著作的觀點。他認爲「三代之法」與盧梭學說都注重「教化」，因此能使民「移於善，安於德」；而當時日漸盛行的「西土之術」卻「荾民以工藝」，則會使民「充不可充之欲」、「縱不可縱之利」，從而導致天下爭亂。中江把「三代之法」概括爲通常所説的「五常」：「君臣之義也，父子之親也，夫婦之別也，長有之序也，朋友之信也」。而值得注意的是，他並未把儒家倫理中「君臣之義」與盧梭「主權在民」的理念加以區分或相對立，而是將「三代之法」與盧梭學說皆視爲提倡「教化」，得以使民達於「至善」，實現「自治」的學説。這篇文章有助於我們了

"souverain"（主權者），很可能是有意識的選擇。因爲根據儒家傳統，「君」不僅是最高政治權威的象徵，亦是道德典範的化身。而在中江看來，只有使民達於「至善」，方可「造自治之域」。[31]所謂「自治」，中江在其譯著所加的注解中，把基於民約所建立的國家制度，稱爲「興自治之制」：「民相共約，建邦國，設法度，興自治之制」。[32]值得注意的還有，中江以「民約論」意譯書名「社約論」，選擇固有而常見的「民」而未用「社會」[33]命題，一方面易於讀者理解，另一方面也帶有重民、貴民、以民爲本的儒家傳統色彩；[34]同時又融會盧梭契約建國、主權在民、公意立法的新理念，實現了對傳統「民本思想」的架構的超越，使人民不僅是一國之本（立約建國的主體），亦爲立法置官、主宰國運之「君」。可以說，中江的《民約通義》以其獨特的風格，既延續了儒家的「民本」傳統，又成功地轉達了盧梭《社約論》之精義，並且對二十世紀的中國近代民主革命思潮

解中江翻譯盧梭著作的動機，以及中江爲何用「原政」概述盧梭的「政論之大旨」，又用「原政」一詞轉譯盧梭《社約論》的副標題：「Le Principe du droit politique 政治權利的原理」。

31　中江篤介，〈原政──婁騷政論之大旨意譯〉，頁 421。
32　盧騷著，中江篤介譯解，《民約通義》，第一章。中江自己所加的〈解〉，頁 2a。
33　中江用「民」轉譯書名中的 social，而未用相應詞「社會」，筆者推測是中江刻意的選擇。因爲在他發表漢譯《民約譯解》之前與之後，服部德、原田潛都已用「社會」一詞來翻譯盧梭《社約論》第一書第二章的標題 "Des premières sociétés"（論最初的社會），中江譯爲「家族」；服部德將其譯成「諸社會ノ起原」，見服部德譯，《民約論》，頁 5；原田潛則譯成「社會ノ起原」，見原田潛譯，《民約論覆義》，頁 5。可見中江用「民約」翻譯書名，是其修辭策略。
34　難怪「咽血嚨哻子」在他爲《民約通義》所作的〈序〉中，將中江兆民翻譯的盧梭《民約》一書與孔聖的「因民之義」和孟子的「民貴之說」聯繫在一起。見咽血嚨哻子，〈序〉，《民約通義》。

產生重大影響。[35]

　　楊廷棟所根據的原田潛的日譯本對盧梭《社約論》已有多處誤
解，[36]其譯本又加大了與原文的距離。他不僅延續了原田潛的誤解，
並在此基礎上又加以想像發揮，添加一些與原文邏輯截然不符的內
容。因此對於楊廷棟譯本的研究，就不能只限於考察它與盧梭原作的
異同之處，而應結合時代背景，透過其譯文，瞭解其所要表達的內
容。[37]對於「普遍意志」概念，楊廷棟在通篇譯著中，並沒有以固定
詞語翻譯。除了上述引文中把「普遍意志」譯成「公議」，楊氏分別
以「公理」、「一心從公」、「公道」、「輿論」、[38]「公意」等詞語來譯
這一概念，其中有的源於原田潛的譯本，有的是他自己所作，如「公
意」。[39]顯然，楊氏的譯文突出了「公」的理念。所謂「公理」，亦即

35　參見狹間直樹，〈對中國近代「民主」與「共和」觀念的考察〉，收入中
　　國史學會編，《辛亥革命與二十世紀的中國》下冊（北京：中央文獻出
　　版社，2002），頁1583-1598；狹間直樹，〈「東洋盧梭」中江兆民在近代
　　東亞文明史上的地位〉，頁53-68。
36　參見井田進也關於最初的三部盧梭《民約論》日譯文本之比較，Ida
　　Shin'ya, "Examen comparatif des trois traductions du *Contrat social* au début
　　du Japon moderne," *Jean-Jacques Rousseau, politique et nation*, Actes du IIe
　　Colloque international de Montmorency (27 septembre-4 octobre 1995),
　　Honoré Champion, Paris, Musée Jean-Jacques Rousseau Montmorency, 2001,
　　pp.1003-1009.
37　這一問題有待於對原田潛日譯本與楊廷棟漢譯本進行更深入細緻的對比
　　分析而進一步澄清。例如，如前所述（註12）當楊廷棟將原田潛所用的
　　「社會」一詞改為「國家」時，並非為了更加接近盧梭原文，而是要強調
　　當時國人日漸關注的建立民主「國家」的理念。
38　楊廷棟把《社約論》第二書第三章的標題 "Si la volonté générale peut
　　errer"（普遍意志能否偏差）譯成：「論輿論不為外物所惑」。路索著，楊
　　廷棟譯，《路索民約論》，頁3b。
39　楊廷棟將第四書第一章標題 "Que la volonté générale est indestructible"（普
　　遍意志是不可毀滅的）譯成：「可毀損者不得為公意」，見路索著，楊廷

永恆的公平原則，正如他在譯文中開宗明義地指出：「正道公益，經
綸天下，不可偏廢。以之立法，則得其當」。[40]具體而言，就是「保全
眾人各自之權利，及眾人一體之利益而已」。[41]值得注意的是，楊廷棟
所講的「公益」並不只限於保全集體利益，也包括保全個人權利；其
所謂「公」針對的並非每個人的私利，而是統治者「妄逞己意」的一
己之私。[42]因此，他特別指出：「若夫君主妄逞己意，而與民約之旨相
背馳，則君民之義既絕」，[43]並且強調「君主之意見，即取決於眾之意
見也」，[44]似乎要以人民的「公議」、「輿論」和「公意」行為來監督
和制衡君主。這種「君主」與「人民」之間的緊張，是由於楊廷棟把
盧梭的「主權者」（指人民）誤讀為「君主」所造成的，因此而導致

　　棟譯，《路索民約論》，頁1a；而楊所根據的日譯本此處把 volonté
　　générale 譯成「公同ノ意思」（公同的意思）：「毀損シ得ヘキハ公同ノ意
　　思ニアラス」，見原田潛譯，《民約論覆義》，頁283。

40　楊廷棟譯，《民約論》，《譯書彙編》，1，頁1。

41　楊廷棟譯，《民約論》，頁1。楊廷棟在闡述民約要義時，以「公理」為
　　治國之法的準則：「民約之言旨，在各人舉其身家權利，合而為一。務
　　取決於公理，以定治國之法。」路索著，楊廷棟譯，《路索民約論》，頁
　　10。可見與「正道公益」相近。

42　這一點與盧梭原文沒有直接關係，卻與當時清末士人的「公私」觀念相
　　近，亦即肯定每個人的權利，而反對統治者之私。關於清末士人對公私
　　觀念的討論，詳見黃克武，〈從追求正道到認同國族──明末至清末中
　　國公私觀念的重整〉，頁3-39。

43　路索著，楊廷棟譯，《路索民約論》，頁11。

44　路索著，楊廷棟譯，《路索民約論》，頁11。楊廷棟的譯文一方面肯定
　　「君主之意見，即取決於眾之意見也」，另一方面又強調說：「君主也
　　者，亦即國家全體之一肢也。苟有人也，妄為排斥，不已與成立社會之
　　初心。」然而究竟最終由君主還是由人民決策？譯文顯得模糊不清，難
　　以斷定。這是因為楊廷棟譯文把盧梭原文中「主權者」誤解成人民選立
　　的「君主」所至，而在盧梭那裡，主權者與人民是由同樣的人構成，亦
　　即由所有自願結合者組成。

其譯文中「社會契約」、[45]「普遍意志」等概念上的混亂和自相矛盾。

楊廷棟譯文所強調的另一個層面，是民約建國所促成的「合而為一」的群體團結，以及集體與個人利益休戚與共的緊密關係：

> 人人竭其能盡之力，合而為一，以去阻我之物。夫亦以我一己之力，去我一己之害也。國也者，人人之國，即一己之國也。一己之力不足去人人之國之害，遂以人人之力，共去人人之國之害。其事半，其功倍，實天下之至便。且事半功倍之說，即為成立國家之始基，而民約之本源也。[46]

「人人之國」的構建是以人人對國家「竭其能盡之力」的奉獻為條件的，亦即「各人舉其身家權利，合而為一」的結果，[47]其目的是「共去人人之國之害」。楊廷棟之前所提出「保全眾人各自之權利」與保全「眾人一體之利益」同樣重要，「不可偏廢」，似乎通過民約建國而得以實現，每個人在將自己身家權利全部奉獻於國家的同時，

45　也許正是為了糾正楊廷棟對盧梭的「主權者」的誤讀，馬君武發明了一個新詞「帝民」來表達盧梭「人民主權者」的概念，並且根據法文，以「帝權」翻譯「主權」，給出明確的定義。見（馬）君武，〈帝民說〉，《民報》，2（東京，1906），頁1-6。「帝民」一詞徹底顛覆了傳統觀念的帝王君主觀念，突出了「人民」為國家主權者的理念，但也會讓人把「民主制」與「帝制」相混，會認為體制未變，只是統治者變了。關於馬君武〈帝民說〉的分析，詳見 Wang Xiaoling, *Jean-Jacques Rousseau en Chine, de 1871 à nos jours* (Musée Jean-Jacques Rousseau-Montmorency, Siam, 2010), pp.203-205. 馬君武將成為中國第一位依據法文（並參照英譯本）完整翻譯《社約論》的譯者，在1918年發表的譯文中，馬君武把「帝權」改成了「主權」。見馬君武譯，《足本盧騷民約論》（上海：中華書局，1918），頁16。

46　路索著，楊廷棟譯，《路索民約論》，頁8b。

47　楊廷棟：「是故民約之旨，在各人舉其身家權利，合而為一。務取決於公理，以定治國之法。」路索著，楊廷棟譯，《路索民約論》，頁9b。

使自己與集體「合而爲一」，從而受到全體的保護。在這個一點上，
楊的譯文反映了盧梭的主要思想。然而，他只強調聯合的必要性，以
及國家利益至上，而忽略了盧梭《社約論》中上述所分析的每個人在
入約後，仍然存在著的不同的雙重趨向。綜上所述，楊廷棟的譯本，
雖然偏離了盧梭的「社會契約」、「主權在民」的主要理念，卻也部
分地反映了盧梭「民約建國」、「主權在民」、「公意立法」思想，因
此似乎更接近於清末君憲派所提倡的「君民共主」的概念。[48]不過，
聯繫當時的歷史背景，作爲日後積極參與立憲運動的楊廷棟，是在
「庚子條約」簽訂之後留學日本，抱著探索救國之路的願望來翻譯
《路索民約論》的。因此不難理解，他首先關心的是國家的獨立，民
族的團結和國民的平等權利。儘管楊的譯文誤讀原文之處頗多，但在
當時頗有影響，鄒容（1885-1905）、劉師培（1884-1919）、陳天華
（1875-1905）等就是從中受到啓發，創作出轟動全國的《革命軍》、
《中國民約精義》[49]和《獅子吼》等革命檄文。[50]直到上個世紀九十年

48　蕭高彦先生對楊廷棟譯文進行了全面透徹的分析，把楊廷棟的《路索民約
　　論》視爲「立憲派的閱讀」。詳見蕭高彦，〈《民約論》在中國〉，頁13-20。
49　劉師培、林獬，《中國民約精義》（1903），收入《劉申叔先生遺書》
　　（寧武南氏校印，1936），第16冊，卷1。特別值得注意的是，潘光哲先
　　生將楊廷棟的《路索民約論》、原田潛的《民約論覆義》、《社約論》英
　　譯本，以及何兆武翻譯的《社會契約論》進行對比分析，以分別澄清楊
　　廷棟與原田潛各自的翻譯缺失。詳見潘光哲，〈《中國民約精義》探
　　源〉，中央研究院人文社會科學研究中心「政治思想研究專題中心」主
　　辦，《紀念盧梭誕生三百周年學術研討會論文集》（2013年6月10日-11
　　日），頁1-18。另見Wang Xiaoling, "Liu Shipei et son concept de contrat
　　social chinois," *Études chinoises*, vol. XVII, N 1-2, printemps-automne 1998,
　　pp.155-190; Onogawa Hidemi, " Liu Shih-p'ei and Anarchism," *Acta Asiatica*,
　　N 67 (1990), pp.70-99.
50　相關內容的詳細分析，參見Wang Xiaoling, *Jean-Jacques Rousseau en*

代，仍有學者把盧梭《社約論》理解爲政府與人民之約。

2. 君憲與革命兩派的論爭

雖然中江兆民翻譯的《民約通義》比較清楚地反映了盧梭原著中的主要概念，但內容不完整；[51] 楊廷棟的譯文雖然完整，卻誤解了「社會契約」概念的內涵。辛亥革命之前，較爲全面地介紹盧梭《民約論》要義者莫過於梁啓超了。

（1）梁啓超的解讀

梁啓超堪稱晚清最早傳播和批判盧梭的思想家。我們將他對盧梭的解讀分爲兩個不同的時期，第一時期：1899年至1903前半年，梁啓超對盧梭思想大加讚賞，可爲二十世紀初論及盧梭最多和最有影響的思想家；第二時期：自1903年訪美之後，他對盧梭的態度由肯定頌揚轉化爲批判和否定其理論在中國的可行性，以至預設其影響可能產生的惡果。梁啓超對盧梭思想態度的轉變很大程度上取決於他的政治態度由激進到溫和的轉變。[52]

Chine, de 1871 à nos jours, pp.194-208；並參見吳雅凌，〈盧梭《社會契約論》的漢譯及其影響〉，《現代哲學》，2009：3（廣州，2009），頁84-93。

51　關於中江兆民譯本在中國的影響，見狹間直樹，〈中國人重刊《民約譯解》——再論中江兆民思想在中國的傳播〉，頁149-154。

52　梁啓超政治態度轉變的原因，除了他的美洲之行以外，還有其他諸多因素。詳細分析請參見張朋園，《梁啓超與清季革命》（臺北：中央研究院近代史研究所，1964），頁163-176；張佛泉，〈梁啓超國家觀念之形成〉，《政治學說》，1（臺北，1971），頁1-66；黃克武就這一課題對前人相關研究進行了綜合梳理，並提出自己的獨到見解，從調適取向的角度來探討梁啓超思想發展的淵源，詳見黃克武，《一個被放棄的選擇：梁啓超調適思想之研究》（臺北：中央研究院近代史研究所，2006），頁1-61。

A. 訪美之前

　　梁啓超於1901年和1902年，先後發表了兩篇介紹盧梭思想的文章：〈盧梭學案〉與〈民約論鉅子盧梭之學說〉，[53]這兩篇文章題目不同，但內容一樣，皆是根據中江兆民翻譯法國學者 Alfred Fouillée（1838-1912）的《哲學史》一書關於〈社會哲學〉中「盧梭」一節而來的。[54]將梁啓超的中譯本與原文比較，我們觀察到，這篇文章除了四處梁啓超的「案」語代表他本人的思想外，其餘的內容主要是 Alfred Fouillée 評析《社約論》（前三書）的內容：[55]包括社會契約的性質及目的、社會契約與普遍意志及主權的關係、政體概念等。可以

53　梁啓超，〈盧梭學案〉，《清議報》，98、100（橫濱，1901）；〈民約論鉅子盧梭之學說〉，《新民叢報》，11、12（橫濱，1902），收入葛懋春、蔣俊編選，《梁啓超哲學思想論文選》（北京：北京大學出版社，1984），頁57-68。

54　中江篤介譯，《理學沿革史》，收入《中江兆民全集》（東京：岩波書店，1985），第6冊。關於梁啓超這兩篇文章的出處及內容分析，見 Bastid Marianne, "L'Influence de Jean-Jacques Rousseau sur la pensée politique en Chine avant la Révolution de 1911," *Etudes Jean-Jacques Rousseau*, N4 (Reims: A l'Ecart, 1990), p.132. 鄭匡民認為梁啓超的文章基本可以說是對中江譯本的節譯，但未具體注明節譯之處。見鄭匡民，《梁啓超啓蒙思想的東學背景》（上海：上海書店出版社，2009），頁151-152。顏德如認為梁啓超的《盧梭學案》「表達了近代中國人對盧梭思想尤其是社會契約思想的理解」，而未談其出處。參見顏德如，〈梁啓超對盧梭思想的理解：以《盧梭學案》為中心〉，《政治思想史》，3（天津，2011），頁41-56。

55　通過與 A. Fouillée 的原文對照，筆者觀察到梁啓超少譯了原文的前言部分（前三段）、作者對《社約論》第四書「國家與公民宗教」的評析以及文章最後「總結」（Résumé）的部分。A. Fouillée 指出盧梭學說雖然雄辯地論證了自由是人的本質，「本應得出個人自由的結論，但卻往往誇大國家的權利」。參見 A. Fouillée, *Histoire de la philosophie* (Paris: C. Delagrave, 1875), pp. 375-389.

說，Alfred Fouillée 簡明扼要地綜述了盧梭《社約論》的基本思想，
梁啓超的文章則比較忠實地反映了 Alfred Fouillée 文章的內容，可視
爲辛亥革命之前瞭解盧梭思想的主要資源之一。

　　在文章的結尾，Alfred Fouillée 對盧梭的「普遍意志」與「主權」
不可轉讓原則的可行性表示懷疑，認爲盧梭的「公民直接行使立法
權」只適於極小的國家，即使像瑞士那樣的國家，除非實行「聯邦民
主制」才有可能。然而，Alfred Fouillée 的質疑並未改變梁啓超對盧
梭政治理念的樂觀肯定：梁把《民約論》視爲唯一適合拯救中國的靈
丹妙藥，[56]他在文章結尾所加的「案」語足以證實了這一點：「盧氏此
論，可謂精義入神，盛水不漏。今雖未有行之者，然將來必遍於大
地，無可疑也。我中國數千年生息於專制政體之下，……誠能博采文
明各國地方之制，……從其民欲以施政令，則成就以盧梭心目中所想
望之國家，其路爲最近，而其事爲最易焉。果爾，則吾中國之政體，
行將爲萬國師矣。」[57]這段話表達了梁啓超對《社約論》施於中國，乃

56　這一點，梁啓超一年之前就表述過：「歐洲近世醫國之國手，不下數十
　　家。吾視其方最適于今日之中國者，其惟盧梭先生之《民約論》乎！」
　　梁啓超，〈破壞主義〉（1899），收入李華興、吳嘉勳編，《梁啓超選集》
　　（上海：上海人民出版社，1984），頁98。
57　見梁啓超，〈盧梭學案〉，頁68。〈盧梭學案〉的內容已在中、外學者相
　　關學論文中多次評析，在這裡僅就梁啓超在不同時期對「普遍意志」的
　　詮釋加以對比分析。關於梁啓超的思想論著極多，除了上述已提到的論
　　著，在此僅例舉一些與本題相關的論著，如林啓彥，《步向民主——中
　　國知識份子與近代民主思想》（香港：中華書局，1989），頁55-61；熊
　　月之，《中國近代民主思想史》（上海：上海人民出版社，1986），頁
　　331-353；Chang Hao, *Liang Ch'i-ch'ao and Intellectual Transition in China,
　　1890-1907* (Cambridge: Harvard University Press, 1971); Joshua A. Fogel,
　　"Introduction: Liang Qichao and Japan," in *The Role of Japan in Liang
　　Qichao's Introduction of Modern Western Civilization to China* (Berkeley:

至全球的期待和信念。

B. 訪美之後

如果說梁啓超曾一時極力宣揚盧梭思想，那麼自其訪美之後，其言論則判若兩人。[58]他由之前的「心醉共和」，力倡排滿、變革，而變爲反對革命，擁護伯倫知理（Bluntchli Johann Caspar, 1808-1881）的《國家論》，[59]批駁盧梭的民主共和理念，乃至主張「開明專制」。並於1905-1907年作爲君憲派代言人與革命黨人就「種族革命」、「政治革命」和「社會革命」等問題展開論戰。盧梭的「國民總意說」與孟德斯鳩（Montesquieu, 1689-1755）的「三權分立論」被視爲共和革命的主要學理依據，成爲雙方論戰的焦點之一。[60]

University of California Press, 2004), pp.1-12. Hazama Naoki, "On Liang Qichao's Conceptions of *Gong* and *Si*: 'Civic Virtue' and 'Personal Virtue' in the Xinmin shuo," in *The Role of Japan in Liang Qichao's Introduction of Modern Western Civliszation to China*, pp.205-221. Huang Philip C., *Liang Ch'i-chao and Modern Chinese Liberalism* (Seattle: University of Washington Press, 1972).

58　美國之行使他觀察到共和政體中的一些弊病，同時也從當地華僑身上看到國民的四大缺點：「有族民資格而無市民資格；有村落思想而無國家思想；只能受專制，不能享自由；無高尚之目的」，從而得出：像這樣的國民，需要「陶冶鍛鍊二十年乃至五十年，夫然後與之讀盧梭之書，夫然後與之談華盛頓之事。」引自梁啓超，〈新大陸遊記（節錄）〉，收入李華興、吳嘉勳編，《梁啓超選集》，頁 432-435。

59　梁啓超，〈政治學大家伯倫知理之學說（節錄）〉，《新民叢報》，38、39（橫濱，1903），收入李華興、吳嘉勳編，《梁啓超選集》，頁 394-412。Marianne Bastid-Bruguière, "The Japanese-Induced German Connection of Modern Chinese Ideas of the State: Liang Qichao and the *Guojia lun* of J. K. Bluntschli," in Joshua A. Fogel ed., *The Role of Japan in Liang Qichao's Introduction of Modern Western Civilization to China*, pp. 105-124.

60　本文只限於討論梁啓超與汪精衛圍繞盧梭「國民總意說」而展開的論爭，不涉及對孟德斯鳩三權分立的討論。關於這場論戰的背景及其內

以下是梁啓超否定「國民總意」在中國可行的主要觀點。

為了證實共和立憲制不可能在中國實行，梁啓超首先肯定盧梭的「國民總意說」是一切共和立憲制必不可少的理論基礎：「蓋一切立法行政，苟非原本於國民總意，不足為純粹的共和也」。然而「國民總意說」，「萬不能實現」，理由有三：

一、盧梭的「國民總意說」不能通過代議制來實現，只有採取直接投票，方可謂眞民主。而這種形式只能在極小國實行。

二、即使實行直接投票，萬一有威逼或愚弄之者，所謂「總意」者，則繆以千里矣。也不可謂公平自由。

三、「總意」之「總」意即舉國人中無一例外地都同此意。而這也是不可能的。於是「總」者，仍不過多數與少數之比例。然而，多數決議能否帶來「國利民福」，這主要取決於「國民自身之程度」，「非可漫然下簡單的斷案也」。[61]

梁啓超上述觀點與〈盧梭學案〉大抵大致，除了「公意」被改成「國民總意」外，其他內容基本相符。〈盧梭學案〉亦強調「公意」為全民所欲，非他人可以代表者：「盧梭又以為所謂公意者，非徒指

　　容，除上述論著外，尚可參見章開沅，《辛亥革命前夜的一場大論戰》（北京：人民出版社，1975）；朱浤源，《同盟會的革命理論：「民報」個案研究》（臺北：中央研究院近代史研究所，1985）；Wang Xiaoling, "Liang Qichao, Lecteur de Rousseau," *Études Jean-Jacques Rousseau*, n 18, SIAM-JJR Montmorency, 2011, pp.257-276；耿雲志，〈從革命黨與立憲派的論戰看雙方民主思想的準備〉，《近代史研究》，2001:6（北京，2001），頁1-20。

61　梁啓超，〈申論種族革命與政治革命之得失〉，《新民叢報》，76（橫濱，1906），收入王忍之、張丹，《辛亥革命前十年間時論選集》，卷2上（北京：三聯書店，1978），頁200-202。

多數人之所欲而已，必全國人之所欲而後可。」[62]「主權常存於公眾意
欲之中，而意欲者必非他人可以代表者也。又言：法律者，眾意之形
於外者也。我有我之意，代人有代人之意，故立法權決不可使人代
我」[63]，「……（漏譯）欲眞得意欲之公，則各人必須由自己所見而發，
不可仰承他人之風旨，苟有所受，斯亦不得爲公矣。」[64]應當指出，在
最後這段引文中，梁啓超遺漏了Alfred Fouillé原文的前半句：

〔意志普遍與否，並非總是取決於全體的一致同意（這要
看決議的對象），但是必須把所有成員的票數計算在內，
否則，以任何形式的除外都會中斷意志的普遍性〕。要得
到眞正的普遍意志，重要的是讓每個公民按照自己的意見
表述。[65]

由於這一漏譯，梁啓超把「公意」解讀爲全體的一致同意（恰好與原
文的意思相反，也違背了盧梭的思想），於是爲了更有力地證明這一
觀念的不可行性，梁啓超把「公意」改爲「總意」並強調「總」的意
思是「舉國人中無一例外地都同此意」。然而，如此以來，卻混淆了
盧梭社會契約論中「一致同意」與「多數決定」兩個不同概念[66]。値

62　梁啓超，〈盧梭學案〉，頁63。
63　梁啓超，〈盧梭學案〉，頁67。
64　梁啓超，〈盧梭學案〉，頁65。
65　Alfred Fouillé原文爲："Pour qu'une volonté soit générale, *il n'est pas
toujours nécessaire qu'elle soit unanime* (sur tel ou tel objet déterminé); mais
il est nécessaire que toutes les voix soient comptées; toute exclusion formelle
rompt la généralité … Il importe, pour avoir bien l'énoncé de la volonté
générale, que chaque citoyen n'opine que d'après lui." Alfred Fouillé, *Histoire
de la philosophie*, p. 384.〔〕表示梁啓超漏譯的部分。
66　在盧梭看來，「唯有一種法律，就其本質而言，必須要有全體一致的同
意，那就是社會公約，……除了最初的社會公約以外，其餘的一切法則

得注意的是，梁啓超對多數表決能否達到「國利民福」表示質疑，並且認為這主要取決於國民自身的程度。其實，這也是盧梭提出的問題：「人們總是願意自己幸福，但人們並不總是能看清楚幸福。……人民卻往往會受欺騙。」[67]為瞭解決這個問題，盧梭賦予「立法家」教化國民的使命；梁啓超從這個問題中卻得出中國宜實行「開明君主專制」的結論。

（2）汪精衛的批駁

汪精衛作為《民報》的主編之一，為了維護共和立憲制在中國的可行性，對梁啓超的論點逐一進行批駁。

首先，在汪看來，梁誇大了盧梭學說對共和民主的影響。他認為共和立憲制未盡以盧梭之國民總意說為根本精神。[68]他根據德國耶陵尼（George Jellinek, 1851-1911）的論點，以美國《獨立宣言》和法國《人權宣言》為例，肯定二者的根本精神與盧梭之國民總意說完全不同：盧梭之國民總意說注重社會，而美國的《獨立宣言》注重個

　　將由多數表決」，「多數決定的法則，其本身就是一種約定的確立，並且假定至少是有過一次全體一致的同意。」"Il n'y a qu'une seule loi qui par sa nature exige un consentement unanime. C'est le pacte social … Hors ce contrat primitif, la voix du plus grand nombre oblige toujours tous les autres; c'est une suite du contrat même" (Rousseau, CS IV:2, p. 439-440). "La loi de la pluralité des suffrages est elle-même un établissement de convention, et suppose au moins une fois l'unanimité." (Rousseau, CS I: 5, p. 359).

67　Rousseau, CS II: 3, p. 371.
68　然而，汪精衛在三個月之前發表的一篇文章上，卻肯定法國革命憲法之理論根據是盧梭和孟德斯鳩的學說：「以人民多數之意思為國家之意思，此盧梭之民約說也；立法司法行（政）三權分立，互相監制，不得專擅，此孟德斯鳩之三權分立說也。以國民會議之決議，用此理論，勒為成文，是為佛國革命之憲法。」汪精衛，〈希望滿洲立憲者盍聽諸〉，《民報》，3（東京，1906），頁11。

人；即使法國根據1789年之《人權宣言》而定的1791年憲法，也不是來自盧梭之說，而是取法於美國的《獨立宣言》。[69]

　一、針對梁啓超的「代議制不可行」的論點，汪精衛引述兩段「盧梭之說」以駁之。第一段：「英人自詡其享自由，然其自由，第選舉國會議員之片時而已。選舉已終，則彼曹皆奴隸也。」[70]第二段：「眞正之民主政治，終不可覩。蓋欲人民常相集合，以處理國家之事務，往往有不能致者。」[71]汪精衛把這兩段引語歸結爲盧梭理論中「純理」與「實用」的兩個面向，就純理而言，只有全體國民直接行使主

---

[69]　汪精衛，〈再駁《新民叢報》之政治革命論〉，《民報》，6（東京，1906），頁92。此處汪精衛加註「耶陵尼氏有人權宣言論」，該文於第二年刊登於《民報》，見耶陵涅著，伯陽重譯，〈人權宣言論〉，《民報》，13（東京，1907），頁111-123。

[70]　汪精衛，〈再駁《新民叢報》之政治革命論〉，頁94。盧梭原文如下："Le peuple anglais pense être libre, il se trompe fort: il ne l'est que durant l'élection des membres du parlement: sitôt qu'ils sont élus, il est esclave, il n'est rien." Rousseau, CS III: XV.5, Œuvres complètes, t. III, p. 429.（英國人民自以爲是自由的，他們完全想錯了：因爲他們只是在選舉議員的時候是自由的，一旦議員被選出，他們就是奴隸，就什麼也不是。）

[71]　汪精衛，〈再駁《新民叢報》之政治革命論〉，頁94。這段引文大致概括了盧梭《社約論》（書3章4）的一段話：«A prendre le terme dans la rigueur de l'acception, il n'a jamais existé de véritable démocratie, et il n'en existera jamais. Il est contre l'ordre naturel que le grand nombre gouverne et que le petit soit gouverné. On ne peut imaginer que le peuple reste incessamment assemblé pour vaquer aux affaires publiques, et l'on voit aisément qu'il ne saurait établir pour cela des commissions sans que la forme de l'administration change.» .Rousseau, CS III: 4.3, p. 404.（就民主制這個名詞的嚴格意義而言，眞正的民主制從來就不曾有過，而且永遠也不會有。多數人統治而少數人被統治是違反自然的秩序的。我們不能想像人民經常不斷地集合開會來討論公共事務；倘若如此，我們不難想到，人民因此而建立起各種機構就會引起行政形式的改變。）

權乃爲眞正之民主政治，所以盧梭確實反對代議制；就實用而言，則以代議制爲原則，此說於現今或將來，皆可得人民之信用。代議會並非意味著國民把權利轉讓給代議士，只是讓代議士代表國民以行使其權利而已。

　　二、關於直接投票時會有威逼愚弄之行爲，汪氏認爲這是外來原因，而不是投票制本有的弊端，只需設想各種辦法，例行規定，愼防舞弊，而不能因此而廢除選舉制。不過汪精衛承認自己並非主張直接投票者，因爲這種制度只適於極小之國，不適於稍大之國。

　　三、針對梁啓超把「國民總意」解讀爲「舉國人中無一例外地都同此意」，汪精衛指出梁氏對盧梭理論的誤讀，並援引盧梭之說，已明確區分「一致同意」和「多數決議」爲盧梭理論中兩個不同的概念：「一致同意」乃指結社會契約時，亦即國家成立之時，苟有一人不同意，不必爲契約之當事者也；而「多數表決」，則爲國家成立之後的規則，汪氏援引盧梭之說：

> 「國家成立之後，凡居於領土之中者，不可不服從於國民總意。是故會議之際，雖有反對於己之意見者，然使其說而得多數，則足以證己意見之誤謬也。蓋己之意見雖假定爲合於國民總意，而既達多數之反對，則足證其已不合於國民總意也。」……蓋總意者，由各箇人之自由意思以合成者也。然則各箇人之服從於總意，即服從於自己之意思，絕不因是而損其自由。此盧梭之說，所以爲精義入神。[72]

爲了批駁梁啓超的論點，汪精衛多次引述的盧梭《社約論》相關

72　汪精衛，〈再駁《新民叢報》之政治革命論〉，頁97-98。

段落，就其引文的內容來看，譯文基本正確地反映了原作的思想。[73]
然而關於「代議制」和「眞正之民主政治」的兩段引文，雖然內容不
錯，而把盧梭民主思想解讀成「純理」的一面（全民直接投票）與
「實用」的一面（代議制原則），卻混淆了盧梭學說中「人民主權」
（立法權）與政府「執政權」兩個不同的〉概念。盧梭認爲，無論在
什麼情況下，人民主權都不可轉讓，亦不可代替，因此他反對代議
制。[74]相反的，執政權是可以代替的，人民可以根據國家的大小，選
擇適合國情的政府形式，並選出自己的代表來行使執政權，履行人民

---

73 汪精衛並沒有指出各段引文的出處，從引文的用詞來看，並非源於楊廷
　　棟的譯文，那麼他本人還是別人的翻譯，有待查證。孫宏雲認爲，汪
　　精衛在同梁啓超的應戰中幾乎不引盧梭的學說爲奧援，而主要是依據筧
　　克彥的「合成意力說」。孫宏雲，〈汪精衛、梁啓超「革命」論戰的政治
　　學背景〉，《歷史研究》，2004：5（北京，2004），頁77。但事實上，爲
　　了駁斥梁啓超關於「國民總意說」三點不可行的理由，汪精衛多次援引
　　盧梭《社約論》（至少四處），而且引文內容與盧梭原文基本相符。
74 盧梭明確指出：「正如主權是不能轉讓的，同理，主權也是不能代表
　　的；主權在本質上是由普遍意志所構成的，而意志又是絕不可以代表
　　的；它只能是同一個意志或者是另一個意志，而絕對不能有什麼中間的
　　東西。因此人民的議員就不是、也不可能是人民的代表，他們只不過是
　　人民的辦事員罷了；他們並不能做出任何肯定的決定。凡是不曾爲人民
　　所親自批准的法律，都是無效的；那根本就不是法律。」"La souveraineté
　　ne peut être représentée par la même raison qu'elle ne peut être aliénée: elle
　　consiste essentiellement dans la volonté générale, et la volonté ne se
　　représente point: elle est la même, ou elle est autre; il n'y a point de milieu.
　　Les députés du peuple ne sont donc ni ne peuvent être ses représentants, ils ne
　　sont que ses commissaires; ils ne peuvent rien conclure définitivement. Toute
　　loi que le peuple en personne n'a pas ratifiée est nulle; ce n'est point une loi,"
　　Rousseau, CSIII: 15.5, p. 429. 汪精衛援引的「英國人自以爲是自由的」那
　　段話就在這段話之前，屬同一段落，除非汪精衛的引文是間接的，否
　　則，很難想像他沒有看到這段話。

大會多數決議通過的法律。汪精衛關於「眞正之民主政治」那段引
文，是針對政府形式而言的，這裡的「民主制」，是指全體國民既是
主權者又是執政者，意即行政權與立法權結合在一起的體制。在盧梭
看來，這種政體從未有過，而且也不會有，因爲「如果有一種神明的
人民，他們便可以用民主制來治理，但這樣一種全美的政府是不適於
人類的。」[75] 由此而見，汪精衛力倡代議制，與盧梭的觀點並不相符，
抑或他並沒有眞正理解盧梭主權在民的原則。就「代議制」這一點來
說，梁啓超對盧梭的解讀是正確的。

　　值得注意的是，在逐一批駁了梁啓超觀點之後，汪精衛表示自己
並非絕對贊同盧梭之國民總意說，他認爲「人民主權說」實質是主張
國家客體說，意即「人民總體之集合得以締造國家或解散之」，有導
致「民主專制」的可能，所以斷定這種理論不正確。可見，儘管汪、
梁政見相對，卻在國家主義上不謀而合：兩人都認爲盧梭的主權在民
說爲國家客體說，會導致國家解體，都把國家利益放在首位。不過與
梁啓超所不同的是，汪精衛並不完全否定盧梭學說，仍然堅持認爲盧
梭的自由平等、主權在民、國民總意，社會爲保護天賦人權而存「內
涵眞理」。[76] 難怪幾年之後（1910年），汪精衛將中江篤介翻譯的《民
約論譯解》轉載在《民報》之上，以廣泛傳播。[77]

75　Rousseau, CSIII: 4.8, p. 406.
76　汪精衛，〈再駁《新民叢報》之政治革命〉，頁91。
77　戎雅屈盧騷著，中江篤介譯解，《民約論譯解》，《民報》，26（東京，
　　1910），頁1-30。只是與中江譯文的原題有一字之差，由《民約譯解》
　　被改爲《民約論譯解》。

　　綜上所述，這場關於盧梭「國民總意說」的辯解，儘管不是以學術爲目的的論爭，卻是首次將盧梭學說與中國政治相結合的一次論辯。不過，從學理的角度來看，梁與汪對盧梭「國民總意」的概念各有不同的正確與錯誤的解讀之處。其原因除了二者都有東洋學術背景之外，[78]也與雙方所持的不同政見有直接關係，都把盧梭學說當作論戰的工具。正如朱浤源所說：「重新回到十八世紀的歷史脈絡中去瞭解Rousseau，不是《民報》諸人的興趣所在。他們祇站在當時爲革命而立論的需要，摘取方便於革命宣傳的有力證據。也因此他們會宣揚浪漫的個人自由主義，又譯介Jellinek國家至上的德國式自由主義而不自知。」[79]這段關於《民報》對盧梭接受態度的論述，同樣也適合於梁啓超對盧梭的接受態度。

　　有意識地把盧梭作爲學術論證的對象是在民國建立之後，隨著越來越多的人留學歐美，不僅能直接接觸到原文或英譯本，而且也使他們直接瞭解和體驗到西方社會科學的治學方法。

78　梁啓超和汪精衛所接觸的西方文化來自日本，尤其受明治時代學術思想的影響，在這篇文章中，梁啓超對「國民總意」的詮釋主要來自他根據中江兆民的日譯本編譯的《盧梭學案》和伯倫知理的《國家倫》等；汪精衛的觀點主要來自德國學者Jellinek。關於這方面更多的信息，參見孫宏雲，〈汪精衛、梁啓超「革命」論戰的政治學背景〉，頁69-83。同時參見狹間直樹，〈梁啓超來日後對西方近代思想認識的深化──尤其在「國家」與「國民」方面〉，Conférence on European Thought in Chinese Literati Culture in the Early 20th Century (Garchy, France, September 12-16, 1995)。

79　朱浤源，《同盟會的革命理論：「民報」個案研究》，頁294。

(二)、民國初期：嚴復、章士釗與張奚若

不可否認，盧梭思想對辛亥革命的醞釀和成功有過一定的影響。然而辛亥革命雖然推翻了帝制，成立了共和，但革命之後，民主制度並未真正建立起來，隨之而來的是袁世凱（1859-1816）專制，宋教仁（1882-1913）被刺，「二次革命」被鎮壓。面對這種混亂局面，盧梭思想再度成為論爭的對象。不過，焦點不是「主權在民」的思想在中國可行不可行，而是反思這種思想的傳播會帶來怎樣的後果。

1. 嚴復與章士釗的解讀

（1）嚴復

1913年應梁啟超邀請，深諳西學的嚴復寫下〈民約平議〉，[80]闡述了他對盧梭《社約論》的理解和批判。他認為美國獨立戰爭、法國革命，乃至中國辛亥革命均受到盧梭思想的影響，並且把這一學說看作是共和初期動亂的主要理論根源。嚴復對盧梭學說的批判主要涉及天賦人權、立約建國、土地國有、革命權利等理念。通過博徵古今中外之事實，他得出這樣的結論：「總之，盧梭之說，其所以誤人者，以

---

80 嚴復，〈《民約》平議〉，《庸言》，25、26（天津，1914），收入盧雲昆編，《社會劇變與規範重建：嚴復文選》（上海：遠東出版社，1996），頁307-314。應當指出嚴復主張英國彌爾式的自由主義，而反對以《民約論》為基礎的法國盧梭式的激進主義。雖然應梁啟超之邀，嚴復撰寫了這篇文章，其內容不僅反映了嚴復對盧梭一貫批判的態度，而且也暗含對梁啟超激烈思想的指責，因為他認為盧梭思想的流行與康有為、梁啟超等人的宣傳分不開。關於嚴復與梁啟超的交往及其評價，詳見黃克武，〈嚴復與梁啟超〉，《近代中國的思潮與人物》，頁274-303；蔡樂蘇，〈嚴復拒盧梭意在諷康梁〉，收入袁賀、談火生編，《百年盧梭——盧梭在中國》，頁365-392。

其動於感情，懸意虛造，而不詳諸人群歷史之事實。」[81] 事實上，嚴復
在辛亥革命前就曾多次批判過盧梭思想。1906年，他先後發表〈政
治講義〉、[82]〈憲法大義〉[83] 等論文，對盧梭的《民約論》提出一套自己
的觀點，可歸爲三點：首先，嚴復認爲盧梭的社約理論不符合歷史發
展的眞實進程；其次，嚴復批判盧梭「人生而自由」的論點爲實所無
有；最後，嚴復肯定主權在民的原則，但認爲中國不可能實現盧梭理
想中的共和民主制，並且不同意盧梭對君主制度的根本否定，認爲君
主專制有其歷史存在的合理性。肯定君主立憲的代議制，不但適於英
國，亦宜於中國，而且不失民主精神。〈民約平議〉延續了上述觀
點，並且更全面地反映了嚴復對盧梭思想的看法。[84] 關於這篇文章的
內容分析，已有不少學者論及，筆者在此，將不贅述。
　　（2）章士釗
　　嚴復的〈民約平議〉一發表，便引起革命黨人的積極回應。1914

81　嚴復，〈《民約》平議〉，頁 314。
82　嚴復，〈政治講義〉，收入盧雲昆編，《社會劇變與規範重建：嚴復文選》，頁 175-252。
83　嚴復，〈憲法大義〉，收入盧雲昆編，《社會劇變與規範重建：嚴復文選》，頁 253-260。
84　關於嚴復對盧梭思想的批判的內涵及其淵源的深入分析和梳理，請參見黃克武，《自由的所以然：嚴復對約翰彌爾自由思想的認識與批判》（上海：上海書店出版社，2000），頁 255-302；黃克武，〈近代中國轉型時代的民主觀念〉，《近代中國的思潮與人物》，頁 76-101；同時參見 Benjamin Schwartz, *In Search of Wealth and Power: Yen Fu and the West* (Cambridge: Harvard University Press, 1964)；王憲明，〈關於戊戌時期嚴復傳播《社會契約論》和「天賦人權論」問題再探討〉，收入劉桂生、林啓彥、王憲明編，《嚴復思想新論》（北京：清華大學出版社，1999），頁 315-327；顏德如，《梁啓超、嚴復與盧梭社會契約思想》（長春：吉林人民出版社，2003）。

年5月，章士釗[85]發表了一篇〈讀嚴幾道《民約平議》〉[86]對嚴復的文章進行了全面分析，並逐點逐段地援引盧梭原著對其觀點加以評述。章士釗的主要觀點可以歸結爲以下三點：首先，聲明自己不是「醉心於盧梭之共和之說者」，但他確定盧梭天賦人權並非「懸意虛造」之說，而是保障個人自由權利的基本原理，對建立民主政治具有普世價值；其次，闡明盧梭對私有財產的眞正立場；最後，堅持民約爲一切正當合理權利的基礎。雖然，章士釗在這篇文章中沒有直接論及盧梭的「普遍意志」概念，但在其〈論主權〉一文中略加論述，認爲「盧梭之主權論，基於國民之『總意』，……而總意果何見乎？在盧梭之意則投票者實總意之表徵也。」[87]此時的章士釗主張中國當爲「平民國家」，當造一「貴族政府」（所謂貴族者，乃全出於才能之異眾耳），因爲在國民程度未熟之國，實不宜極端民政。[88]這一觀點與盧梭主張主權在民，貴族形式（aristocratie）的政府很相近：「最好的而又最自然的秩序，便是讓最明智的人來治理群眾，只要能確定他們治理群

85　章士釗，湖南長沙人。1903曾任上海《蘇報》主筆，1905年留學於日本東京，1907年赴英國入愛丁堡大學攻讀法律、政治，兼攻邏輯學。1911年武昌起義勝利，應孫中山邀請，回國主持同盟會機關報《民立報》，但他未加入同盟會。1913年3月，宋教仁被刺，章加入反袁行列，並草擬《二次革命宣言》。1914年5月在東京與陳獨秀等創辦《甲寅》雜志，提倡共和，反對袁世凱，主張兩黨制，提出執政黨應借反對黨之刺激而維持其進步，宣稱聯邦制可以用輿論力量達到革命的目的。參見陳萬雄，《五四新文化的源流》（香港：三聯書店，1992），頁13-14。

86　該文最先發表在《甲寅雜誌》，1：1（東京，1914），收入李妙根編，《章士釗文選》（上海：遠東出版社，1994），頁108-126。

87　章士釗，〈論主權〉，原載《民立報》（1912年4月30日），收入李妙根編，《章士釗文選》，頁43。

88　章士釗，〈論平民政治〉，原載《民立報》（1912年3月1日），收入李妙根編，《章士釗文選》，頁15。

眾眞是爲了群眾的利益而不是爲了自身的利益」。[89]爲了確保政府官員
爲民圖利，盧梭強調行政官員須由人民集會選舉產生，反對官爵世襲
制。

　　總之，嚴、章之爭較之梁、汪更加深入，切入盧梭理論的根源，
正如林啓彥所說，可謂「近代中國知識份子對民主政治原理作極有意
義的一次學理上的探討」。[90]然而，二者在針對盧梭《民約論》之辯論
並未直接觸及盧梭的「主權在民」和「普遍意志」概念，所以本文將
著重討論張奚若的相關論述。

　　（3）張奚若的詮釋

　　1920年正值新文化運動之際，張奚若將自己撰寫的一篇論文
〈社約論考〉由國外寄往國內發表。[91]他從學術的角度，對這部近代

89　Rousseau, CS III:5.7, p. 407.
90　林啓彥，〈嚴復與章士釗——有關盧梭《民約論》的一次思想論爭〉，收
　　入袁賀、談火生編，《百年盧梭——盧梭在中國》，頁394。
91　張奚若，〈社約論考〉，《政治學報》，1：2（北京，1920），收入《張奚
　　若文集》（北京：清華大學出版社，1989），頁29-66。張奚若，陝西
　　人，辛亥革命元老，民國成立後，於1913年赴美留學，就讀於哥倫比亞
　　大學，1917年，獲法學士學位。同年秋天到歐洲，進修於德國科隆
　　（Universität zu Köln）。1919年初，張來到法國，參加了當時中國留學生
　　在巴黎的愛國活動，要求「巴黎和會」主持正義，否定會上提出由日本
　　繼承戰前德國在山東的特權提案。同年底，張獲得美國哥倫比亞大學碩
　　士學位。兩年後，應蔡元培之邀，出任大學院高等教育處處長。1929年
　　8月，張應聘到清華大學任教，擔任法學院政治學系教授，直至1937年7
　　月學校南遷。在這期間，張結合教學，先後發表了一系列學術著作，如
　　〈主權論〉、〈盧梭與人權〉、〈法國人權宣言的來源問題〉和〈自然法觀
　　念之演進〉，系統介紹了西方政治思想的基本理念。關於張奚若的生平
　　及著作，詳見《張奚若文集》。張被視爲堅持思想獨立的知識份子：民
　　國時期他敢於拒絕加入國民黨；解放後他勇於批判毛澤東的大躍進路
　　線。

「民主」主義理論經典進行了「科學」的分析，系統考察這一理念從古希臘、羅馬至十八世紀為止的歷史淵源和發展過程及其對美、法革命的影響，以闡明社約論在民主政治發展史上、及其對現實乃至將來的價值。在歷代思想家中，張奚若論述較多的是格勞秀斯（Grotius, 1583-1645）、霍布斯（Thomas Hobbes, 1589-1678)、洛克（John Locke, 1632-1704），而最多的是盧梭的思想。在他看來，盧梭是一位繼往開來的思想家，不但繼承了先哲及同時期思想家的論述，而且對社約理念進行了開創性的改造。[92] 張奚若著重論述了「社約」和「主權」概念，尤其對「公意」（volonté générale）與「眾意」（volonté de tous）概念的解讀頗為獨特。

在討論「主權在民」和「公意」之前，張奚若首先闡述盧梭的「自然狀態」（état de nature）、「自然法」（loi naturelle）同社會契約理念的關係，並且將盧梭契約思想與前人的社約觀念加以區別，指出在盧梭之前，所謂「社約」無論是君與民約，還是個人與個人相約，都是民或個人推舉一個首領或建立一個公共統治機關，由此而服從於一君或一政府。而盧梭所說的「社約」理念，是個人與個人和個人與集體之約，通過此約，「人民自己變為主權者，主權永存於人民全體或社會」。社約之作用，全在得人人同意，造一公意公我；公意公我成，而政治社會生。由人民所建立的政府只是一個執法的機構而無立

92　張奚若對盧梭的評價與當代法國著名學者Robert Derathé (1905-1992)的看法非常相近。Derathé指出：「盧梭的《社會契約論》不僅開啟了一個新時代，而且也是這種思潮的集大成之作，這種思潮醞釀於宗教改革時期，對知識界反對君主專制和超越君權神授的天主教義產生了深刻的影響。」見Robert Derathé , *J.-J. Rousseau et la science politique de son temps* (Paris: Vrin, 1970), p 62.

法權，立法權永遠屬於主權者，人民同時既爲製造法律之主權者，又爲服從法律之人民。社約的唯一作用，在於爲政治社會之主權建立以堅固不拔之基。所謂自然狀態，自然法，社約都是爲建此基礎的方法手段。

說到人民主權，張奚若提出這樣的問題：社約訂立之後，人民成爲主權者，是造法者，而個人爲主權者之一小部分。譬如一國之中，有人一萬，主權者之於個人，猶萬之於一；個人之於主權者，猶一之於萬。那麼，「個人既爲主權者之一微小部分，又必須完全服從主權者所造之法律。其結果豈非個人僅有主權者之名而無主權者之實嗎，受多數壓制而爲不自由之甚者乎？」[93]嚴復在〈政治講義〉中亦提出類似的問題。[94]

在張奚若看來，這的確是政治實際中無從解決的難題，但在盧梭理論中，則毫無困難之處：「盧梭智慧無窮，自有利器解此盤根錯節。」[95]因爲主權者，公意也。「公意」就是以社會公利爲目的，而不是所有私利之總和。張以算術的形式解讀盧梭「公意」與「眾意」概念的區別：各人的私利分別以甲、乙、丙三方爲代表：甲之意 $=a+b+c$；乙之意 $=a+d+e$；丙之意 $=a+x+y$；眾意 $=a+b+c+d+e+x+y$（即所有不同私利相加之和）；公意 $=a$ 即各私意之差（即不同的私意相抵消後所剩下的共同意願）；[96]以此來表明公意爲人人所共有，以公利公

93　張奚若，〈社約論考〉，頁54。

94　嚴復有感於法、英兩國極其有限的「一民之權」，聯想到中國的國情時，他說：「民權民權，彼英、法二邦，一民之權，不過如此。反而求之，至吾中國他時，以四萬萬之民而立憲，將一民之權，所得爲何？」嚴復，〈政治講義〉，頁239。

95　張奚若，〈社約論考〉，頁51。

96　這一解讀方式頗具新意，但不知這一算式是否出自作者本人，張奚若在

益爲懷；眾意只是所有不同私意之和，以私利私益爲懷。

　　針對上述的問題，張的回答是：「公意」爲人人同有之意，則主權之無從爲非，個人則無從受壓制。故盧梭曰：「主權者既由個人組合而成，自無傷害個人之理，蓋凡物自其本性言之，斷無自害之理也。」[97]

　　用張奚若自己的話說，他作這篇文章是因爲有感於嚴、章的《民約論》之爭主要針對中國時政，而「非欲窮探哲理作學術上有系統之討論」。言下之意，張將從學理的角度對《民約論》進行系統的考察。事實上，張也是這樣做了。雖然張並未介入嚴、章之爭的細節，卻頗具針對性，仿佛在回答梁、汪、嚴等辛亥革命前後關於盧梭思想所討論的問題。針對嚴復指責盧梭的社約概念是不符歷史事實的空說，張奚若雖然亦認爲，自霍布斯至盧梭，社約論純屬「玄想的理論」，但更強調這一理論所產生的歷史效果，亦即助長民權思潮，對美、法革命，乃至全人類政治生活的長遠影響。他通過徵引美國《獨立宣言》、法國1789年《人權宣言》以及1793年的憲法中的相關條例來證實盧梭的《社約論》對人權觀念的影響，[98] 從而澄清梁、汪論

此並未注明。非常巧合的是，John Plamenatz (1912-1975)也對盧梭的普遍意志、個別意志和眾意之，作出類似的數學解釋：他說「如果約翰是x+a，查理德是x+b，托馬斯是 x+c，那麼，x是共同的，而a、b、c是特殊的。如果共同意志是加減之後所剩下的，那麼就是x。」見John Plamenatz, *Man and Society* 1 (London: Longmans, Green. 1963), pp. 393. 引自談火生，〈盧梭的「共同意志」概念：緣起與内涵〉，收入袁賀、談火生編，《百年盧梭——盧梭在中國》，頁347。

97　張奚若，〈社約論考〉，頁54。盧梭引文：張註，號160：*Contrat social* I, 7；頁66。

98　十多年之後（1931年），張奚若對法國《人權宣言》（*Déclaration des droits de l'homme et du citoyen*, 1789）之目的及其淵源進行了分析，將其

戰中所提出的問題。

　　綜上所述，張奚若並沒有將「公意」與個人利益相對立，而是把二者結合起來，以獨到的算式表明，「公意」源於每個人的意志，爲人人同有之意，其準則不僅是「多數決議」，更重要的是以「公利公益」爲目的，而非所有私利相加之和。因此，公意只能爲善不能爲害，不會損傷個人。[99] 從理論上回答了梁、嚴對「國民總意」能否代表「全體之公」的質疑。張奚若最後強調社約論的普世價值，主張「以人民同意爲政權根據」的公意原則不僅應施之於建立一國政權，而且宜施之於世界，成爲現在和將來眞正國際同盟立約者之基礎。[100]

逐條與盧梭《社約論》、美國《獨立宣言》(*Declaration of Independence*, 1776)和《權力宣言》(*Bills of Rights*)進行對照和梳理。最終既不認爲《人權宣言》皆來自盧梭的《社約論》，亦不認爲是像德國人 Georg Jellinek 所說的那樣，與其無關，甚至截然相反，而確定《人權宣言》的內容是整個十八世紀政治哲學的產物；並且表明在眾多啓蒙思想家中，以洛克、孟德斯鳩、盧梭三人的影响爲最大。此外，英國的民權發展對美國影響最大，對法國也有極大的影響；因此英國憲法所代表的民權思想實爲美、法兩國革命的共同之母。見張奚若，〈法國人權宣言的來源問題〉，《武漢大學社會科學季刊》，2 卷 1-3 號、3 卷 2 號（1931 年月 -1932 年 12 月），後收入《張奚若文集》，頁 208-209。

99　不過，1930 年，當張奚若演講〈盧梭與人權〉時，對盧梭的定位有所改變，強調盧梭的團體主義傾向，但並不認爲是專制主義者（absolutiste）:「盧梭不是個人主義者，而是團體主義者」,「看起來盧梭的思想似乎很專制，其實他是位平民主義者。」見《清華週刊》, 34：7（北京，1930），後收入《張奚若文集》，頁 135。一年之後，張奚若更爲明確地論述了這一點，指出《社會契約論》第一書前五章的議論還是《人類不平等》及《教育論》等篇中個人主義者的餘波，但從第一書第六章直到全書結尾，個人主義的盧梭便完全變爲團體主義者（collectiviste）或國家主義者（étatiste）。見張奚若，〈盧梭與人權〉，頁 135。

100　張奚若，〈社約論考〉，頁 58。

（三）、九十年代：王元化的解讀

1949年中華人民共和國建立之後，盧梭學說正像所有啟蒙思想家一樣，讓位於指導無產階級專政的馬克思主義、列寧主義和毛澤東思想，直到實行改革開放之後，又成爲思想界、知識界研究和討論的對象。隨著西方書籍的大量引介，上個世紀九十年代，人們從西方冷戰時期批判盧梭「民主極權主義」的言論中，發現盧梭的另一個面孔。一時間，盧梭成了反思文革時期「極左路線」的工具。

1. 從張奕若、何兆武到王元化

王元化作爲九十年代的思想家，[101]對盧梭「普遍意志」的解讀頗具代表性，值得討論。他於1997年讀了張奕若的文章，[102]一年後又用了兩個多月通讀何兆武翻譯的《社會契約論》，耐人尋味的是，王元化從張奕若解讀「公意」的算式中得出截然不同的理解，而且從何兆武的譯本中讀出一堆難題。特別令他感到困惑的是盧梭特殊的「思辨論述」及其主要理念之間存在的矛盾。[103]

---

101 王元化成長於1920年代的清華園，深受國學大師王國維（1877-1927）和陳寅恪（1890-1969）影響。1955年王元化因受胡風事件的牽連，受到迫害。1981年平反後，於1983年至1985年，任中共上海市委宣傳部部長。九十年代，王元化對於從「五四」以 的中國思想界、知識界、學術界進行了反思，其觀點被視爲「獨立於權力之外，獨立於公眾輿論之外，具有自由的思想和獨立的人格」。王元化一生信奉共產主義，晚年對於中國現在的物質主義和文明的物質化、庸俗化和異化深感憂慮，並引用韋伯的話說：「世界不再令人著迷」。參見http://www.guoxue.com/rw/wangyuanhua/wyh02.htm.(2014/8/30)

102 王元化，〈張奕若談盧梭〉（1997），《九十年代反思錄》（上海：上海古籍出版社，2000），頁93-97。

103 王元化對「普遍意志」概念的詮釋主要見於以下幾篇書信體文章：〈與

2. 王元化的解讀

其主要觀點可歸結爲四點：

（1）締約雙方：社會成員自己與自己締約，及每個人的雙重身分（作爲立法的主權者和守法的臣民），王認爲這種「思辨說法」令許多人誤會。然而，這卻是盧梭《社約論》的關鍵所在。王在此之前寫的〈與友人談公意書〉，就把「社會契約」誤解爲社會成員與政府相互訂立的契約。[104]

（2）「公意」：最令王疑惑的是盧梭的「公意說」。他把張奚若表示「公意」的算式解讀爲「完全排除私意，僅以剩下的純粹的爲公利公益的共同意志」，肯定盧梭的「公意」是完全消除個體性或特殊性的理念。並且把「公意」的概念與文革時期的「一大二公三純」[105]以及「人民」的概念相提並論，認爲這些觀念都是排除了特殊性和個體性的。王元化指出「公意」與「私意」的區別容易理解，但是「公意」與「眾意」讓人困擾，這是盧梭用語的問題。從盧梭對小集團的強烈反對，可以知道「眾意」和「公意」的區別。顯然，王把「眾意」理解爲有別於大集體「公意」的小黨派和小集團的「私意」。由此而斷定盧梭是一個徹頭徹尾的集體主義者，因爲他反對在大集體中再分派系。

友人談公意書〉（1992）、〈張奚若談盧梭〉（1997）、〈與友人談社約論〉（1998）、〈吳江來信〉（1998年2月），均收入王元化，《九十年代反思錄》，頁88-124。

104 王元化，〈與友人談公意書〉，《九十年代反思錄》，頁88-92。這種誤解或許可上溯到楊廷棟的譯文。

105 「一大二公三純」：一大：指地大物博，人多勢眾；二公：社會主義公社比合作社好，可以去掉資本主義殘餘；三純：淨化思想：「狠鬥私字一閃電」。

（3）「人民主權」的切實性：王對這一理念表示質疑：個人僅為主權者之一微小部分（若一國有一億人，則為一億分之一），又必須完全服從主權者所通過的法律，其結果豈非個人僅有主權者之名，而無主權者之實嗎？受多數壓制而為不自由之甚者乎？（王只是再次提出張奚若提過的問題，卻沒有採納張的答案）同時，公意永遠是公正的，但卻不能推論說人民的考慮也永遠有著同樣的正確性。人民往往受欺騙，如果公意是主權者行使權利的先決條件，而作為主權者的人民希望幸福又往往受騙，總看不到幸福，而必須有一個立法家，主權者的權利就岌岌可危了。

（4）對「立法家」的質疑：王氏認為盧梭把確認什麼是公意的能力賦予一個立法家，把他視若神明，這確實是一種危險的理論。立法家可以像神明一樣掌握公意的理論，並有「改變人性」的非凡使命，只要略加改動，把個別人變成集體中的領袖，那麼他的後果將是難以想像的。盧梭身後的歷史證明上述恐懼並非杞人憂天。

王元化的疑難是一般讀者都會遇到的。與盧梭「普遍意志」概念的雙重性分不開（即使是法國學者也有類似的批評。如 Alfred Fouillé 就認為盧梭的「眾人意志」la volonté de tous 和「普遍意志」la volonté générale 難以區別，而他本人在詮釋盧梭《民約論》時常用前者取代後者）。除了語言上的障礙，還有文化和時代氛圍的因素：受到西方批判「民主極權主義」論的影響，[106] 王元化深感反思「極左路線」的

106　應當指出，王元化重新發現盧梭與受朱學勤博士論文的啓發分不開。1992 年 6 月 19 日王元化曾赴復旦大學主持朱學勤的博士論文（關於法國大革命與羅伯斯皮爾）答辯，王看了朱學勤關於盧梭《社約論》的章節，認為寫得很好，並於幾天之後（1992 年 6 月 23 日）寫出〈與友人談公意書〉。朱學勤的博士論文是受到西方批判盧梭「民主極權主義」論

必要。曾深受其害的他，對盧梭的解讀顯然是帶著那個時代的眼光和需要：把盧梭的「普遍意志」概念與文革時期的「一大二公三純」政策和「人民」觀念相比，完全誤解了盧梭「公意」的本質和目的：在那個言論、出版受到絕對控制並完全統一於一種聲音的時代，是聽不到真正「公意」的聲音的。盧梭反覆強調「普遍意志」是基於「社會公約」原則，在思想獨立、言論自由、理性判斷的前提下，每個公民以投票形式參加全體意志的表決，否則，未經公民的自由表決，「公意」將無從談起。然而「一大二公三純」只是政府頒布的一種政策，並非經過全民參與的任何投票表決。至於文革時期的「人民」概念，雖說「人民翻身作主人」的口號深入人心，但人民並沒有實際參與像盧梭所說的主權行動，亦即訂立國家大法。「人民」只是一個抽象的集體名詞，不包括「階級敵人」（諸如：地、富、反、壞、右等）在內，所以並非社會的所有成員，因此，不具備盧梭所說的「普遍性」。王氏對「人民主權」有名無實以及「立法家」越權的擔憂可以理解，但他完全忽略了盧梭對立法家的權限：立法家只有提供立法草案的權利，而沒有任何決定權，決定權永遠只屬於人民。[107] 王氏只強

的影響而成的，下文將具體說明。

[107] 蕭高彥聯繫盧梭《論人類不平等起源》，就盧梭的「人性」概念及其「改變人性」的意涵做了精闢的解讀，認為：「盧梭的主要理論取向，並非將人類帶回原始素樸的純粹自然狀態，而是要善用人性可改變的特質，塑造真正具有正當性與穩定性的政治共同體，克服未加控制的自然在社會中對人類所產生的負面影響」。並對盧梭「立法家」概念及其「改變人性」的意涵進行了深入的分析，詳見蕭高彥，〈從共和主義到激進民主──盧梭的政治秩序論〉，收入袁賀、談火生編，《百年盧梭──盧梭在中國》，頁161；蕭高彥，〈立法家、政治空間與民族文化──盧梭的政治創造論〉（2001年6月），收入袁賀、談火生編，《百年盧梭──盧梭在中國》，頁184-213。

調公意「消融個體性與特殊性」的純粹抽象層面,卻忽視「普遍意志」只能源於每個人,而且用於每個人的公平原則。其實,整個《社約論》都是圍繞著如何使源於每個人的意願用於每個人,而不是用於個別人或個別團體。

三、不同解讀的歷史根源

如何理解「普遍意志」在不同時期的不同解讀,除了盧梭原文所具備的豐富內涵和翻譯因素之外,不同歷史時期的國情和文化背景也是不容忽視的主要原因。《社約論》到了中國,幾乎始終同「國家」的前途命運相聯,而且每個歷史時期的國情不同,對《社約論》的定位和詮釋也不同。「普遍意志」作為《社約論》的核心概念也有同樣的命運,而個人的自由權利卻往往被忽視。

(一)清末

《社約論》的最初兩個漢譯本以及辛亥革命之前對盧梭的介紹都受到日本明治文化的影響。在面臨「國亡種滅」危機的背景下,它不是作為學術對象,而是當作倡導革命的理論依據。所以譯介盧梭的愛國志士都是帶著各自的政治信仰去詮釋和打造他想要的盧梭。楊廷棟可以任意地在譯文裡加入自己的理解,乃至《論語》的原話:「語曰:匹夫不可奪志也」。[108]梁啓超也可以隨著自己政見的改變而有不同的解釋。辛亥革命之前,關於「國民總意」能否實現的論戰,可以說論戰的雙方都根據自己的政見來解讀盧梭這一理念的內涵:梁啓超

---

108 路索著,楊廷棟譯,《路索民約論》,頁8a。

把「國民總意」界定爲「全民無一例外的一致同意」，旨在否定其在中國的可行性。汪精衛則理解成兩個方面：純理的一面，全民多數表決；實用的一面，大國可以採取代議制形式；意在針鋒相對，證實其可行性。儘管二者都不同程度地偏離了作者的原意，他們卻提出了現代民主社會至今仍需考慮的問題：如何使法律最大化地表達公民的「普遍意志」？國會議員能否代表全體人民的意志？中國宜採用何種體制？

（二）民國初期

　　民國建立後，表面上實現了孫中山「驅除韃虜，恢復中華，建立聯眾共和」的最初設想，加上各種新思潮的引進（無政府主義、社會主義、馬、列主義、英、美實證主義等等），使辛亥革命之前的「盧梭熱」消散，然而對盧梭《社約論》的評論卻遠未終止。與前期相比，盧梭雖然仍作爲革命理論的代言人，辯論的內容更加具體，問題已深入到民主機制運作的理性化，這與辯論的各方都有西學經歷，不再通過日語間接接受西方思想，而是直接透過西方學說加以論證不無關係。

　　嚴復所接受的是西方進化論的歷史觀，英國經驗主義的自由觀；章士釗曾就讀英國愛丁堡大學的法律、政治和邏輯學專業，也受到英國經驗主義的影響；張奚若曾就讀美國哥倫比亞大學，又到過德、法深造。各方都從不同角度借助西方對盧梭的評論來論證：嚴復借助斯賓塞（Herbert Spencer, 1820-1903）赫胥黎（Thomas H. Huxley, 1825-1895）的觀點批判盧梭，這兩位西方學者都是反對盧梭的；章士釗援引英人鮑生葵（B. Bosanquet, 1848-1923）來批評西方學者和嚴復對

盧梭思想的曲解。[109]張奚若對盧梭的解讀，大多借助盧梭原文，同時
參照當時福瀚（C. E. Vaughan, 1854-1922）研究的最新成果。[110]這一
時期的另一個特點是重視文本，開始注重從學理的角度解讀《社約
論》。章士釗指責嚴復駁斥盧梭的主要觀點皆來自赫胥黎〈人類自然
等差〉一文，批評嚴復「以先入之成見」，[111]而不是根據作者的原意
進行批評。他在批評嚴復時則援引盧梭之說，以免先入之見。然而，
儘管章士釗不同意嚴復對「天賦人權」、「公約立國」觀念的批駁，
但認同嚴復關於國民程度不高，「今所急者，非自由也，而在人人減
損自由，而以利國善群為職志」的觀點。[112]這一切正如黃克武所說，
「主要出於國家情勢與社會秩序的考慮，是在強敵環伺與人民程度不
足之下所採取的肆應方法」。[113]黃克武的話雖然是針對嚴復而作的分
析，但也適用來解釋章士釗的態度。張奚若直接指出，嚴、章之爭
只針對時政而未作學術上有系統之討論。[114]確實，張奚若的《社約論
考》堪稱追本溯源，嚴謹治學的典範。然而，儘管在全文中似乎未涉
及時政，也不失與國政相聯繫，他在結論中尖銳地指出：「以人民同

---

109 鮑生葵常批評世人「妄解」盧梭之書，為之言曰：「凡偉人之意見一入
　　常人之口，其所留意戒備，視為不可犯者，輒犯之不已，甚且假其名以
　　行焉。」（Bernard Bosanquet, *The Philosophical Theory of the State*, New
　　York: The MacMillan Company, 1899, p.14.），章士釗認為此話「深中學者
　　之弊也」。章士釗，〈讀嚴幾道《民約平議》〉，頁111。
110 Jean-Jacques Rousseau, *The Political Writings of Jean Jacques Rousseau*, ed.
　　from the original manuscripts and authentic editions, with introductions and
　　notes by C. E. Vaughan (Cambridge: Cambridge University Press, 1915), vol. 2.
111 章士釗，〈讀嚴幾道《民約平議》〉，頁108。
112 嚴復，〈《民約》平議〉，頁311。
113 黃克武，《自由的所以然：嚴復對約翰·彌爾自由思想的認識與批判》，
　　頁268。
114 張奚若，〈社約論考〉，頁29。

意作政權根據,證之歷史,繩之論理,揆之道德,均爲不易之理」,在道德上,「個人尊嚴之人格與權利,不應自暴自棄,任操政權者剝奪以去也。吾嘗謂中國今日政府橫惡不法,實一道德問題。」[115] 言下之意,當下政府未經人民同意,是不符合普遍意志的非法政府,人民有權起來推翻之。

由此觀之,民國時期,盧梭的政治理念仍然充當解決中國政治前途問題的工具:要麼把它當作激烈革命的依據加以批判和否定(嚴復);要麼用來批判時政,肯定民主共和原理的普世性(章士釗),要麼被當作民主政治正當性的依據,用來衡量政府的行爲(張奚若);如果說嚴、章都因國民程度而質疑「多數票決定」原則的話,張奚若則強調「以人民同意做政治依據」。[116] 無論是批判還是肯定,都是把盧梭作爲天賦人權、自由、平等、公意、民主的象徵。

(三)解放後

1949年之後,在以「階級鬥爭爲綱」的毛澤東時代,全國的報刊雜誌一律統一在官方宣傳的框架之下,凡是被認爲非代表無產階級意識形態的言論和著書都被邊緣化,甚至成爲禁書。雖然盧梭的《社約論》仍在翻譯和出版,但對它的解讀則一律統一在官方的認識上。在「譯者前言」中,何兆武這樣評價盧梭的《社會契約論》:

社會契約的理論集中地反映了資產階級上升時期的民主理

---

115 張奚若,〈社約論考〉,頁58-59。
116 應當指出,這一時期關於盧梭「公意」的討論,絕不限於本文所討論的三個例子,其他報刊的亦相當關注,特別是《新青年》雜誌。參見尤小立,〈「公意」與五四前後《新青年》左翼同人的思想轉向〉,《南京大學學報》,2010:1(南京,2010),頁55-72。

想：針對封建制度和等級特權，提出了爭取自由和平等的
戰鬥口號，並要求建立資產階級的民主共和國。……本書
已經成爲世界思想史上的重要古典文獻之一；處在革命時
代的各國資產階級曾經把盧梭的這本《社會契約論》當作
福音。……同時也要看到，盧梭並沒有能超出他自己時代
的和階級局限。他理想中的永恆正義和理性王國，歸根結
底，只是資產階級民主革命時代代表小資產階級（小私有
者）的利益和要求的呼聲，而天賦人權的學說實質上也只
是那個階級所有制的理想化與理論化而已。[117]

由此可見，盧梭已過時了，不再被視爲能用於指導無產階級革命的理
論工具，只能當作代表小資產階級觀念的古典文獻來讀。然而，2000
年，當何兆武在清華大學作關於「盧梭《論科學與藝術》及其他」的
演講時，對盧梭思想有了新的定位。他不僅回顧了盧梭對中國近代民
主進程的影響，而且肯定其現實價值。他認爲「五四」時期提出的
「德先生」（民主）和「賽先生」（科學）曾一度被擱置，但今後，主
要方向還是要走科學和民主的道路；並且不無幽默地引用了毛澤東的
話來結束演講：「道路是曲折的，前途是光明的」[118]。言下之意，盧梭
的理論雖然從1949年至文革時期被當作資產階級的革命理論而被擱
置，但對今後的民主進程仍有深遠意義。

---

117 何兆武，〈譯者序言〉（1963），收入盧梭著，何兆武譯，《社會契約
論》，頁1-2。
118 何兆武，〈盧梭《論科學與藝術》及其他〉，2000年3月在清華大學的一
次講演，頁56。http://wenku.baidu.com/view/1689180e90c69ec3d5bb7545.
html.(2014/8/30)

（四）文革之後

　　經過文革十年的思想禁錮之後，盧梭又回到文壇。隨著西書的大
量引進，其中包括對盧梭的不同解讀和評論，一些學者從西方冷戰時
期把盧梭當作極權主義者的言論中獲得靈感[119]，利用盧梭反思文革時
期的極左路線。朱學勤的《道德與理想國的覆滅——盧梭與羅伯斯皮
爾》論著便是一個範例。[120]他雖然認爲像羅素（Bertrand Russell,
1872-1970）把盧梭說成是納粹先鋒隊的先導、史達林主義的始作俑
者，「未免言過其實」，但他認同「以思想史解釋政治史，使後者成
爲前者的主角，如今正成爲時髦，而這恰恰是當年盧梭所犯的錯
誤。」[121]所以盧梭既應該承擔法國革命「恐怖」的責任，也應當承擔

---

119 關於西方批判盧梭極權主義的主要論述，參見Bertrand Russell, *An
History of Western Philosphy* (New York: Simon and Schuster, 1945), Karl
Popper, *The Open Society and Its Enemies, vol. 1: the Spell of Plato; vol. II:
the High Tide of Prophecy* (London: George Routledge et Kegan Paul,
1945)；Jacob Leib Talmon, *The Rise of Totalitarian Democracy* (Boston,
1952); Benjamin Schwartz, "The Rousseau Strain in the Contemporary
World," in *China and Other Matters* (Cambridge: Harvard University Press,
1996), pp. 208-226. 這方面的討論也在法國引起關注，見Lester G.
Crocker, "Rousseau et la voie du totalitarisme," *Annales de Philosophie 5,
Rousseau et la philosophie politique*, (Paris: PUF, 1965); Jan Marejko, *Jean-
Jaqques Rousseau et la dérive totalitaire* (Paris: L'Âge d'homme, 1984). 相關
專論，Catherine Labro, "Rousseau totalitaire contre Rousseau démocrate:
enjeu et critique d'une polémique marginalisée dans l'exégèse rousseauiste
des années soixante," *Études Jean-Jacques Rousseau* 18 (Siam-JJR-
Montmorency, 2011), pp.179-190.
120 朱學勤，《道德與理想國的覆滅——盧梭與羅伯斯皮爾》（上海：三聯書
店，1994）。朱學勤的論點主要受西方批判盧梭極權主義的影響。
121 朱學勤，〈教士與帝國一致的制度——盧梭政治哲學分析〉，收入袁賀、
談火生編，《百年盧梭——盧梭在中國》，頁69。袁賀認爲：「盧梭的政

中國「十年浩劫」的責任。顯然，王元化把盧梭的「公意」概念與文革時期的「大公無私」，「狠鬥私字一閃電」的話語相提並論，不僅是他反思的結果，也是受到朱學勤的影響。[122] 夏中義於2011連續發表三篇文章，力求「從思想史看王元化重估《社會契約論》」，進一步肯定：「1966年前後大陸所橫行的極左思潮，其根子亦刻有盧梭『公意』的胎記。」[123] 相反，崔之元則認爲，盧梭之被曲解爲「極權主義」的先驅，就是「西方」意識形態僵化的一個例證；他試圖消解「極權主義者盧梭」的神話，恢復盧梭作爲現代民主理論 —— 人民主權論 —— 的創始人的本來面目。[124] 一反 Jacob Talmon 把盧梭公意概念當

治理論著作在他的解析下到處硬傷累累，最後盧梭就是千面魔王：暗含磨心的教士、精神病患者、戀母情結者、民粹主義者……總之，盧梭什麼都是，就不是正常人。一個正常社會秩序的『叛逆者』，盧梭作爲暴徒的形象就這麼樹立起來了。」見袁賀，〈一個人的盧梭 —— 評朱學勤的盧梭研究〉，收入袁賀、談火生編，《百年盧梭 —— 盧梭在中國》，頁219。

122 朱學勤認爲，盧梭「公意」的產生過程，就是「眾議」（個體性與特殊性）的克服過程。見朱學勤，〈教士與帝國一致的制度 —— 盧梭政治哲學分析〉，頁52。

123 夏中義，〈盧梭在當代中國的回響 從思想史看王元化重估《社會契約論》〉（上、中、下），《探索與爭鳴》，2011:1（上海，2011），頁8-12；2011:2（上海，2011），頁54-60；2011:3（上海，2011），頁59-63。引文見（上）篇，頁8。夏中義也對美國中國近代史專家史華慈的兩篇關於「盧梭與中國革命關係」的文章進行分析，並且與中國學者朱學勤與王元化對盧梭的批評聯繫起來。參見 Benjamin Schwartz, "The Rousseau Strain in the Contemporary World," in *China and Other Matters*, pp. 208-226; Benjamin Schwartz, "The Reign of Virtue: Some Broad Perspective on Leader and Party in the Cultural Revolution," *The China Quarterly* 35 (July-September 1968), pp. 149-169; reprinted in his *China and Other Matters*, pp. 169-186.

124 崔之元，〈盧梭新論〉，《讀書》，7（北京，1996），收入袁賀、談火生編，《百年盧梭 —— 盧梭在中國》，頁326。

作極權主義民主的原動力的觀點，崔之元強調「公意」與每個人的緊密關係：「公意是由每個人特殊利益中共用的部分構成的。」[125]

總之，中國不同時期對盧梭「普遍意志」的解讀都與每個時期的國情相連。盧梭思想中的兩面性也充分反映在不同時期的解讀中。然而耐人尋味的是，辛亥革命前後對盧梭「普遍意志」的批評主要來自對當時「國民」資格的懷疑和對這一概念庸俗化的理解，把它簡化爲「直接民主」或「多數至上」的原則，質疑「人民多數」能否「以自由意志之多數爲斷」，能否以「國利民福」爲目的；[126]擔心天賦人權說會使人人濫用自由，而不顧別人的自由權利，最終導致社會秩序混亂，於是得出：「今之所急者，非自由也，而在人人減損自由，而以利國善群爲職志」的結論。[127]顯然，把盧梭學說視爲倡導個人極端自由之說；然而半個多世紀之後，把盧梭的「公意」詮釋爲「消融了特殊性與個體性」的抽象普遍性，[128]是導致「禍國殃民的專制政體」的理論，甚至認爲盧梭用體現「公意」的「神明」一刀切斷了「天賦人權」與「人民主權」之間的價值血緣。[129]

如今，隨著盧梭越來越多的著作被譯成中文，以及國際學術界間交往的加深，盧梭已不單是思想界論爭的對象，而且越來越多地成爲學術界研討的對象，回歸作者原著，按照思想家本人的邏輯來挖掘和解讀盧梭思想原始意涵成爲當今學者的研究方向。[130]

125　崔之元，〈盧梭新論〉，頁327。
126　梁啓超，〈申論種族革命與政治革命之得失〉，頁202。
127　嚴復，〈民約平議〉，頁311。
128　王元化，〈與友人談社約論〉，頁109。
129　夏中義，〈盧梭在當代中國的回響——從思想史看王元化重估《社會契約論》〉（中），頁55。
130　袁賀、談火生編，《百年盧梭——盧梭在中國》，收入了自1904年至

四、結論

毋庸置疑，盧梭《社約論》一書，以其在書中揭示的幾個重要的政治學上的核心理念，例如：天賦人權說、人民主權論、普遍意志（公意）統治論、契約立國論等，對後世民主主義與極權主義的思想的產生與發展，都有無可否認的重要影響，發揮了作為理論資源的作用。是故，自從十八世紀法國大革命出現以來，直至今日，當人們檢視人類歷史上的民主政治的形成，抑或極權社會的出現，無不從盧梭這些論述主張中尋找其思想的根據。在許多學者的眼中，盧梭理論就仿如一柄雙　劍，既能護善，亦會縱惡；既可殺敵，亦可傷己，在乎用者一念之差而已。

應當說，《社約論》內涵的兩種不同趨向：個人不可轉讓的自由與把個人的一切奉獻給全體並置於「普遍意志」的指揮之下是導致後人把盧梭定位成「自由之父」或「極權鼻祖」的主要原因之一。然而，盧梭並非旨在鼓吹集體極權主義與極端的個人主義，通觀《社約論》全篇，其政治思想的本質，簡而論之，可歸結為以下兩點：一、盧梭批判一切服從的契約（contrat de soumission），這並不意味著排斥一切服從，而是反對簽約的一部分人對任何個人的服從：如對首領、主人、代表或君主等的服從；這也不意味著反對任何契約：《社約論》的作者試圖闡明什麼是正當的社會公約，它不是「屈從的契約」，而是自由自願的「結合公約」（pacte d'association）。二、盧梭試圖從理論上，通過源於每個公民又用於每個公民的「普遍意志」將「個人利益」與「公共利益」有機地結合起來，並通過「普遍意志」

2007年的兩岸三地代表性的研究成果，反映了學術界近期重新發現了盧梭的深度和複雜性。

原則來實現主權者（人民）、政府與立法家之間的相互制衡，從而構建一種個人自由與政府權力之間和諧的政治體制。「普遍意志」的皈依是使社會每個成員擺脫「枷鎖」，獲得平等自由。這正是盧梭所要尋求的「政治權利的原理」。

而中國不同時期對盧梭「普遍意志」的解讀，從近代以自由權利為主的民主觀到文革後由集體極權主義的解讀，不僅出於盧梭思想中的兩面性，更與每個時期的特殊國情以及當時的國際思潮緊密相連。有意思的是，儘管盧梭《社會契約論》在法國發表一個多世紀後才傳入中國，它在中國的接受與其在法國的接受卻有著驚人的相似之處。

《社約論》在法國最初發表的時候雖然遭禁被焚，但這並未能阻止該書的刊行，僅在一年之內（1762-1763），就出版了約12次，並於1770年間成為思考政治的主要參考書之一。後來爆發的美國獨立戰爭和法國大革命徹底改變了該書的命運：美國獨立戰爭被認為是將《社會契約論》化為行動的實踐，而1789年發表的《人權宣言》被視為直接受《社約論》影響的法國革命奠基之作。[131]的確，盧梭在《愛彌兒》一書中曾說：「我們正面臨著危機的狀態和革命的世紀。」[132]這句話為許多論者利用，把盧梭稱為「法國大革命之父」，或推而廣之，一切革命之父。然而，盧梭從不會料到二十七年之後，法國、歐洲，乃至世界相繼發生的天翻地覆的變化。與其說盧梭的思想薰陶了那時的人們，倒不如說更多時候是被利用和誤讀。盧梭曾經寫道：「在這個世界裡，沒有任何東西值得人以血的代價來換取」，[133]他絕不

131　Jean-Jacques Tatin-Gourier, *Le Contrat social en question* (Lille: Presses Universitaires de Lille, 1989), p.168.

132　Rousseau, Émile (III), *Œuvres complètes*, IV, p.468.

133　Rousseau, "Rien ici bas ne mérite d'être acheté au prix du sang humain,"

願意看到一切革命所帶來的流血和恐怖！然而不可否認，盧梭思想對十九、二十世紀的革命都發生過影響，因爲「這本書已被人們視爲推翻君主專制和建立民主政治的理論武器。」[134]

2012年法國乃至世界各地都舉辦了盧梭誕辰三百週年紀念活動，表明盧梭仍頗受關注。這不僅是因爲其思想之深、興趣之廣，更是因爲他在多種領域都獨樹一幟，正如法國著名歷史學家弗朗索瓦・福海（François Furet, 1927-1997）所說：「盧梭是發明現代世界的天才，他發明了孩子、自然、平等、民主以及對『我』的崇拜。」[135] 2012年法國的紀念活動仍然體現出對盧梭兩面性的解讀：一種代表當代的主流思想，繼承了讓・斯塔羅賓斯基傳統（Jean Starobinski 不斷感知統一性但也不排除多樣性）[136]，把眞實的盧梭解讀成一種溫和、得體的哲學家，一位音樂家，一位植物學家，一個與經濟自由主義相協調的盧梭，一個爲「共同生活」的公民社會服務的盧梭；另一種以《盧梭研究》學派爲代表，贊同洛奈（Michel Launay, 1943-2014）的觀點，[137]

<Lettre à d'Ivernois, le 29 janvier 1768> *Cité de Tanguy L'Aminot, Textes Politiques-Du Contrat social ou Principe du Droit politique; Projet de constitution pour la Corse, Considérations sur le gouvernement de Pologne et sur sa Réforme projetée* (Introduction de L'Aminot Tanguy, Lausanne: L'Âge d'Homme, 2007), p.44.

134 李平漚，《主權在民Vs「朕即國家」》（濟南：山東人民出版社，2001），頁3。

135 François Furet, «Le jeu de la vérité» (le 19 juin 1978), Hors-Série *Nouvel Observateur*, Paris: Le Nouvel Observateur du Monde, juillet-août 2010, p. 3.

136 參見Jean Starobinski, *J.-J. Rousseau, la transparence et l'obstacle*, Paris, Gallimard, 1976；及其近作，Jean Starobinski, *Accuser et séduire*, Paris, Gallimard, 2012.

137 米歇爾・洛奈認爲：「盧梭的政治思想並非屬於烏托邦式的遐想，而是基於實際經驗、完全針對現實並試圖探討對其進行長期改造的可能

建議紀念者應當思考紀念活動的現實意義：在充斥著不平等、暴力、仇恨的社會中（這些是政治和經濟權力的產物），紀念盧梭究竟意味著什麼？並要人們記得盧梭是一位不妥協的思想家。[138]再次將盧梭與現實社會問題聯繫起來。

　　兩個多世紀以來盧梭學說不斷地被解讀、利用或誤讀，這一切都恰恰證明盧梭政治思想的現代性。正如蕭高彥所言：「政治現代性的各種理論課題，均可追溯到盧梭的政治哲學。」[139]雖然沒有任何一個國家是按照《社約論》的原則立法的，但每一代人都根據各自的歷史，當下的問題或對明天的希望重新發現它。[140]盧梭政治思想仍然可以扮演政治思考的座標，為人們提供思考和衡量時政的理論資源。

性」；並依據日內瓦翔實的檔案史料和盧梭手跡論證了，「盧梭所關注的一切都與政治機密相連。」Michel Launay, *Jean-Jacques Rousseau écrivain politique 1712-1762* (Cannes, C.E.L., Grenoble, A.C.E.R, 1971), p. 9.

138　Tanguy L'Aminot, La réception de Rousseau en France de 1950 à aujourd'hui, intervention au colloque de Nanjing, 2012.

139　蕭高彥，〈從共和主義到激進民主──盧梭的政治秩序論〉，頁159。

140　Tanguy L'Aminot, *Textes Politiques-Du Contrat social ou Principe du Droit politique; Projet de constitution pour la Corse, Considérations sur le gouvernement de Pologne et sur sa Réforme projetée*, p. 45.

Translations and Studies of Rousseau's "General Will" in China

Xiaoling Wang

Abstract

The concept of general will constitutes the apex of the theoretical edifice in Jean-Jacques Rousseau's *Social Contract* (1772-1778). Rousseau's theory is complex in that it is intended to reconcile individual liberty with the power of the ruler, giving rise to differing interpretations ranging from extreme liberalism to absolute totalitarianism. The resulting controversies have influenced the way in which Rousseau has been viewed in China. This study examines how the notion of general will is translated and interpreted in the first two Chinese versions of Rousseau's work; by analyzing and comparing the most representative writings of each relevant period since the end of the 19th century, the historic and cultural origins of these differing interpretations become clearer.

In fact, the manner in which general will has been interpreted varies according to the historic context, and the intellectual debates that are inseparable from the political challenges of each era. Thus, before the 1911 Revolution and the Republican period (1912-1949), the notion of general will was criticized as a theory promoting extreme liberalism that could lead to instability in a society where individuals had not yet acquired the necessary maturity; at the opposite end of the spectrum, general will was re-interpreted after the Cultural Revolution as a theory that "dissolved individuality and distinctive identities". Today, Rousseau is being rediscovered through a meticulous and extended reading of his work.

If we examine his political work, Rousseau appears above all to attempt to use the concept of general will to develop a system that harmonizes individual liberty and political rule. As a result, he is not against "personal interests" but is opposed to willings and interests of particulars that might threaten the liberty of everyone. Rousseau thus remains relevant for today's scholars.

Key words: general will; altruism; Selflessness; social contract; sovereign

徵引文獻

井田進也等編,《中江兆民全集》第1、6、10、11冊,東京:岩波書店,
　　1983-1985。

尤小立,〈「公意」與五四前後《新青年》左翼同人的思想轉向〉,《南京大
　　學學報》,2010:1(南京:2010),頁55-72。

王元化,《九十年代反思錄》,上海:上海古籍出版社,2000。

王憲明,〈關於戊戌時期嚴復傳播《社會契約論》和「天賦人權論」問題再
　　探討〉,收入劉桂生、林啓彥、王憲明編,《嚴復思想新論》,北京:清
　　華大學出版社,1999,頁315-331。

戎雅屈・婁騷原著,原田潛譯述覆義,《民約論覆義》,東京:春陽堂藏版,
　　1883。

戎雅屈盧騷著,中江篤介譯並解,〈民約論譯解〉,《民報》,26(東京,
　　1910),頁1-30。

戎雅屈蘆騷著,服部德譯,《民約論》,有村壯一藏板,東京国立国会図書館
　　藏,1877。

朱浤源,《同盟會的革命理論:「民報」個案研究》,臺北:中央研究院近代
　　史研究所,1985。

朱學勤,《道德與理想國的覆滅──盧梭與羅伯斯皮爾》,上海:三聯書店,
　　1994。

何兆武,〈盧梭《論科學與藝術》及其他〉,<wenku.baidu.com/
　　view/1689180e90c69ec3d5bb7545.html>。

吳雅凌,〈盧梭《社會契約論》的漢譯極其影響〉,《現代哲學》,104:3(廣
　　州,2009),頁84-93。

李平漚,《主權在民Vs「朕即國家」》,濟南:山東人民出版社,2001。

李妙根編選,《章士釗文選》,上海:遠東出版社,1994。

李華興、吳嘉勳編,《梁啓超選集》,上海:上海人民出版社,1984。

汪精衛,〈再駁《新民叢報》之政治革命論〉,《民報》,6(東京,1906),頁
　　79-98。

＿＿＿＿＿,〈希望滿洲立憲者盍聽諸〉,《民報》,3(東京,1906),頁1-17。

林啓彥,《步向民主──中國知識份子與近代民主思想》,香港:中華書局,
　　1989。

耶陵涅(George Jellinek),伯陽重譯,〈人權宣言論〉,《民報》,13(東京,
　　1907),頁111-123。

夏中義，〈盧梭在當代中國的回響——從思想史看王元化重估《社會契約論》〉（上、中、下），《探索與爭鳴》，2011:1（上海，2011），頁 8-12；2011:2（上海，2011），頁 54-60；2011:3（上海，2011），頁 59-63。

孫宏雲，〈汪精衛、梁啟超「革命」論戰的政治學背景〉，《歷史研究》，2004：5（北京，2004），頁 69-83。

島田虔次著，賀躍夫譯，〈中江兆民著譯作在中國的傳播〉，《中山大學學報論叢》，27（廣州，1992），頁 175-178。

狹間直樹，〈「東洋盧梭」中江兆民在近代東亞文明史上的地位〉，收入沙培德、張哲嘉主編，《中央研究院第四屆國際漢學會議論文集：近代中國新知識的建構》，臺北：中央研究院，2013，頁 53-68。

————，〈中國人重刊《民約譯解》——再論中江兆民思想在中國的傳播〉，《中山大學學報論叢（哲學社會科學）》，25（廣州，1991），頁 149-154。

————，〈梁啟超來日後對西方近代思想認識的深化——尤其在「國家」與「國民」方面〉，Conférence on European Thought in Chinese Literati Culture in the Early 20th Century (Garchy, France, September 12-16, 1995).

————，〈對中國近代「民主」與「共和」觀念的考察〉，收入中國史學會編，《辛亥革命於二十世紀的中國》，下冊，北京：中央文獻出版社，2002，頁 1583-1598。

袁賀、談火生編，《百年盧梭——盧梭在中國》，長春：吉林出版集團公司，2009。

馬君武，〈帝民說〉，《民報》，2（東京，1905），頁 1-6。

————譯，《足本盧騷民約論》，上海：中華書局，1936。

張佛泉，〈梁啟超國家觀念之形成〉，《政治學說》，1（臺北，1971），頁 1-66。

張朋園，《梁啟超與清季革命》，臺北：中央研究院近代史研究所，1964。

梁啟超，〈民約論鉅子盧梭之學說〉，《新民叢報》，11（橫濱，1902），頁 15-26；12（橫濱，1902），頁 9-13。

————，〈申論種族革命與政治革命之得失〉，《新民叢報》，76（橫濱，1906），收入王忍之、張丹，《辛亥革命前十年間時論選集》，卷 2 上，北京：三聯書店，1978。

章開沅，《辛亥革命前夜的一場大論戰》，北京：人民出版社，1975。

陳萬雄，《五四新文化的源流》，香港：三聯書店，1992。

黃克武，《一個被放棄的選擇：梁啟超調適思想之研究》，臺北：中央研究院近代史研究所，2006。

————，《自由的所以然：嚴復對約翰彌爾自由思想的認識與批判》，上海：

上海書店出版社，2000。

_____，《近代中國的思潮與人物》，北京：九州出版社，2013。

葛懋春、蔣俊編選，《梁啓超哲學思想論文選》，北京：北京大學出版社，1984。

路索著，楊廷棟譯，《路索民約論》，上海：作新社・開明書局，1902。

熊月之，《中國近代民主思想史》，上海：上海人民出版社，1986。

劉師培、林獬，《中國民約精義》（1903），收入《劉申叔先生遺書》，第16冊，寧武南氏校印，1936。

劉康，〈兩間餘一卒，荷戟獨彷徨──Rousseau 的自由觀〉，《紀念盧梭誕生三百周年學術研討會論文集》，臺北：中央研究院人文社會科學研究中心「政治思想研究專題中心」主辦，2013年6月10日-11日。

鄭匡民，《梁啓超啓蒙思想的東學背景》，上海：上海書店出版社，2009。

盧梭著，何兆武譯，《社會契約論》，北京：商務印書館，2008。

盧雲昆編，《社會劇變與規範重建：嚴復文選》，上海：遠東出版社，1996。

盧騷著，中江兆民譯解，《民約通義》，明文書局，1898。

____著，楊廷棟譯，〈民約論〉，《譯書彙編》，1（1900），頁1-12；2（1901），頁13-25；4（1901），頁；9（1901），頁。

蕭高彥，〈《民約論》在中國〉，《紀念盧梭誕生三百周年學術研討會論文集》，臺北：中央研究院人文社會科學研究中心「政治思想研究專題中心」主辦，2013年6月10日-11日。

顏德如，〈梁啓超對盧梭思想的理解：以《盧梭學案》爲中心〉，《政治思想史》，3（天津，2011），頁41-56。

_____，《梁啓超、嚴復與盧梭社會契約思想》，長春：吉林人民出版社，2003。

Bastid, Marianne. "L'Influence de Jean-Jacques Rousseau sur la pensée politique en Chine avant la Révolution de 1911," *Etudes Jean-Jacques Rousseau,* N4. Reims: A l'Ecart, 1990, pp. 125-140.

_____. "The Japanese-Induced German Connection of Modern Chinese Ideas of the State: Liang Qichao and the *Guojia lun* of J. K. Bluntschli," in Joshua A. Fogel ed., *The Role of Japan in Liang Qichao's Introduction of Modern Western Civilization to China.* Berkeley: University of California Press, 2004, pp. 105-124.

Chang Hao. *Liang Ch'i-ch'ao and Intellectual Transition in China, 1890-1907.* Cambridge: Harvard University Press, 1971.

Crocker, Lester. "Rousseau et la voie du totalitarisme," *Annales de Philosophie 5, Rousseau et la philosophie politique.* Paris: PUF, 1965.

Derathe, Robert. "L'homme selon Rousseau," *Pensée de Rousseau*. Paris: Editions du Seuil, 1984, pp. 109-124.

_____. *J.-J. Rousseau et la science politique de son temps*. Paris: Vrin, 1970.

Dufourmont, Eddy. "Is Confucianism philosophy? The answers of Inoue Tetsujirô and Nakae Chômin," in Nakajima Takahiro ed., *Whither Japanese Philosophy? II Reflections through other Eyes*. 2010, pp. 71-89.

Fogel, Joshua. "Introduction: Liang Qichao and Japan," in Joshua A. Fogel ed., *The Role of Japan in Liang Qichao's Introduction of Modern Western Civilization to China*, pp. 1-12.

Fouillée, Alfred. *Histoire de la philosophie*. Paris, C. Delagrave, 1875.

FURET, François. «Le jeu de la vérité» (le 19 juin 1978), Hors-Série *Nouvel Observateur*. Paris: Le Nouvel Observateur du Monde, juillet-août 2010.

Hazama Naoki. "On Liang Qichao's Conceptions of *Gong* and *Si*: 'Civic Virtue' and 'Personal Virtue' in the Xinmin shuo," in Joshua A. Fogel ed., *The Role of Japan in Liang Qichao's Introduction of Modern Western Civliszation to China*, pp. 205-221.

Hisayasu Nakagawa. *Des Lumières et du comparatisme, un regard japonais sur le XVIII siècle*, Paris: PUF, 1992.

Huang Philip C. *Liang Ch'i-chao and Modern Chinese Liberalism*. Seattle: University of Washington Press, 1972.

Ida Shin'ya. "Examen comparatif des trois traductions du *Contrat social* au début du Japon moderne," *Jean-Jacques Rousseau, politique et nation*, Actes du IIᵉ Colloque international de Montmorency (27 septembre-4 octobre 1995). Honor Champion, Paris: Musée Jean-Jacques Rousseau Montmorency, 2001, pp. 1003-1009.

JEAN-JACQUES *Rousseau Œuvres complètes*, tome IV. Paris: Bibliothèque de la Pléiade, Gallimard, 1969.

JEAN-JACQUES *Rousseau Œuvres complètes*, tome III. Paris: Bibliothèque de la Pléiade, Gallimard, 1964.

L'aminot, Tanguy. *Textes Politiques-Du Contrat social ou Principe du Droit politique; Projet de constitution pour la Corse, Considérations sur le gouvernement de Pologne et sur sa Réforme projetée*, Introduction de L'Aminot Tanguy, Lausanne: L'Âge d'Homme, 2007.

Labro, Catherine. "Rousseau totalitaire contre Rousseau démocrate: enjeu et critique d'une polémique marginalisée dans l'exégèse rousseauiste des années soixante, *tudes Jean-Jacques Rousseau* 18, Siam-JJR-Montmorency, 2011, pp. 179-190.

Launay, Michel. *Jean-Jacques Rousseau écrivain politique 1712-1762,* Cannes: C.E.L., Grenoble, A.C.E.R, 1971.

Marejko, Jan. *Jean-Jaqques Rousseau et la dérive totalitaire,* Paris: L'Âge d'homme, 1984.

Onogawa Hidemi. "Liu Shih-p'ei and Anarchism," *Acta Asiatica*, N67 (1990), pp. 70-99.

Polin, Raymond. *La Politique de la solitude*, Paris: Sirey, 1971.

Popper, Karl. *The Open Society and Its Enemies.* London: George Routledge et Kegan Paul, 1945.

Rousseau, JEAN-JACQUES. *The Political Writings of Jean Jacques Rousseau.* ed. from the original manuscripts and authentic editions, with introductions and notes by C. E. Vaughan. Cambridge: Cambridge university press, 1915.

Russell, Bertrand. *An History of Western Philosphy.* New York: Simon and Schuster, 1945.

Schwartz, Benjamin. "The Reign of Virtue: Some Broad Perspective on Leader and Party in the Cultural Revolution," *The China Quarterly* (July-September 1968); reprinted in his *China and Other Matters*, pp. 169-186.

_____. "The Rousseau Strain in the Contemporary World," in *China and Other Matters*, pp. 208-226.

_____. *In Search of Wealth and Power: Yen Fu and the West.* Cambridge: Harvard University Press, 1964.

Starobinski, Jean. *Accuser et séduire*. Paris: Gallimard, 2012.

_____. *J.-J. Rousseau, la transparence et l'obstacle.* Paris: Gallimard, 1976.

Talmon, Jacob Leib. *The Rise of Totalitarian Democracy,* Boston, 1952.

Tatin-Gourier, Jean-Jacques. *Le Contrat social en question.* Lille: Presses Universitaires de Lille, 1989.

Wang, Xiaoling. "Liang Qichao, Lecteur de Rousseau," *Études Jean-Jacques Rousseau*, n 18, SIAM-JJR Montmorency: 2011, pp. 257-276.

_____. "Liu Shipei et son concept de contrat social chinois," *Etudes chinoises*, vol. XVIIN 1-2, printemps-automne (1998), pp. 155-190.

_____. *Jean-Jacques Rousseau en Chine, de 1871 nos jours*. Siam: Musée Jean-Jacques Rousseau-Montmorency, 2010.

【論著】

盧梭「革命觀」之東傳：中江兆民漢譯《民約論》及其上海重印本的解讀

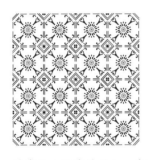

范廣欣

范廣欣，江蘇揚州人。香港浸會大學歷史學系研究助理教授。南京大學歷史系學士，香港科技大學人文學部碩士、博士，威斯康辛大學政治系博士，主要研究中國近代思想史、中國政治思想史、西方政治哲學以及比較政治理論，論題包括晚清讀書人對中國經典傳統的重新詮釋、革命與民主理論、社會契約論和激進思潮及其傳播與解讀。曾發表〈從民本到民主：羅澤南、中江兆民和盧梭論反暴君〉、〈「懷柔遠人」的另一解釋傳統〉等十餘篇論文。

盧梭「革命觀」之東傳：中江兆民漢譯《民約論》及其上海重印本的解讀

摘要

　　本文通過中江兆民漢譯盧梭《民約論》及其譯本在清末上海的重印，討論歐洲政治理論如何進入東亞知識份子的視野，並推動他們的思考和行動。中江兆民從1882年到1883年在雜誌上連載了他用漢文（文言文）翻譯的盧梭《民約論》第一卷和第二卷，並於1882年出版了第一卷的單行本。1898年戊戌變法前夕中國人在上海重印了這個單行本。本文處理的主要問題是：一、中江譯本多大程度上支持在深受儒家傳統浸潤的東亞社會進行民主革命？二、中江譯本如何通過介紹盧梭的一部著作，溝通東亞和西洋兩大政治思想傳統，克服中國人接受西洋政治理論的思想和文化障礙？

　　本文比較中江譯本和盧梭原文以及上海重印本，指出譯文包含鼓吹革命的內容，不但大體爲上海重印本所沿襲，而且的確爲解讀盧梭原文提供了新的可能。中江氏的譯文包含對盧梭創造性的詮釋。他融合儒家反暴君傳統和盧梭社會契約論，認爲後者支持以民主共和取代君主制。他將盧梭著名的「強迫自由論」與推翻專制舊政權的革命暴力聯繫起來，而其他研究者或將其理解爲極權體制倚賴的暴力鎮壓，或將其理解爲健康政治社會不可缺少的合法國家權力。他還將通過社會契約建立的雛形社會詮釋爲內部平等、紀律嚴明的革命政黨。上海重印本儘管頗有改動，卻完全保留中江氏鼓吹政治革命的言論。中江譯本還被中國革命者一再重印，作爲與立憲派和軍閥鬥爭的思想武器。

關鍵詞：中江兆民、《民約譯解》、盧梭、中國革命

前言

　　盧梭在近代中國一直以革命思想家的面目出現。直到今天，許多中國知識份子，包括何兆武——盧梭《社會契約論》最權威中文譯本的作者，還是認為人民有革命的權利是社會契約論的核心思想。[1]然而，目前西方學術界的共識是：儘管盧梭《社會契約論》，尤其是其中「公意」（general will）和「人民主權」（popular sovereignty）的觀念，對所有現存政權的合法性構成挑戰，[2]盧梭原文並不支持訴諸暴力解決社會政治問題。換言之，沒有證據表明《社會契約論》是一本鼓吹革命的著作。[3]綜觀《社會契約論》，最傾向「革命」（revolution）

1　何兆武在〈譯者前言〉中指出《社會契約論》的中心思想包括「人民有革命的權利」，在「修訂第三版前言」指出盧梭所要論證的基本道理包括「人民有權廢除一個違反自己意願、剝奪了自己自由的政府。」見：盧梭著，何兆武譯，《社會契約論》（北京：商務印書館，2003）。

2　盧梭《社會契約論》一書最核心的觀念包括社會契約、公意和人民主權。盧梭認為人與人之間必須相互定約，將對自己身體和權利的支配權轉移給大家（即全體人民），以尋求對自身權益的更好保障，才能從自然狀態進入社會。這個過程稱為社會契約。在社會契約的基礎上才能進一步制定法律、建立政府。立法權必須始終掌握在人民全體手中，法律必須體現人民的共同利益和集體意志（即所謂公意）。政府必須根據人民通過的法律管理公共事務，不得侵犯人民的自由，這就是人民主權。

3　請參見 James Miller, *Rousseau: Dreamer of Democracy* (New Haven: Yale University Press, 1984), pp.139-140, 159-160; Patrick Riley, *Rousseau in Will and Political Legitimacy* (Cambridge: Harvard University Press, 1982), p.117; Andrew Levine, *The General Will: Rousseau, Marx, Communism* (Cambridge: Cambridge University Press, 1993), pp.16, 75-76; Judith Shklar, *Men and Citizens: A Study of Rousseau's Social Theory* (Cambridge: Cambridge University Press, 1969), xvi-xvii, 2, pp.168, 198, 208-211; J. B. Schneewind, *Invention of Autonomy* (Cambridge: Cambridge University Press, 1989), pp.479-480; Nicholas Dent, *Rousseau* (London & New York: Routledge, 2005), p.216; Keith Michael Baker, *Inventing the French Revolution*

的語言見於第二卷第八章：盧梭認爲「革命」帶來的暴力和戰亂，在特定國家的特定時刻可以幫助國家去除不健康因素，從而克服危機，實現自我更新。但是，他隨即指出這樣的時機千載難逢，大部分情況下，「革命」只會破壞社會的凝聚力，導致國家分崩離析。因此，盧梭明確反對用暴力挑戰根深柢固的政治體制。[4]那麼，近代以來中國人是怎樣通過閱讀《社會契約論》發現了革命呢？

　　本文認爲中國人對《社會契約論》之革命性解讀可以追溯到該書最初的漢譯本及其傳播，何兆武等當代知識份子堅持社會契約論鼓吹革命其實是秉承了中國人閱讀盧梭的傳統。具體而言，最早通過漢譯《社會契約論》將現代革命觀念介紹給中國人的是中江兆民（1847-1901）。中江兆民，原名篤介，是日本明治時期著名的學者和政治家，同時以「法蘭西學」和「漢學」的造詣聞名。[5]一方面他曾經留學法國，回日本以後積極宣傳盧梭思想，成爲自由民權運動的號角，因此被稱爲「東洋盧梭」。[6]另一方面，他出身武士家庭，受過良好的儒學教育和漢文訓練，念念不忘通過著譯以溝通儒家經史傳統和歐洲政

　　(Cambridge: Cambridge University Press, 1990), pp.235-237, 244; David W. Bates, *Enlightenment Aberrations: Error and Revolution in France* (Ithaca & London: Cornell University Press, 2002), pp.77-78, 98-99, 120-122.

4　Jean-Jacques Rousseau, *Of the Social Contract, The Social Contract and Other Later Political Writings*, ed. and trans. Victor Gourevitch (Cambridge University Press, 1997), pp. 72-73.

5　中江兆民，《兆民文集》（東京：文化資料調查會，1965），引，頁 1。

6　中江兆民 1877 年將《社會契約論》從前言至第二卷第六章譯成日文，並於 1879 年出版，1882-1883 年又將這部分內容譯成古漢語，在雜誌上分期連載，其中第一卷單行本出版於 1882 年 10 月。見吳雅凌，〈盧梭《社會契約論》的漢譯及其影響〉，《現代哲學》，104：3（廣州，2009），頁 84-93。自由民權運動是日本十九世紀七十年代興起的以開設國會、制定憲法爲目的的民主運動。

治哲學。1882至1883年他將《社會契約論》自開篇「前言」至第二卷第六章「論法律」譯爲古漢語，並加以注解，取名《民約譯解》，分期在《政理叢談》雜誌上連載，並於1882年10月出版了其中第一卷的單行本。[7]《民約譯解》（下稱《譯解》）不僅是對盧梭思想的介紹，而且是中江本人對儒家反暴君論述的繼承和反思，其對君主制的否定甚至超越了盧梭。1898年戊戌變法前夕上海大同譯書局根據單行本翻刻了《民約譯解》第一卷，改名《民約通義》，並增加了中國編者所寫的序言。1910年和1914年孫中山領導的革命黨人又兩次重刊《民約譯解》第一卷，作爲宣傳民主革命的利器。[8]下文集中討論1882年出版的第一卷單行本，考察中江兆民的翻譯和註解如何通過介紹盧梭理論倡導民主革命，也嘗試分析1898年上海重印本和1882年單行本的差異，以探討中國人最初如何回應中江譯本所傳遞的革命觀。

7　《中江兆民略年譜》，收入中江兆民，《兆民文集》，頁639-640；吳雅凌，〈盧梭《社會契約論》的漢譯及其影響〉，頁85。

8　1910年《民報》最後一期刊登了中江兆民所譯《社會契約論》第一卷，題爲《民約論譯解》，1914年老資格的革命黨人田桐又重刊《民約譯解》，改題爲《共和原理民約論：民約一名原政》。見吳雅凌，〈盧梭《社會契約論》的漢譯及其影響〉，頁87-88。盧梭《社會契約論》第一個漢文全譯本爲留日學生楊廷棟所譯，1902年由文明書局刻印、開明書店和作新社聯合發行。筆者在威斯康辛大學完成的博士論文討論《社約論》十九世紀末、二十世紀初在中國的接受和詮釋，其中第二章專門解讀楊廷棟全譯本，分析全譯本問世以後，爲何中國革命黨人總體而言仍然對中江譯本青睞有加，唯有劉師培能夠欣賞楊廷棟譯本，並在其基礎上寫作《中國民約精義》。見Fan Guangxin, "Contesting the Truth of Revolution, Democracy and Good Governance in the Land of Confucius: The Chinese Reception of Rousseau's The Social Contract, 1898-1906," PhD dissertation, University of Wisconsin-Madison, 2014.

一、中江兆民翻譯《社會契約論》：從反暴君到民主

　　本文認為，中江兆民的翻譯之所以在日本和中國都受到廣泛重視，是因為他對盧梭社會契約論的介紹和發揮可以協助受儒家傳統浸潤的人完成從民本到民主的跨越。《譯解》一方面延續儒家傳統，反對暴君虐民、反對強權、反對以君主權位謀取私利，另一方面通過彰顯暴君與自由的對立，突破民本傳統的限制，指出所有君主都是潛在的暴君，君主制的根本在剝奪人民的自由，因此，根除暴君的辦法，不是恢復三代舊制，不是君臣共治，而是建立議會民主制，還人民以自由。

　　盧梭《社會契約論》有兩組概念可以翻譯成漢文「暴君」，分別是tyrant/tyranny和despot/despotism。對於盧梭來說，第一組概念首先意味著對「合法王權」的篡奪，第二組概念則強調凌駕於法律之上的專制權力，篡奪者未必擁有不受制約的權力，但是擁有這樣權力的人都是篡奪者（因為合法王權必須受法律制約）。[9]盧梭比較注重第二組

9　Rousseau, *Of The Social Contract*, p. 108. Tyrant/tyranny是古希臘以來西方政治哲學中的傳統觀念，一般指合法最高政治權力的篡奪者，尤其指通過顛覆民主政體，而奪取最高權力的人。亞里斯多德認為tyrant和國王（king）都是個人掌握最高權力，但是前者為自己的私利而統治，後者為人民的利益而統治。兩者之間的分野比較接近儒家傳統「家天下」與「公天下」、乃至暴君與聖王的差別。盧梭不同意這個觀點，他認為如果依照亞里斯多德的區分，有史以來所有的國王都是tyrant。相比之下，despot/despotism在西方政治哲學傳統中比較邊緣，古希臘人用來形容亞洲（比如波斯）君主，認為他們擁有不受法律制約的絕對權力，而他們的臣民完全沒有自由，他們與臣民的關係像主奴關係。直到近代，這個觀念才被用來討論西方本身的政治制度，尤其與近代興起的專制王權（absolute monarchy）聯繫起來。參見 Philip P. Wiener, *Dictionary of the History of Ideas* (New York: Charles Scribner's Sons, 1973), Vol. II, pp. 1-13.

概念，因為此書的主要目的是駁斥為君主專制辯護的衛道士，闡述合理政治秩序的基本原則。在第一卷中第一組概念出現的機會尤其少。[10]

　　但是，不能因此得出如下的結論：tyrant/tyranny這組西方政治哲學傳統概念對中江兆民的影響不重要，或《譯解》中出現的「暴君」主要是對despot/despotism的翻譯。恰恰相反，《譯解》中出現的「暴君」或其他相關詞彙，如「獨夫」、「姦雄」主要不是對despot/despotism的翻譯，而是儒家傳統對於「暴君」的批判和古希臘以來西方對tyrant/tyranny的反思，通過中江兆民的思考和寫作，融合到一起的產物。[11]之所以如此，有三個理由。第一，鑒於盧梭認為專制權力來自對合法權威的篡奪，《譯解》中即使明確針對despot/despotism的討論，也不可避免受到西方傳統對tyrant/tyranny理解的滲透。第二，中江譯文本身，不完全是對盧梭原文的直譯，而是有增有刪，重在建立溝通不同政治、文化傳統的橋樑，並不拘泥於字句。《譯解》批判暴君、反思君主制的內容不少見於中江兆民增加的文字。第三，《譯解》包括翻譯和「解」兩部分內容，如果覺得因為文化差異或文字艱深，讀者理解某段原文有困難，中江兆民便在翻譯這段原文之後加以解釋，基於對原著全文乃至盧梭其他著作的宏觀把握，闡述對相關文字的體會和發揮，也會加入他個人的政治主張。這些「解」往往

10　以名詞形式只出現過一次，還有一次是以形容詞形式出現，見Rousseau, *Of the Social Contract*, pp. 42, 53.

11　暴君和tyrant之間的聯繫，不是中江兆民一個人的發現（儘管他的反思特別深刻），而是一種時代的共識。1889年出版的一本解釋當時日文中所用漢語的英文辭典便把「暴君」譯為"a tyrant"。見John Harington Gubbins ed., *A Dictionary of Chinese-Japanese Words in the Japanese Language* (London: Trübner & co., 1889), vol. I, p. 29.

是反暴君言論最集中的地方，也是中江兆民發揮個人見解最自由、最
充分的地方，反映了他融會東西方學術對暴君、暴政的深刻反思。

　　《譯解》用「暴君」、「獨夫」這些詞彙翻譯盧梭對君主專制的批
判，一方面繼承了從孟子到明清之際儒家反暴君的傳統，另一方面又
逐漸超越這一傳統而與現代民主革命的觀念接榫。《譯解》對暴君虐
民的批判與儒家傳統最爲接近，卻仍然包含若干重要突破。比如《譯
解》指出不能依靠發掘、培養君主對人民的愛心來防止暴政，因爲這
樣的愛沒有根據，既然不能依靠對君主的道德教育，那麼可以依靠的
便只有制度改革。同樣重要的是，《譯解》正面肯定了人民自己起來
反抗暴政的權利，而儒家對湯武革命最激進的解釋也仍然堅持人民必
須追隨聖王才能反抗暴君。以上兩點，下文再作具體討論。接下來重
點討論中江的翻譯如何超越儒家傳統，彰顯暴君與自由的對立。

　　盧梭通過《社會契約論》第一卷集中批判維君主專制的兩個主
要理論依據：1、專制權力來自父權，2、專制權力來自於征服者的權
利和由此衍生的奴隸制。受儒家傳統薰陶的人，很難接受所謂征服者
的權利，《譯解》便批評以此立論的互魯士（Hugo Grotius 1583-
1645，今譯格勞修斯）助桀爲虐。[12]這個批評顯然可以放在反暴君論
的框架中理解，因爲桀正是儒家認定的夏代暴君。盧梭當然不知道誰
是夏桀，「助桀爲虐」對應的原文，如果直譯是「對暴君們（tyrants）
有利」，這樣在《譯解》中儒家傳統中的「暴君」觀念便和西方傳統
中「tyrant」觀念聯繫起來。[13]

　　但是，儒家對父權與君權的聯繫卻相當曖昧。一方面，忠和孝在

12　中江兆民，《民約譯解》，收入井田進也編，《中江兆民全集》第1冊
　　（東京：岩波書店，1983），頁78。

13　Rousseau, *Of the Social Contract*, p. 42.

儒家倫理中是兩個獨立的價值，對於一般人來說，孝順父母更爲根本。另一方面，所謂「君父」的稱呼，說明皇帝也分享一部分父親的權威。《西銘》宣揚民胞物與，天下一家，雖然認爲只有天才可以擁有父權，卻認爲君王的權力來自其做爲天之嫡長子的地位，這便間接承認了君權來自父權。更爲關鍵的是，儒家傳統認爲君主有責任撫養和教育人民，就像父母對子女一樣。君主應該對人民懷有愛心。

　　《譯解》第一卷第二章「家族」首先駁斥君權與父權相似的觀點，指出父子之間有親情維繫，「至於君則不然，初非有愛民之心，而其據尊蒞下，特欲作威福而已，豈能有益於民哉？」[14]這句話，到「豈能有益於民哉」之前，基本是對盧梭原文的直譯，只是原文描述事實，情感色彩並不明顯，而譯文語氣則包含貶損；原文的判斷適用於所有政治領袖，譯文則直指君主，這樣，對一般政治現象的描述，就轉變成中江兆民不能忘懷的對君主制的討論。[15]「豈能有益於民哉」是中江兆民的發揮，強調君主既然無愛民之心，當然也不能奢望他爲人民謀福利。這樣的引申並不符合盧梭的原意，因爲政治領袖或君主，雖然沒有愛民之心，卻仍然可以出於私心做益民之事，以增加他的威信，鞏固他的權位。更值得注意的是，從這句引文看，中江兆民似乎忽略了仁主和暴君的差別，如果承認所有君主均無愛民之心，均不能有益於民，儒家對理想君主（聖王）的想像便不能維持下去。[16]

14　中江兆民，《民約譯解》，頁77。

15　Rousseau, *Of the Social Contract*, p. 42. 這句話，何兆武譯爲「在國家之中，首領對於他的人民既沒有這種愛，於是發號施令的樂趣就取而代之」。見盧梭著，何兆武譯，《社會契約論》，頁10。中江兆民可能是有意，也可能是無意地將讀者的注意力轉到君主制上來，因爲根據儒家的傳統觀念，只有君主才是國家的首領。

16　如果強調引文中的「初」字，可以將引文解釋爲：君主本來沒有愛民之

　　中江兆民完全意識到他可能因此被譴責爲離經叛道，更可能得罪明治政府，所以他在《政理叢談》連載這段內容時，緊接著上述引文，加了一個「解」：「漢土堯舜禹文、羅馬末屈奧列、佛蘭西路易第九、及就中我歷代聖主，皆至仁深慈，視民如傷，不啻父母於子，此所言君，特斥暴君，讀者勿以辭害意可，下多此類，不一一指摘。」[17]聯繫這個注解，我們就可以把上述引文理解爲延續儒家傳統批判暴君無愛民之心，禍害百姓，暴君的存在不足以否定君主制的理想，因爲從古到今，從東到西，都有仁君勤政愛民，其典範不容否認。

　　有趣的是，出單行本時，中江兆民刪去了這處「解」。他爲什麼這麼做呢？有兩種可能。第一種可能是，他雖然眞心相信「解」的內容，卻覺得盧梭原文不包括這個意思，所以不必過多干涉讀者的閱讀。第二種可能是，他接受（他所理解的）盧梭的觀點，認爲君主都不可能愛民、益民，連載時因爲擔心政府審查，所以發表違心之論，到出單行本時就再不願或覺得不必這麼做了。[18]如果第一種可能屬實，中江兆民反對的是虐民的暴君，如果第二種屬實，他反對的則是君主制本身。

　　結合下文，我覺得第二種可能性較高。第二章最後一段盧梭原文進一步否定君權來自父權，指出即使亞當和諾亞（原文作諾噎）這樣

心，順著他的本心，不能做有益於民的事，但是適當的啓發和教育卻可以培養他的愛民之心，引導他做益民之事。這樣的解釋也許較爲接近儒家傳統的信念。

17　中江兆民，《民約譯解》，頁103。

18　中江兆民認爲不必保留這處「解」，可能是因爲政府對單行本的審查相對放鬆，少一兩處解釋問題不大。有關部門會覺得既然雜誌上的連載已經通過審查，對單行本的審查便不必太認眞。

的人類先祖曾經統治世界，也不能證明當代的君主對人民擁有絕對支
配權。《譯解》在翻譯本段原文之前加了一句「由此觀之，人主之虐
民，民之屈人主，爲胥失於道也，明矣。」結合下面一句（原文第一
句）「獨亞當、諾噎，是二帝者，余殊不願譏議」，所傳達的意思
是：人主虐民，雖然不合於道，卻是歷史上的普遍現象，鮮有例外；
或者竟是絕無例外，因爲按照盧梭的看法，亞當和諾亞沒有人民可以
統治，並不是眞正意義上的君主。[19]單行本出版時，這句話隻字未
改，說明中江兆民對這個說法頗爲自信，認爲無須修改。

　　儒家傳統對君民關係的定位，在《譯解》中逐漸受到挑戰。第二
章批評格勞修斯時，乘機提出質疑：「生民果爲屬於帝王耶，將帝王
屬於生民也？」《譯解》指出格勞修斯和霍布斯都認爲生民屬於帝
王，儘管並未立刻就君民之間的從屬關係表明態度，其基本傾向卻不
言而喻：帝王屬於生民。[20]第四章「奴隸」駁斥君臣關係是主奴關
係，人民投靠君主就像窮人賣身爲奴，明確指出：「夫君者也，養於
臣者也，非能養臣也。」這一句是對盧梭原文的直譯，強調的不是勞
心和勞力的分工（如孟子所說「治於人者食人，治人者食於人。」），
而是君主（king）完全靠人民供養，卻對人民的生計毫無貢獻。緊接
著一段指出，專制君主（despot）雖然提供了秩序，但却是一個壞秩
序，伴隨而來的戰爭和盤剝給人民帶來深重的苦難，超過沒有秩序時

19　中江兆民，《民約譯解》，頁79。原文見Rousseau, *Of the Social Contract*, p. 43.
20　中江兆民，《民約譯解》，頁78。這個問題在原文中是格勞修斯的問題，而不是盧梭的問題：對於後者來說這原本不應該是一個問題，少數人在政治社會中當然應該從屬於大多數人。見Rousseau, *Of the Social Contract*, p. 42.

人民相互衝突對彼此造成的傷害。[21]

　　若比較傳統儒家與中江《譯解》對君民關係的看法，傳統儒家認爲君主應該爲人民謀福利，但是不能接受《譯解》君主從屬於人民的說法，因爲君主對人民的統治權威不容置疑，歸根結底，君主服從的只是天命。傳統儒家承認君主受人民供養，但是堅持君主可以提供合理秩序、良好制度和公共服務，君主對人民安居樂業可以作出不可取代的貢獻，所以不能接受《譯解》否定君主「養民」的看法。

　　孟子以來的儒家傳統一樣對暴君通過戰爭和剝削殘害人民深惡痛絕。但是，儒家傳統從來沒有正面肯定人民自己起來反抗暴君的權利。在他們看來，如果沒有體制中其他權威的支持和領導，人民的反抗會導致全部秩序的崩潰。[22]一個不合理的秩序也勝於動亂，值得他們用生命去捍衛。[23]

　　《譯解》則爲推翻不合理的舊秩序提供了理論支持：無論如何人民不會因此受到更多傷害。既然君主和人民之間沒有情感的紐帶，既然君主的作用並非不可缺少，那麼除了強權便沒有什麼東西可以阻止人民的反抗。通過將父權與王權剝離，中江兆民否定了王權的倫理基礎和功能意義，從而爲人民起來反抗暴君的壓迫掃除心理障礙。

21　中江兆民，《民約譯解》，頁83。原文見Rousseau, *Of the Social Contract*, p. 45.

22　傳統儒家這方面的看法接近加爾文。後者認爲人民對暴君（tyrant）只能服從和忍受，只有在體制中有權位的人（popular magistrates）才可以抵抗暴君。Calvin, "On Civil Government," in Harro Höpfl ed. and trans., *Luther and Calvin on Secular Authority* (Cambridge: Cambridge University Press, 1991), pp. 82-83.

23　劉蓉和羅澤南便是突出的例子。在太平軍興起之前他們或者激烈批判清朝統治的崩壞，或者從理論上清算暴君污吏，但是太平軍一進入湖南，他們便迅速組建湘軍，與太平軍進行生死搏鬥。

　　第三章「強者之權」反覆論證強權不能轉變為合法性之後，中江兆民在「解」中反問讀者：「夫暴君污吏，藉勢威以虐我者，疾疫之類耳，賊之類耳，何不可抗之有？」[24]他還在章末加上一句：「帝云王云，其權苟不合於道，無須聽從也。」[25]這句引文不僅是儒家「道尊於君」宗旨的重申，因為引文中的「道」有特殊含義。結合《譯解》的主旨，我認為中江兆民期望用來衡量、監督君權的是蘊涵在社會契約（民約）中的自由之道。對他來說，暴君的對立面不是仁主，而是人民的自由。他在《譯解》第二章指出人主虐民是歷史上的普遍現象之後，便在「解」中立即提出根除暴政（《譯解》稱為「禍亂」）的辦法惟有「依約立政」。[26]「依約立政」包括訂立社會契約、建立法制和政府兩個步驟。其中社會契約是關於政治社會的基本原則，法制和政府則是對基本原則的實踐。

　　關於政治社會的基本原則，中江兆民與盧梭都認為是自由和法治，即《譯解》第一章第一個「解」中所謂「人義之自由」（civil freedom，即在政治社會中受法律保障和限制的自由）。以下主要依據這段「解」分析中江兆民的看法。與「人義之自由」相對的概念是「天命之自由」（natural freedom）。人類在進入政治社會之前享有「天命之自由」，可以為所欲為，不受任何人為規範的限制，但是一旦進入社會，就不得不放棄這一自由，而受到國家法律的約束。在理想的情況下，「天命之自由」被「人義之自由」取代，這一過程中江兆民概括如下：「民相共約，建邦國，設法度，興自治之制，斯以得

24　儒家也把暴君污吏比作獨夫民賊，但是傳統強調的是聖賢君子為民討賊，而不是人民自己武裝起來與盜賊搏鬥。

25　中江兆民，《民約譯解》，頁82。

26　中江兆民，《民約譯解》，頁80。

各遂其生，長其利，雜乎人者也。」也就是說，人們彼此訂立社會契約建立國家，創設法律制度，保障大家參政議政、共同管理公共事務的自由，這樣才能各得其所，既追求自己的權益，又能和他人和睦相處。

中江兆民也介紹了其他可能性：「若不然，豪猾之徒，見我之相爭不已，不能自懷其生，因逞其詐力，脅制於我，而我從奉之君之，就聽命焉。」[27]中江兆民對豪猾之徒的描述，很容易使人聯想起古希臘史書中記載的 tyrant。他們利用欺騙和武力篡取政權，剝奪了人民的自由。問題是，他描述的到底是暴君的起源，還是君主制的起源呢？還是這樣的分別並不重要，對他來說，所有君主都是（潛在的）暴君，都是人民自由和權利的剝奪者？

《譯解》第八章「人世」更具體地討論人們進入政治社會以後的遭遇。一方面，如果訂立並遵守社會契約（民約），便奠定了長治久安的基礎；另一方面他們也面臨著空前的危險：「不幸一旦趣向失宜，於是乎變詐相靡，詭譎相蕩，澆離敗壞之極，無能復自振厲，而其末也，至相踵爲姦雄所壓服而後已，而自由之權掃地而盡矣。」[28]人們在新的環境中爭權奪利，爾虞我詐，終於先後被「姦雄」制服，而喪失自由。很明顯，這裡的「姦雄」就是上文的「豪猾之徒」，他們是剝奪人民自由的暴君，也是君主制的開創者。必須指出，這個意思不見於盧梭原文，而完全是中江兆民的演繹。根據儒家傳統，君主制的開創者是古代聖王，他們從洪水猛獸的威脅中拯救人民，兢兢業業，勤勤懇懇，爲天下興利除害。這一點，即使黃宗羲的《原君》也

27　以上引文見中江兆民，《民約譯解》，頁75。
28　中江兆民，《民約譯解》，頁96-97。

不敢質疑。「姦雄」則指富於欺詐的野心家，善於利用亂世，篡奪合法權威，其實比較接近古希臘tyrant的涵義。現在，中江兆民卻將君主制的開創者定位為「姦雄」，不能不說是對儒家傳統的顛覆。

就法制和政府形式而言，作為自由民權運動的理論家，中江兆民在譯者〈敘〉中指出防止暴政帶來的「禍亂」，最好的辦法是建立代議制政府，由人民選舉的代表討論決定國家的各項大政方針。[29]

《譯解》第五章「終不可以不以約為國本」否定君主專制，指出應該由（議會通過的）法律，而非君主掌握的強權，統治國家。奠基於強權的統治，其本質不是君民關係，而是主奴關係。接下來解釋其中的緣由：「何者？彼藉威馭眾，不分人以利，不分人以利者，何以為君？是人也，席捲宇內，包舉四海，不免為獨夫。其所利，非眾所利耶，私利也，彼挾其私利以臨眾，非獨夫而何？」[30]盧梭原文這段話針對的是despotism，同時也體現出亞里斯多德對tyrant的理解：國王（king）和tyrant的本質區別在於前者為人民的利益而統治，後者只為自己的私利。中江兆民用「獨夫」翻譯盧梭原文 "private individual"，進一步顯示儒家對暴君的理解和古希臘以來tyrant及despot兩個西方傳統觀念在《譯解》中的融合。至此，《譯解》還沒有脫離反暴君的軌道，中江兆民所期望的代議制政府讀者還可以理解作是一個君主立憲政府。然而，在第五章末的「解」中，中江兆民卻直接對君主制存在的必要性提出質疑：「民約一立，人人堅守條規，立君之事，必不為也。」[31]在他看來，人們在民約的基礎上，自己制定法律，並遵守法律，便可實現完全的自治，那麼便不需要以君主為代

29　中江兆民，《民約譯解》，頁67。
30　中江兆民，《民約譯解》，頁88。
31　中江兆民，《民約譯解》，頁89。

表的外在的強制權力來維持秩序。這樣《譯解》一步步從反對暴君，
反對君主專制，發展到反對君主制本身。

　　綜上所述，無論從基本政治原則出發，還是從法制和政府形式考
慮，中江兆民都得出結論：暴政的根源是君主制，否定暴君就必須否
定君主制，替代之以民主共和國；反抗暴君的鬥爭，按照這個邏輯，
必須發展為以推翻君主制為目的的民主革命。至此，已經不難理解：
為什麼晚清民初的中國革命黨人會覺得中江兆民對盧梭的翻譯特別有
吸引力。

　　為甚麼中江兆民沒有直接倡導民主革命，而是小心翼翼引導讀者
得出結論呢？原因顯而易見：《譯解》從連載到出單行本都得接受明
治政府的審查。上文幾番指出，中江氏在最初連載譯文和改訂單行本
的整個過程中一直充分意識到審查的問題。無論是為了個人的安危，
還是為了自由民權運動的前景，他都不能夠挑戰政府的底線。也許同
等重要的是，他也必須採取比較迂迴的戰略，說服深受忠君思想教育
的武士階層接受民主政治。他用漢文重新翻譯《民約論》，正是為了
與這些傳統文化的精英對話。[32]

　　然而，中江氏對《民約論》的介紹、翻譯和注解的過程之中，還
是不時透露出對革命和民主的期待。他的敘尤其耐人尋味，一方面擺
出與明治政府合作的姿態，在結尾強調無意用外國習俗破壞本國忠厚
之人心，一方面卻暗示當下日本的維新還沒有觸及泰西制度淵源：他

---

[32]　中江兆民1874年曾經用日文翻譯了《民約論》第一卷，雖然並未正式出
　　　版，卻在民權運動的領導者中流傳，受到植木枝盛和板垣退助等人的欣
　　　賞。請參見 Margaret Beckerman Dardess, "The Thought and Politics of
　　　Nakae Chomin (1847-1901)," (Ph.D. dissertation, Columbia University, 1973),
　　　pp. 39-40, 54-55.

介紹盧梭民約論正是要做啟蒙的工作，以推進變革。他告訴讀者，盧梭等啟蒙思想家的理論在歐洲法、英、德等國深入人心，無論讀書人，還是老百姓，「咸知改易風俗、更革官制之不可欠於時，挺身出力，萬死不顧，斯以一洗曩日之陋習，而古今之間鑿一大鴻溝矣。」[33]這句話可圈可點，至少包含三層含義。其一，對一場真正的變革而言，不僅要改革官僚制度，還要改造風俗人心，改造人，後者更為關鍵。其二，這樣的變革不能依靠自上而下的推動，而要依靠上上下下廣泛的動員、奮鬥和犧牲。其三，變革必須徹底，必須創造一個與過去徹底斷裂的新世界，不能有絲毫的妥協。這樣的變革，不是明治政府所主導的改良，而是革命。他以法、英、德三國為例，他所描述的變革不能不令人想起風起雲湧的法國大革命以及十九世紀法國發生的一系列革命、德國一八四八年革命和英國貫穿整個十九世紀的國會改革運動。即使在素稱保守的英國，受到歐洲大陸革命的影響，爭取男性普選權的民主運動也獲得了廣泛的群眾支持，激進者多次與軍警發生流血衝突，國家幾度處於革命的邊緣。[34]雖然沒有出現「革命」的字樣，但中江氏對劇烈變革的期待躍然紙上。

為更明確地提醒讀者變革的根本目的是建立民主政治，中江兆民還特別引入兩個不見於盧梭第一卷原文的概念，即「自治」和「民主國」。他在〈敘〉中指出，盧梭思想的宗旨在於「令民自脩治，而勿

---

33 中江兆民，《民約譯解》敘，頁67-68。
34 Eric Evans, "A British Revolution in the 19th Century?," BBC: History: British history, last modified: 2011/02/17, http://www.bbc.co.uk/history/british/empire_seapower/revolution_01.shtml, accessed on June 23, 2014; Stephen Roberts, "The Chartist Movement 1838-1848," BBC: History: British history, last modified: 2011/06/20, http://www.bbc.co.uk/history/british/victorians/chartist_01.shtml, accessed on June 23, 2014.

爲官所抑制也」。[35] 也就是說人民要當家作主，不受外在於人民的國家機器的壓制。他在其他地方則進一步強調法國啓蒙思想家盧梭、孟德斯鳩和伏爾泰等人都主張人民的自治，用盧梭自己觀念表達，「自治」就是「人義之自由」（其中不可或缺的包括政治自由）。[36] 他在正文和注解中還多次提到民主國，一再強調通過締結民約而創建的政治社會是一個民主國家，儘管這一點並不完全符合盧梭的原意。[37] 比如，他用「民主國」而非「自由國」翻譯盧梭所說的 "free state"，並在隨後的注解中指出：「民主國者，謂民相共爲政主國，不別置尊也。」也就是說，民主國家的特色在於人民聯合起來共同管理國家的公共事務（即自治），而不需要高於人民、外在於人民的統治者。中江氏還說：盧梭本來是瑞士人，瑞士「夙循民主之制，有合此書所旨。」[38] 其實，盧梭時代的瑞士還不是一個民主國家，十八世紀末開始瑞士先後經歷革命、動盪和內戰才最終確立民主制度。盧梭爲之驕傲的是日內瓦的自由而非民主，因爲民主在他的時代意味著雅典式的古典民主，從古希臘到十八世紀一向被政治哲學家認爲是多數的暴政而不受推崇，也與現代自由民主有相當大的差異。然而，中江氏此處著重的不是具體的政府形式（forms of government），而是民主國家的立國精神，即人民自治和人民主權。從這個意義上說，他並沒有曲解盧梭，因爲後者正是人民主權觀念最重要的闡發者之一。

35　中江兆民，《民約譯解》敘，頁68。
36　中江兆民，《民約譯解》譯者緒言，頁69、75。
37　中江兆民，《民約譯解》，頁73-74、101。盧梭的理想政治社會是一個由選舉產生的貴族領導的共和國，一方面，人民直接參與立法，另一方面，選舉產生的少數精英則根據人民制定的法律處理行政。
38　中江兆民，《民約譯解》，頁73-74。

　　除了呼喚與過去決裂的激進變革，彰顯自治與民主的政治原則，中江氏更直接主張將君主在傳統社會所享有的最高權位移交給人民。《譯解》第七章「君」反覆強調，應以人民全體取代君主的地位。[39]第九章討論土地所有權，更明確指出君權必須由人民選舉的議院掌握。[40]這是不是意味著中江兆民此時已經徹底放棄了儒者的立場，而變成現代西方意義上的民主主義者呢？我的理解是：他強調人民全體或人民代表取代世襲君主掌握最高權位有雙重意義，一方面是擁抱民主共和的理想，另一方面，是希望把儒家的君臣倫理在新的政治環境中保存下來，繼續規範國家和個人的關係：作為人民全體利益代表的民主國家，必須承擔儒家規定的君主職責，愛護、撫養、教育每一個公民，相應的，每一個公民，也需要服從、保衛、貢獻國家。因此，新國家的指導原則，更接近的是西方政治傳統中的集體主義和共和主義，而非個人主義和自由主義。也許，我們應重新考慮中江兆民將君權和父權徹底剝離的觀點。當人民全體而非某一家族或個人掌握君權時，君權和父權好像重新連接起來。而中江兆民沿用儒家君臣倫理描述現代國家與公民的關係，與中、日兩國的現代發展軌跡，恐怕有深刻的關係。

　　中江兆民的結論與盧梭的想法既有承襲關係，也有相當距離。首先，盧梭從來便不信任代議制，他堅持的主權在民（popular sovereignty）強調的是人民自己參政議政。[41]與本文主題更為相關的是，盧梭雖然旗幟鮮明地反對專制君主（despot），認為他們是人民

39　中江兆民，《民約譯解》，頁93-96。

40　見中江兆民，《民約譯解》，頁102「解」。

41　Rousseau, *Of the Social Contract*, p. 114. 關於盧梭對代議制的批判，可參見 Andrew Levine, *The General Will: Rousseau, Marx, Communism*, pp.76-78.

自由和權利的篡奪者（tyrant），但是他並未完全否定君主制存在的合理性。對他來說，根除暴政的關鍵，在於立法權和行政權分離，只要人民掌握立法權，根據公共利益制定法律，政府依法行政，即使實行君主制也可以稱爲共和國。[42]盧梭還指出，討論民主、貴族和君主哪種政府形式最好不是很有意義，因爲其中每種政府形式在一定情況下都可以是最好的，而在另一種情況下又可以是最壞。[43]他贊同孟德斯鳩的觀點，認爲每一種政府形式都有適應它的氣候和其他自然條件。[44]君主制更適合富饒的大國。[45]

檢查《波蘭政府論》，可以幫我們瞭解盧梭心目中可以接受的君主制。這篇文章是盧梭應波蘭貴族請求，而爲波蘭擬定的政改建議。當時統治波蘭的是封建貴族，由他們選舉產生的國王沒有實權，政治不穩定，面臨俄國和其他君主專制國家的侵略無力自保。盧梭認爲既要保障國家的獨立，更要保障人民的自由，必須防範對人民主權（立法權）的篡奪，而對人民主權造成威脅的首先是國王。因此，他堅決反對部分波蘭貴族和西方知識份子將波蘭改造成另一個君主專制國家的企圖。儘管盧梭認爲國王作爲終身任職的行政首長對統治波蘭這樣的大國必不可少，他強烈反對世襲制，甚至認爲必須通過法律，禁止

---

42 Rousseau, *Of the Social Contract*, p. 67. 這個觀點見原文第二卷第六章「律例」。中江兆民在《政理叢談》連載的《譯解》恰好結束於該章，只是他將 "republic" 譯成「自治之國」，而不是現在通行的「共和國」。可是，因爲《譯解》單行本只包括第一卷，《兆民文集》也只收入第一卷，盧梭這一觀點在當時流傳不廣，恐怕只有爲數不多的中國人接觸到。

43 Rousseau, *Of the Social Contract*, p. 90. 譯文參考了何兆武譯，《社會契約論》，頁87。

44 Rousseau, *Of the Social Contract*, p. 100.

45 Rousseau, *Of the Social Contract*, pp. 90, 96, 101.

前任國王的兒子以任何形式（包括選舉）登上王位。因為世襲君主，雖然可以帶來穩定，卻必然把家族利益置於人民的自由之上。他也強烈反對國王任用親信，代行其職責。根據盧梭的建議，由選舉產生的國王，並不直接掌握多少行政權力和武裝力量，也不過問具體事務，卻享有崇高的地位，負責監察各級官員是否盡忠職守，政府運作是否從公共利益出發。國王應該是國家的第一公民。[46]

　　如果就此得出結論，即中江兆民否定君主制是對盧梭的誤讀，未免失之簡單。他們的距離，很大程度上源於東西方君主制涵義、地位和形態的差異。盧梭所能容忍的君主，是通過選舉產生的終身制行政首長，其權力小於許多現代國家的總統，不符合中江兆民對君主的想像。在東亞，君主制是歷史上存在的唯一政府形式。根據儒家傳統，君主是國家最高政治權威，是人間所有（包括政治、社會、宗教和倫理）秩序的核心。君主世襲是最高政治權力和平轉移的基本途徑。在歐洲，君主制只是三種主要政府形式中的一種，正如盧梭指出，這三種形式往往還互相滲透，互相混合。[47]貴族選舉君主，君主受到議會的制衡，在歷史上都曾長期存在。因此，《波蘭政府論》設想的君主制不是沒有歷史和制度的依據，而對中江兆民來說卻意味著對東亞傳統君主制的徹底否定。中江兆民對盧梭的翻譯和接受，就像所有文化交流一樣，不能不受本土的問題（反對暴君）和傳統資源（儒家對君主制的理解、記憶和觀察）的影響。

46　Rousseau, "Consideration on the Government of Poland," in *The Social Contract and Other Later Political Writings*, pp. 211-215.

47　Rousseau, *Of the Social Contract*, pp. 99-100.

二、關於革命暴力和革命政黨

　　上文指出《譯解》通過介紹盧梭理論倡導以民主共和國取代君主制。其實，中江兆民不僅關心政府形式的改變，而且對促成改變的方式也有所考慮。《譯解》對革命武力的肯定和革命政黨的期待便反映了他對變革方式的思考。盧梭認為如果有人不服從公意，人們便可以「迫使他自由」（be forced to be free）。長期以來對「迫使他自由」主要有兩種解讀：一種批評盧梭是極權主義者，他描述的是極權主義政權所依賴的過度暴力，另一種是自由主義的解讀，認為盧梭描述的是健康政治社會得以維繫的合法武力，比如警察。《譯解》卻揭示了第三種可能性，即革命過程中的革命武裝或群眾為推翻舊政權和舊秩序而使用的暴力。儘管人們對通過社會契約構建的政治社會的性質眾說紛紜，《譯解》卻有意識將其解釋為一個內部平等、紀律嚴明而且擁有強制力的政黨。此類政黨顯然更適合於領導革命或大規模群眾運動，而非議會政治。

　　我認為盧梭「迫使他自由」的論點，的確可以詮釋為贊同革命暴力。盧梭原文見第一卷第七章「論主權者」（Of the Sovereign），其英譯為：

> for the social contract not to be an empty formula, it tacitly includes the following engagement which alone can give force to the rest, that whoever refuses to obey the general will shall be constrained to do so by the entire body: which means nothing other than that he shall be forced to be free... this alone legitimizes civil engagement, which without it, would be absurd, tyrannical and liable to the most enormous

abuses.[48]

就以上文字何兆武譯爲：

爲了使社會公約不至於成爲一紙空文，它就默契地包含著
這樣一種規定——唯有這一規定才能使得其他規定具有力
量——即任何人拒不服從公意的，全體就要迫使他服從公
意。這恰好就是說，人們要迫使他自由……沒有這一條
件；社會規約便會是荒謬的、暴政的，並且會遭到最嚴重
的濫用。[49]

「任何人拒不服從公意的」顯然包括那些政府中的掌權者，官
員、貴族和君主。如果他們統治國家以謀求私利，人民有權利迫使他
們服從公意，或改變政策，或離職而去。如果人民不能通過合法渠道
達到目的，他們便有權利採取直接行動，乃至訴諸武力。我們可以用
洛克的理論解釋引文：當國王覬覦專制權力時，他便不再是國王，而
和人民進入戰爭狀態。這種情形下，挑起戰爭的不是人民，而是因違
背社會契約而喪失合法權威的暴君。[50]這樣的解釋的確得到上下文支
持。引文最後一句盧梭所做的小結值得反覆咀嚼：「沒有這一條件；
社會規約便會是荒謬的、暴政的，並且會遭到最嚴重的濫用。」[51]所謂
「荒謬的」（absurd）當然可以指，如果國家缺乏合法武力，個人便會
本能地將私利置於公益之上，這樣社會契約就變成一紙空文。這個形

48　見Rousseau, *Of the Social Contract*, p.53.我對英譯稍作調整，以與漢譯更
　　好對照。

49　盧梭著，何兆武譯，《社會契約論》，頁24-25。

50　Locke, *Two Treatises of Government* (Cambridge: Cambridge University
　　Press, 1988), pp. 172-173, 205, 239.

51　Rousseau, *Of the Social Contract*, p. 53；盧梭著，何兆武譯，《社會契約
　　論》，頁25。

容詞不一定是專指對行政權力的濫用。但我們怎麼解釋「暴政的」
（tyrannical）一詞呢？這個詞難道不是最適合用來描述強人篡奪人民
主權嗎？

《譯解》不僅保存而且加強了這種解讀可能性。「迫使他自由」
的論點在《譯解》中表述爲：「是故欲防民約制或墜空文，必當有一
項插在其中，曰：若有人不肯循法令，眾共出力，必使循而後止。
曰：若是則，無乃害於人之自由權乎？曰：不然，正強令人保自由權
云爾。何也？凡民約之本旨，在令人人奉眾之命令，而無蒙人之抑
制。」[52]中江兆民將「公意」譯爲「法令」或「眾之命令」。後者和
「眾共出力，必使循而後止」這樣的措詞結合起來，表明「公意」不
僅見諸由國家權力機構保證實施的法律和行政命令，還表現於人民在
現有法制渠道之外的對政治的直接干預，包括對不尊重人民主權的政
治精英的制裁，可以是大規模的集會示威、公民抗命，也不能不包括
暴力抗爭和革命。

對最後一句小結的翻譯，可以說明在中江兆民看來，「迫使他自
由」所涉及的暴力，不是合法武力，而與人民對政治的直接干預聯繫
在一起。《譯解》指出：「而無此則，凡官之所令，皆不免爲悖慢與
暴恣，而其弊必有不可勝言者矣。」[53]中江兆民用「官之所令」翻譯
「社會規約」（civil engagement，或可直譯爲「公民［對政治社會的］
承諾」）並不精確，意在強調政府的管治可能與人民的意志（眾之命
令）並不相符，如果兩者不相符，政府的管治便沒有合法性。[54]他用

52　中江兆民，《民約譯解》，頁95。
53　中江兆民，《民約譯解》，頁96。
54　承蒙一位審查人指出「官」是中江兆民特意選擇的譯語，其含義不是政
　　府的意思，而是合眾人之意的意思。他的意見促使我從頭梳理《譯解》

「悖慢」譯「荒謬」（absurd）耐人尋味。「悖慢」這個詞在中國史籍中，經常用來形容匈奴、突厥、吐蕃等外族領袖或其他有權勢、有武力的人違逆不敬、背理傲慢，凸顯他們粗野無禮。[55] 顯然，他描述的對象不是普通人，而是掌握強權的不合理的勢力。簡而言之，根據《譯解》，盧梭原文「荒謬的」（absurd）和「暴政的」（tyrannical）兩個詞都是用以批評違背人民的共同利益和集體意志的統治精英，必要

中有關「官」的用法。結論是我原先的看法仍然可以成立。《譯解》中的「官」有兩層涵義。其一是作爲官府的傳統涵義，也可以理解爲這個觀念的現實涵義，因爲在用民約的精神成功改造現存的國家機器之前，人們在日常生活中打交道的「官」就是與人民的意志和利益分離而作爲統治者的官府。中江氏在前敘中提到盧梭理論的宗旨「在於令民自脩治，而勿爲官所抑制也」，彰顯官民對立，就是從這個含義上講（見《譯解》敘，頁68）。其二是指通過民約建構的公共權力，用來翻譯 republic、body politic、state 乃至 community，所有這些用法都反映了「官」的理想含義：在締結民約以後，雖然政府依然存在，其性質卻發生了根本變化，從統治者變成了人民貫徹自己意志的工具。（見《譯解》，頁92、94、101；*Of the Social Contract*, pp. 51, 52, 56）。從這層意義出發，「官」的確是「合眾人之意」的產物。那麼「官之所令」中「官」到底是體現了其現實涵義，還是理想涵義呢？我覺得是更接近其現實涵義。因爲引文描述的不是民約落實以後的理想狀態，而是缺失了關鍵一環（即眾人強迫無視公意的個人服從社會規約，或公民對政治社會的承諾使其回歸自由之路）而形成的不完善狀態。再者，如果「官」是指「合眾人之意」，那麼還有必要區分「官之所令」和「眾之命令」嗎？如果「官之所令」的確反映了眾人之意，那又怎麼會「不免爲悖慢與暴恣」呢？我希望將來有機會就中江《譯解》中「官」字的用法做更細緻的討論，現在限於篇幅只能作一些大枝大葉的勾勒，有訛誤之處，還望就正於方家。

55　如《後漢書·南匈奴列傳第七十九》：「而單于驕踞，自比冒頓，對使者辭語悖慢，帝待之如初。」見范曄，《後漢書》（北京：中華書局，1971）第10冊，卷89，頁2940。又如《新唐書·吐蕃上》：「帝曰『贊普向上書悖慢，朕必滅之，毋議和！』」見歐陽修，《新唐書》（北京：中華書局，1975），第19冊，卷216上，頁6084。

時人民必須反抗、制裁甚至推翻他們。

　　除了贊成人民直接干預政治，中江兆民似乎相信爲保障人民直接干預有效而純淨，在直譯盧梭原文之外，必須引入一個新的概念。這個概念就是「政黨」。他將第一卷第二章和第六章所有與人類群體生活相關的概念，比如society、aggregation、association、community、和union，都譯成一個漢字「黨」。[56]儘管「黨」在傳統中國政治語境中通常包含結黨營私、黨派之爭之類的負面涵義，這個概念在明治時期的日本卻獲得了現代政黨這樣中性或者偏向正面的涵義。[57]中江兆民對這個概念的使用明顯是超越了傳統中國政治語境，而受到明治日本新發展的影響。考慮到中江氏一貫主張盡量用儒家經史中的詞彙翻譯西方理論，而對各種新名詞頗爲抗拒，他的破例的確耐人尋味。[58]

　　《譯解》引入現代政黨觀念翻譯社會契約論，以第一卷第六章最爲集中。這一章首先闡明社會契約的功能，「若欲捍患御災以自保，非相倚爲黨，共合其力，然後率之令出於一，無別法可求。」也就是

56　Rousseau, *Of the Social Contract*, pp. 42, 49-50；中江兆民，《民約譯解》，頁77、90-91。

57　自由民權運動時期，日本政黨政治開始發展。1874年成立了愛國公黨，1881年成立了自由黨，1882又成立了立憲改進黨，後兩者已經是組織型態比較完善的現代政黨。與政黨政治相關的詞彙也流行起來，前注提到1889年出版的一部關於日文中「漢語」的辭典，雖然對「黨」字的解釋既有中性也有負面，但是「黨」字開頭的12個詞條中，有10個其英文解釋與現代政黨（political party）相關，包括「黨派」、「黨規」、「黨魁」、「黨勢」、「黨首」、「黨則」等，主要與「黨」字傳統意義相關的詞條只有兩個，即「黨類」和「黨與」。見John H. Gubbins eds., *A Dictionary of Chinese-Japanese Words in the Japanese Language*, vol. III, pp. 1021-1022.

58　Rinjiro Sodei, " 'Rousseau of the Orient' ? The Meaning of Nakae Chomin in Early Meiji Japan," (Master thesis, University of California, 1965), p. 43.

說，訂立社會契約的目的是創建一個共同體，集合所有成員的力量，並且令行禁止，以有效保衛共同利益。接下來介紹社會契約（民約）的基本原則，在不長的篇幅，先後用了九個「黨」字：

> 所謂民約之條目，雖多端，然合之則成一：曰黨人咸皆舉其權，盡納之於黨是也。黨人咸皆舉其權，納之於黨，而無一人自異，如是然後得分利均矣。分利均，然後自利害人之心無由生也。黨人盡納其權，而無所遺，如是然後得相紐結也周，而無罅隙可求，而無有一人訴屈者矣。不爾，若黨人各有保守，而不肯盡納，則無以爲黨也。何者？黨本無共主，一旦我與黨有爭，而我 我所保之權以抵拒，則誰復決之者？[59]

　　這段話讀起來很像出自一個政黨的黨綱，闡述其建黨的組織原則。通過這樣的翻譯，中江兆民傳遞的意思是：根據社會契約創造的第一個合法政治社會（legitimate political society）是一個政黨，或者創建一個由意志堅強、勇於行動的骨幹分子所組成的政黨是創建真正民主社會的第一步。這樣的政黨貫徹人人平等的原則，因爲每個成員都將所有力量和資源貢獻給黨，無一例外；再由黨對利益進行平均分配，確保每個人都受到公平對待，這樣人與人之間便不會爲了私利而惡性競爭；每個成員都將所有力量和資源貢獻給黨，也促使大家緊密團結在一起，形成堅強集體，可以休戚與共。同樣重要的是，中江氏心中的現代政黨，不是霍布斯（Hobbes）的利維坦（Leviathan），因

59　中江兆民，《民約譯解》，頁90-92。羅爾斯（John Rawls）認爲根據盧梭社會契約創建的是獨立個人的自由結盟。見 John Rawls, *Lectures on the History of Political Philosophy* (Cambridge: Belknap Press of Harvard University Press, 2007), pp. 230, 235, 240, 244.

爲黨內沒有凌駕於集體的個人權威可以壟斷武力、裁判是非，所有權
威屬於大家，只能依靠大家貢獻集體的力量對違紀者予以制裁。最後
必須指出，這樣的政黨不是個人的聯盟（confederation of individuals），
而是紀律嚴明、關係緊密、擁有強制力的政治組織，不然，不可能令
行禁止，有效保衛公共利益。

　　有趣的是，中江兆民在翻譯《社會契約論》第二卷時猛烈攻擊議
會中的政黨政治，並延續儒家傳統將其看作結黨營私。[60]顯然，他寄
予厚望的不是選舉黨、議會黨，而是全心全意爲創建合法政治社會而
奮鬥的革命黨，他認爲只有這樣的黨才能貫徹平等、公平原則，堅持
集體領導，並且在此基礎上建立堅強的組織，發揮強大的戰鬥力。在
他看來，選舉黨、議會黨將私利和權力置於公意之上，革命黨才是公
意的體現，才能大公無私、兢兢業業爲爭取民主的群眾性反對運動或
暴力革命提供領導。用法國大革命時期的政論家西耶斯（Emmanuel
Sieyès, 1748-1836）的話說，革命黨的成員是人民的「非常代表」
（extraordinary representatives），他們不是由人民通過正常法律機制選
舉出來的代表，因爲這樣的機制還不存在，必須經過他們的努力才能
得以創建。[61]

　　至此可以得出結論，中江譯本不僅否定君主制，而且明確倡導民
主轉型。至於變革如何可能？《譯解》傳遞的意思是，人民的直接干
預，不管通過和平方式，還是暴力抗爭，對於創建一個合法政治社會
（即民主共和國）都必不可少。更重要的是，這樣的干預最好由一個
大公無私的革命政黨來組織和領導。當中國人 1898 年在上海重印中

60　中江兆民，《民約譯解》，頁 112-113、125。

61　Emmanuel Sieyés, *Political Writings*, ed. & trans. Michael Sonenscher (Indianpolis:
　　Hackett Publishing Company, 2003), pp. 139-141.

江譯本時，他們對這些顛覆性的觀念如何反應呢？下文比較1882年
單行本和1898年上海重印本，探討《譯解》哪些內容被中國人立即
接受，哪些內容則被拒絕？

三、戊戌變法前夕中國讀者對中江譯本的反應

　　1898年以前，早期赴日留學生完全可能已經通過單行本或《政
理叢談》的連載接觸到《譯解》，但是暫時沒有文獻依據討論他們的
讀後感。這樣我們討論中國人對中江譯本反應，只能從1898年的上
海重印本開始。上海重印本，一方面刪去《譯解》中有關基督教和反
父權的言辭，一方面卻完全保留了中江兆民對君主制的否定，對政治
自由的渴望，和對革命政黨的呼喚。換言之，這個版本，儘管在文化
和倫理議題上更為保守，作為中國國內讀者所能接觸到第一個《社會
契約論》漢譯本，卻完全接受了中江兆民政治革命的觀念。

　　戊戌變法前夕，上海大同譯書局重印了《譯解》之單行本，並改
名為《民約通義》，新版本刪去了盧梭的「前言」（notice）和中江兆
民的敘，並代之以中國編者所寫的新敘。[62]大同譯書局由梁啟超

---

[62] 由於我在上海圖書館和台灣中央研究院近代史研究所找到的《民約通
　　義》均無版權頁，所以找不到出版社的資料。出版時間則是由新敘落款
　　推斷。根據馬君武和吳雅凌的說法，《民約通義》由同文譯書局出版。
　　見盧梭著，馬君武譯，《民約論》，收入莫世祥編，《馬君武集》（上
　　海：華東師範大學出版社，2011），頁300；吳雅凌，〈盧梭《社會契約
　　論》的漢譯及其影響〉，頁87。可是，關於同文譯書局的資料無從核
　　實。我懷疑由於馬君武是在1916年，即《民約通義》出版十八年以後，
　　為他本人的漢譯《社會契約論》作敘時提及此事，他的記憶可能有不確
　　之處。而吳雅凌是接受了馬君武的觀點。當時上海有兩家出版社的名稱
　　與「同文譯書局」接近，一是大同譯書局，一是同文書局。前者與維新
　　派關係密切，後者主要出版古籍，更與朝廷有商業來往，顯然，大同譯

（1873-1929）創辦，而由康有爲之弟康廣仁（1867-1898）擔任經理，後者數月以後在慈禧太后發動的政變中遇害，是著名的六君子之一。我們無法證明到底是誰負責重印中江譯本，因爲爲重印本封面題字和寫作新叙者，都沒有提供他們的眞實姓名。前者署名「人境樓主人」，也許他是資深外交官和改良運動的發起人之一黃遵憲（1848-1905），因爲黃氏把自己的住所定名爲「人境廬」。後者題名「東莞咽血嚨唎子」。東莞當時是廣東省的一個縣，梁啓超1893-1894年間曾在那裏講學，提倡改良，因此在當地有許多追隨者。重印本的編者，很可能是梁啓超從東莞帶到上海的追隨者之一。其實梁氏在戊戌變法前兩年漸趨激進，開始宣講大眾參與和民主政治。[63]他的轉變可能影響其門人弟子，包括重印本的編者，接受更激進的理論。重印本的負責人之所以不肯表明眞實身分，是因爲他們害怕清政府的政治迫害。下文檢查重印本所作刪改，以及新舊敘言的差異，以探討中國人對《譯解》的最初回應。

　　重印本有意識地刪改中江譯文，有幾方面原因，有些是爲了使譯文更加符合中國人的閱讀習慣，有些是把日本人通用的譯名，調整爲中國人通用的譯名，也有一些是出於誤解。就本文關心的問題而言，最重要的刪改是由於中國編者覺得譯解的內容不合適或完全不可接受。這些刪改集中在第二章〈家族〉（盧梭原題爲 Of the First Society）。中國編者儘管不反對中江兆民的政治主張，卻覺得必須改動《譯解》中反父權和基督教的言辭，他也不習慣將政治關係完全理解爲利益關係。

　　書局更可能是《民約通義》的出版者。

63　Hao Chang, *Liang Chi'-ch'ao and Intellectual Transition in China, 1890-1907* (Cambridge, Mass.: Harvard University Press, 1971), pp. 103-107.

　　具體而言，儘管中國編者能夠容忍中江兆民對君權的攻擊，以及切斷君權和父權聯繫的主張，卻無論如何不能接受他對父權的直接挑戰。實際上，中江兆民對父權的批判比盧梭更激烈。盧梭指出子女對父親的物質需求一旦停止，「自然的聯繫」也就不復存在。當他們解除對父親「應有的服從」，而父親也解除了對孩子「應有的照顧」以後，雙方便彼此獨立了。[64]《譯解》將以上內容譯為：「及其年長，不復須屬於父，而天然之羈紐解矣。於是為父者，不必為子操作，而為子者，亦不必承受於父」。其譯文弱化了盧梭原文承認的父子之間的自然情感紐帶，而強調子女成人之前對父親的人身依附。[65]重印本將中江譯文修改為：「及其年長，三明以錭之，百藝以磨之，則力當自養矣。於是為父者，不必嬰視其子，為子者，亦不容待食於父。」堅持父親的義務並未隨著子女成人而完結，他還必須教育子女使他們能夠自食其力。當子女能夠自立的時候，父親便不可以把子女當成小孩，子女也不能再靠父親供養。[66]重印本強調的是父親對子女的責任包括撫養和教育兩個方面，而成年子女有自食其力的義務，卻不認為後者可以完全自作主張。

　　對盧梭來說，子女在長大成人之前需要服從父親。有趣的是，中江兆民並未將「服從」一詞翻譯出來，而上海重印本則暗示即使子女可以自食其力，他們還要尊重乃至服從父親，因為他們自立的能力也是來自父親。重印本和《譯解》在這個問題上的區別還體現於它們對父子關係性質的不同理解。《譯解》強調父權黑暗的一面，子女受到

64　Rousseau, *Of the Social Contract*, p. 42；譯文參考盧梭著，何兆武譯，《社會契約論》，頁5。

65　中江兆民，《民約譯解》，頁77。

66　東莞咽血嚨唭嘲子編，《民約通義》（上海：大同譯書局，1898），頁3-4。

父親的控制和束縛，而重印本則強調成年兒女自食其力的責任，以及
父子之間的溫情。[67]中江兆民將父子關係理解成一種對抗關係和政治
鬥爭，而中國編者則試圖把父子關係由中江兆民描述的政治鬥爭重新
轉化爲家庭中比較溫情的互動。其用詞暗示：父親即使在子女成人以
後也可以勸說子女改變決定。而子女出於自願，也可以因應父親的考
慮，而對自己的決定作出調整。[68]

　　簡言之，中國編者不接受家庭革命，他希望即使推翻君主制，也
可以繼續保持父子之間的親密關係以及父親的道德權威，減少家庭內
部的爭鬥。因爲孝道是中國社會的核心價值，一旦它受到挑戰，整個
倫理和社會秩序便會動搖。中國編者期望在沒有文化和道德劇變的前
提下，推動政治革命。

　　其實，盧梭對家庭和父子關係的看法遠比中江兆民溫和，而與中
國編者有若干符節之處。他認爲家庭並不是一個政治社會，而是「唯
一自然的社會」。他承認子女成年前要服從父親。他也不否認即使子
女有能力自立，也可以自願選擇與父親的「繼續聯合」。他想強調的
不是父與子的對抗，而是家庭和政治社會的基本區別：家庭不完全是
利益的結合，情感的紐帶眞實而自然。[69]也許盧梭可以同意合法的政
治社會能夠與經過革新的儒家家庭並存：子女在考慮私人問題時，自
願尊重父親的權威，聆聽他的建議，並作出調整，卻不是無條件的服
從父權。

　　除了父子關係，中國編者也不接受中江兆民關於政治社會的基礎
是實用和利益計算的說法。中江譯文指出：「君之與民，本各有自主

67　中江兆民，《民約譯解》，頁77；東莞咽血嚨唎子編，《民約通義》，頁4。
68　中江兆民，《民約譯解》，頁77；東莞咽血嚨唎子編，《民約通義》，頁4。
69　Rousseau, *Of the Social Contract*, p. 42.

之權，無有優劣，獨爲相爲益，而君涖乎上，民奉乎下，而邦國斯立矣。」也就是說，君王和臣民本來是獨立而平等的個人，他們爲了共同的利益，才接受對建立國家來說必不可少的等級關係。中國編者將引文中的「獨爲相爲益」改爲「獨名之所繫」。他想強調的是，維繫政治社會長治久安，除了利益驅動還必須有道德承擔，每個人在他的特定位置上都有義務做正確的事，才能維持整個社會秩序的正常運轉，即使其選擇並不符合乃致損害其個人利益。[70]相比之下，中江譯文突出的是平等互利的契約精神。而中國編者在思考這個問題上，顯然更受到儒家「義利之辨」說的影響。

　　第二章最後幾處重要的改動，表明：中國編者抗拒採用基督教語言討論政治。其實，他對譯文和注解的態度還是有所區分。他並未改動譯文中涉及聖經和希臘神話的文字，因爲譯文代表盧梭的聲音，所以使用這些文字可以容忍，無法否認盧梭原文本來是爲西方讀者而寫。但是，他希望注解能夠與譯文拉開距離，而給中國讀者充當負責任的嚮導。他尤其希望提醒讀者接受政治革命並不需要以接受基督教和其他西方文化的特性爲前提，政治變革並不需要否定傳統文化。因此，他將注解中亞當、諾亞的名字一律刪去，而使有關文字符合中國傳統宗教的觀念。[71]

　　最後讓我們考察重印本敘言和中江原敘的差別。中江原敘有三個重點：一、必須變革；二、必須學習歐美的政治模式和政治理論；三、他的翻譯可以服務於明治政府正在進行的改革。他指出與時俱

70　中江兆民，《民約譯解》，頁77；東莞咽血嚨哫子編，《民約通義》，頁4。從字面上看，中江譯文似乎更接近盧梭的意思。見Rousseau, *Of the Social Contract*, 42。

71　中江兆民，《民約譯解》，頁80；東莞咽血嚨哫子編，《民約通義》，頁6。

進、遵從民意是儒家的基本精神，按照歐美的模式改革政治實現代議
制民主，符合儒家的傳統。在他看來，爲了深入學習歐美的政治模式
必須閱讀西方思想家，包括盧梭、洛克、邊沁等人的理論。最後，他
還表明其翻譯工作是響應明治政府學習西方政治的國策，並無意以外
國風俗破壞本國的忠厚人心。[72]

重印本敍言與原敍側重點不同，情緒也激烈得多。中國編者認
爲：儒家的基本精神不是變革，而是平等。他猛烈攻擊中國的專制君
主，對從秦始皇以來人民在專制統治下的苦痛表示同情。他的理論依
據很明顯來自宋明理學，尤其是《西銘》民胞物與的精神。除了道德
批判以外，中國編者還從政治上和戰略上批判君主專制。他認爲君主
專制削弱了人民的力量，動搖了國家的根基，另一方面，統治者的壓
迫也迫使人民起來反抗。兩者都導致統治者自取滅亡。專制主義給人
民帶來痛苦，欲賦予革命以正當性。中江兆民在寫作敍言時小心翼翼
避免刺激審查官，中國編者卻擔心如果言語不夠激烈，便不足以激勵
讀者爲捍衛平等、反抗暴君揭竿而起（從維新派的立場出發，也許他
更關心的是刺激統治者改弦更張，實施改革？）。

總而言之，中江原敍措詞溫和，在政治上傾向改良（儘管《譯
解》的內容其實要激進得多），而重印本的敍言卻徹底否定君主專
制，而承認革命的正當性。一方面中江兆民對儒學的詮譯強調變革的
必要性，另一方面他也承認世襲君主制的歷史合理性，中國編者對這
一點特別不能容忍。他們的差異也許是因爲中江兆民要提防政治迫
害，而中國編者在租界出書並且沒有暴露身份，所以可以大膽直言。

然而，中國編者在文化上卻要保守得多。他並不像中江兆民表露

72　中江兆民，《民約譯解》，頁67-68。

對西方政治制度和理論的崇拜。對他來說，盧梭的智慧和孔孟之道並不衝突。他想提醒中國讀者，政治革命並不一定要依靠西方的榜樣和理論。政治的真理早已為儒家的聖賢所發明，盧梭的理論恰好證明了儒學的普世價值。本質上，革命不是創新，而是對三代的回歸。[73]

中江兆民和中國編者都承認儒學對於政治變革的貢獻，理由卻不同。前者認為儒學之所以有價值，是因為儒學從理論上支持變革和向西方學習，儘管其政治學說並不能為變革提供具體的指引。相比之下，後者卻認為儒學之所以有價值，是因為包含普遍真理，其尊重民意、人人平等的政治原則與當下政治直接相關。西方理論，包括盧梭，正因為符合儒學的政治原則而值得注意。

結論

1898年中國國內的讀者通過上海重印本而接觸到的中江譯文，是一份民主革命的宣言。它告訴人們，革命的暴力可以幫助中國人推翻君主制，建立民主共和國，儘管這樣的意思並不見於盧梭原文和中江兆民的其他論述。中江譯本通過創造性的解讀盧梭，向中國讀者傳播革命和民主的意識。具體而言，譯文強調盧梭的社會契約論支持以共和國取代君主制，從反暴君開始，《譯解》最終否定了君主制作為一種政府形式的合法性；從強調自由是人民不可剝奪的權利開始，《譯解》最終認定代議制民主作為實現政治自由的唯一途徑。

至於促成變革的手段，儘管盧梭的「迫使他自由」的觀點被理解為或者與極權主義的過度暴力相關，或者是指維護法治的必要武力，

73　以上見東莞咽血嚨咿子編，《民約通義》，序。

《譯解》提醒我們這個論點可以用來支援革命的暴力。儘管人們對由社會契約生成的政治社會的性質眾說紛紜,《譯解》有意將其解釋爲人人平等、紀律嚴明而擁有強制力的政黨;這樣的黨更適合革命的行動而非議會政治。也許關於革命黨的觀念,是中江譯文最吸引中國革命者的因素。

　　這些革命主張,在上海重印本中原封不動地保存下來,作爲中國讀者所能接觸到的第一份《社會契約論》的譯文,重印本儘管對文化和道德問題相對保守,卻原原本本地接受了中江兆民的政治革命論。

徵引文獻

Arendt, Hannah. *On Revolution*. New York: Penguin Books, 2006.

Baker, Keith Michael. *Inventing the French Revolution*. Cambridge: Cambridge University Press, 1990.

Bates, David W. *Enlightenment Aberrations: Error and Revolution in France*. Ithaca & London: Cornell University Press, 2002.

Calvin, Jean. "On Civil Government," in *Luther and Calvin on Secular Authority*, ed. and trans. by Harro Höpfl, Cambridge: Cambridge University Press, 1991.

Chang, Hao. *Liang Chi'-ch'ao and Intellectual Transition in China, 1890-1907*. Cambridge: Harvard University Press, 1971.

Dardess, Margaret Beckerman. "The Thought and Politics of Nakae Chomin (1847-1901)." Ph.D. dissertation, Columbia University, 1973.

Dent, Nicholas. *Rousseau*. London & New York: Routledge, 2005.

Eric Evans. "A British Revolution in the 19th Century?," BBC: History: Birtish history, Last updated: 2011/02/17, Accessed June 23, 2014. http://www.bbc.co.uk/history/british/empire_seapower/revolution_01.shtml.

Fan Guangxin. "Contesting the Truth of Revolution, Democracy and Good Governance in the Land of Confucius: The Chinese Reception of Rousseau's The Social Contract, 1898-1906." PhD dissertation, University of Wisconsin-Madison, 2014.

Gubbins, John H. *A Dictionary of Chinese-Japanese Words in the Japanese Language*. vol. I.-III, London: Trübner & co., 1889.

Levine, Andrew. *The General Will: Rousseau, Marx, Communism*. Cambridge: Cambridge University Press, 1993.

Locke, John. *Two Treatises of Government*. Cambridge: Cambridge University Press, 1988.

Miller, James. *Rousseau: Dreamer of Democracy*. New Haven: Yale University Press, 1984.

Rawls, John. *Lectures on the History of Political Philosophy*. Cambridge: Belknap Press of Harvard University Press, 2007.

Riley, Patrick. *Rousseau in Will and Political Legitimacy*. Cambridge: Harvard University Press, 1982.

Rousseau, J.J. "Consideration on the Government of Poland," in *The Social Contract and Other Later Political Writings*. ed. and trans. by Victor Gourevitch. Cambridge: Cambridge University Press, 1997.

　　　　　　　　. *Of the Social Contract*, in *The Social Contract and Other Later Political Writings*. ed. and trans. by Victor Gourevitch. Cambridge: Cambridge University Press, 1997.

Schneewind, J. B. *Invention of Autonomy*. Cambridge: Cambridge University Press, 1989.

Shklar, Judith. *Men and Citizens: A Study of Rousseau's Social Theory*. Cambridge: Cambridge University Press, 1969.

Sieyés, Emmanuel. *Political Writings*, ed. & trans. by Michael Sonenscher. Indianapolis, IN: Hackett Publishing Company, 2003.

Sodei Rinjiro. " 'Rousseau of the Orient'? The Meaning of Nakae Chomin in Early Meiji Japan," Master thesis, University of California, 1965.

Stephen, Roberts. "The Chartist Movement 1838-1848," BBC: History: Birtish history," Last updated: 2011/06/20, Accessed on June 23, 2014. http://www.bbc.co.uk/history/british/victorians/chartist_01.shtml.

Wiener, P. Philip. vol. II of *Dictionary of the History of Ideas*. New York: Charles Scribner's Sons, 1973.

中江兆民，《民約譯解》，收入井田進也編，《中江兆民全集》，卷1，東京：岩波書店，1983。

　　　　　，《兆民文集》，東京：文化資料調查會，1965。

吳雅凌，〈盧梭《社會契約論》的漢譯及其影響〉，《現代哲學》，104：3（廣州，2009），頁84-93。

東莞咽血嚨胡子編，《民約通義》，上海：大同譯書局，1898。

范曄，《後漢書》，北京：中華書局，1971。

莫世祥編，《馬君武集》，上海：華東師大出版社，2011。

歐陽修，《新唐書》，北京：中華書局，1975。

盧梭著，何兆武譯，《社會契約論》，北京：商務印書館，2003。

【論著】

《民約論》在中國：一個比較思想史的考察 *

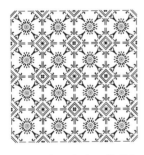

蕭高彥

美國耶魯大學政治學博士，中央研究院人文社會科學研究中心研究員，目前借調科技部擔任人文社會科學研究發展司司長。研究專長爲西洋政治哲學、當代政治理論。

---

* 作者感謝行政院國家科學委員會專題計畫之補助，計畫編號NSC 101-2811-H-001-015。

《民約論》在中國：一個比較思想史的考察

摘要

　　本文基於劍橋學派的脈絡主義方法，檢視清末《民約論》譯本以及對此文本的理解，並探究其所蘊含之政治圖像。全文處理三組盧梭譯本或詮釋：日本思想家中江兆民的《民約譯解》與相關論述、《民約論》的第一個完整中譯本（楊廷棟的《路索民約論》）與劉師培基於楊譯所撰《中國民約精義》，以及革命派馬君武在《民報》所提出的盧梭詮釋。中江兆民所創的「民約」語彙系統產生了關鍵影響，特別是他將「主權者」翻譯爲「君」的譯筆，產生了與盧梭原始意圖不同的政治想像，卻能與東亞儒家政治文化接軌。楊廷棟基於此而轉化爲對《民約論》的立憲主義閱讀方式，但劉師培再加以翻轉，提出「處變之時，人民操革命之權」的革命主張。馬君武運用「帝民」一詞，超越了中江兆民的語彙系統，其譯本更促使中文世界逐漸對盧梭思想有更準確的理解。

關鍵詞：盧梭、民約、民主、中江兆民、梁啓超、楊廷棟、劉師培、馬君武

一、緒論

　　法國思想家盧梭的《社會契約論》，在清末民初以《民約論》之
名流通，對於中國共和民主以及革命意識的發展，產生了重大影響。
早在1901年，梁啓超在〈國家思想變遷異同論〉一文中便指出，當
時的學界在國家思想方面可以稱雄的有二大學派，一爲「平權派」，
代表者是盧梭《民約論》之徒；另一則爲「強權派」，代表者爲斯賓
塞進化論之徒。梁任公並指出，平權派強調人權出於天授，人人皆有
自主之權，人人皆平等，而國家乃是由人民之合意締結契約所成立。
值得注意的是，雖然梁任公當時仍受到盧梭的影響，但已經指出盧梭
之徒平權派可能的弊端在於「陷於無政府黨，以壞國家之秩序」。[1]

　　盧梭思想與激進革命，在六十多年後爲著名的中國近代思想史家
Benjamin Schwartz基於中西現代政治思想史的分析中，得到了進一步
的發揮。在文化大革命的顚峰時期，Schwartz運用盧梭研究之中著名
的「德行統治」（the reign of virtue）主題，分析文革時期毛思想的道
德化特質，強調領袖與具有德行的人民群眾之間應該建立直接的政治
關連。如同二次戰後的諸多政治思想史家如J. L. Talmon所做的思想
史考察，[2]嘗試由當代政治現實中爬梳出思想史淵源。而以Schwartz而
言，文化大革命的毛思想，除了馬克思列寧主義革命傳統的淵源外，
應該更可上溯至某些中西思想傳統；在西方政治思想方面，他特別強
調盧梭的重要性。[3]之後，Schwartz更進一步發展這個思想史的線索，

1　梁啓超，〈國家思想變遷異同論〉，收入《飲冰室合集》（臺北：臺灣中
　　華書局，1960），〈文集之六〉，頁19。
2　J. L. Talmon, *The Origins of Totalitarian Democracy* (New York: The Norton
　　Library, 1970).
3　Benjamin Schwartz, *China and Other Matters* (Cambridge, Mass.: Harvard

以〈現代世界中的盧梭張力〉爲題，[4]宏觀地分析啓蒙以後科學觀念對西方政治社會思想的影響，而盧梭作爲反啓蒙的思想家，同時強調道德的純粹性以及通過政治領域加以實現的必要，從而在強調理性主義的啓蒙思想中，創造了一個重要的批判張力。然而，科學主義的另一個面向在於，尋找出人性裡可以被化約而治的基本要素後，再運用一種政治社會「工程」（engineering）重新建構政治社會。這種科學式的政治社會控制學，在盧梭的系統中，以「立法家」（Legislator）的形貌出現，構成了盧梭思想所建立的另外一重張力，並且在雅各賓黨與馬克思主義的革命運動中，化身爲具有正確意識的先鋒黨，而深刻影響了現代世界的政治發展。

　　基於此，盧梭的《民約論》和激進革命之間的關係，逐漸成爲一種思想史研究的主流見解。然而，在中國近代史中，《民約論》的翻譯以及理解，是否眞的反映了這種影響？眾所周知，《社會契約論》是一本極爲複雜，且具有辯證結構的西方政治思想經典。在這本著作中，盧梭不但證成了人民主權、普遍意志和激進民主等核心理念，全書更討論、辯證了偉大立法家、國民風尚以及羅馬政治制度等概念。對於這樣複雜的經典，即使是有著完整法文或英文知識的當代人，也得下一番功夫才能有所理解。在這種狀況下，探究清末民初的思想家如何基於現實的迫切需要來閱讀《民約論》，遂成爲一個值得研究的思想史課題。

　　《民約論》譯本在中國流通的情形，歷史學者已經做了相當詳細

University Press, 1996), pp. 175-186.

4　Schwartz, "The Rousseau Strain in the Contemporary World," in *China and Other Matters*, pp. 208-226.

的考證；[5]在現有文獻中，亦可見整理、對比早期譯本是否忠實傳達某些關鍵文本之分析。[6]然而，對於這樣的翻譯**究竟形成何種政治圖像**，則尚未有足夠的探討。本文的目的即在於匡補闕漏，在這些歷史分析的基礎上，探究《民約論》的譯本與詮釋所呈現出的政治圖像。在方法論層次，本文以下將基於劍橋學派的「脈絡主義」（contextualism）方法，以及劉禾所提出的「跨語際實踐」（intra-lingual practice）觀念，檢視清末的《民約論》譯本，以及對此文本的理解。在脈絡主義方面，[7]史金納所強調的，不僅在於充分地檢閱文本在同時期的相關論述以及論辯，更重要的是，詮釋文本時，「並非全然將其作為信念的表述。不如說，是將文本作為對其當時的政治辯論一種特定且相當複雜的介入（intervention）。我們不是在問[歷史行動者]在肯認什麼；而是在問，在前述引文中他在做什麼；甚至可說我們所問的是在說出這段話時，他所打算（up to）的是什麼。」[8]換言之，在詮釋文本時必須「知道行動者在行動時之意旨」。[9]此種脈絡主義的研究取向，並不

5　請參考夏良才，《盧梭》（香港：中華書局（香港），1998），頁144-164；瑪麗安・巴斯蒂，〈辛亥革命前盧梭對中國政治思想的影響〉，收入劉宗緒主編，《法國大革命二百週年紀念論文集》（北京：三聯書店，1990），頁55-63；吳雅凌，〈盧梭《社會契約論》的漢譯及其影響〉，《現代哲學》，104：3（廣州，2009），頁84-93；以及黃克武，《自由的所以然：嚴復對約翰彌爾自由思想的認識與批判》（臺北：允晨文化實業公司，1998），頁270-290。

6　如吳雅凌，〈盧梭《社會契約論》的漢譯及其影響〉。對比用的當代譯本為：盧梭著，何兆武譯，《社會契約論》（北京：商務印書館，1982）。

7　Quentin Skinner, *Visions of Politics*, vol.1 (Cambridge: Cambridge University Press, 2002), pp.57-89.

8　Quentin Skinner, "Truth and the Historian," *Intellectual History*（《思想史》）, vol.1 (Taipei, 2013), p.198.

9　Skinner, *Visions of Politics*, vol.1, p. 82.

對於所研究對象的信念之真理性加以接受或者否定；相反地，史學家所致力的，乃是在於發掘信仰系統背後，讓當事人持有此種信念的合理性（rationality）基礎，並解釋該信念以及論述結構得以產生的原因，也就是其歷史文化脈絡的特定結構。

　　這種脈絡主義的取向，就研究翻譯文本的特定對象而言，更需要運用「跨語際實踐」分析，因為這個理論對於跨越文化的表述，提出了一套細緻的文化理論。劉禾指出：

> 跨語際實踐的關鍵並不是去研究翻譯的歷史，也不是去探討翻譯的技術層面，儘管當我們涉及這兩個層面中的任何一個時，都能夠有所助益。我所感興趣的是理論問題，是有關翻譯條件以及不同語言之間最初進行接觸所產生的話語實踐方面的理論問題。如果進行寬泛的界定，那麼研究跨語際的實踐就是考察新的詞語、意義、話語以及表述模式，如何由於主方語言與客方語言的接觸／衝突而在主方語言中興起、流通並獲得合法性的過程。因此，當概念從客方語言走向主方語言時，意義與其說是發生了「改變」，不如說是在主方語言的本土環境中發明創造出來的。[10]

　　這樣的方法不再強調譯文與原文之間忠實度的問題，而是在於理解文本跨越語際之後，在翻譯或閱讀中所產生的實踐價值。這在面對文化交流初期的文本時特別需要注意。此種跨語際實踐以及脈絡主義的分析取向，將是本文以下分析的基本出發點。

10　劉禾著，宋偉杰等譯，《跨語際實踐：文學，民族文化與被譯介的現代性（中國，1900-1937）》（北京：三聯書店，2008），頁 36。

　　本文嘗試以比較政治思想史的方式重建《民約論》譯本與詮釋之中所呈現的政治認知。以下將處理三組相關的盧梭譯本或詮釋：首先探討日本思想家中江兆民的《民約譯解》以及相關論述所形成的盧梭文獻；其次檢視《民約論》的第一個完整中譯本——楊廷棟的《路索民約論》，以及劉師培基（1884-1919）於楊譯所撰《中國民約精義》的盧梭詮釋；第三則是馬君武（1881-1940）早期在《民報》時期所提出的盧梭詮釋。

二、中江兆民與「民約」的政治想像

（一）梁啟超基於中江兆民所提出的詮釋

　　撇開早期對於盧梭的片段論述（如黃遵憲，1848-1905）不談，中國第一位對《民約論》提出完整介紹的，首推梁啟超（1873-1929）。梁氏在〈論學術之勢力左右世界〉（刊於1902年2月《新民叢報》第1號）一文中大聲疾呼，在西力東漸所造成的巨大衝突之中，握有權術並不足以達到勝利，必須輔以真正的智慧與學術。當時西方所以能達到文明鼎盛的狀態，受諸多大思想家影響甚鉅。梁啟超列舉了七組最主要的思想家，包括歌白尼之天文學、倍根和笛卡兒之哲學、孟德斯鳩之著萬法精理、盧梭之倡天賦人權、富蘭克令之電學與瓦特之器機學、亞丹斯密之理財學，以及伯倫知理之國家學，另外還提到康德與邊沁、彌勒等。這篇文章，大體可視為梁啟超在同一年度所撰寫的一系列學案之序言；在其中，與政治思想最有關係的包括〈霍布士學案〉[11]、

11　梁啟超，〈霍布士學案〉，收入《飲冰室合集》，〈文集之六〉，頁89-95。

〈斯片挪莎學案〉[12]、〈盧梭學案〉，[13] 以及〈法理學大家孟德斯鳩之學說〉。[14] 從幾個學案的篇幅長短就可以看出，在西方政治思想史傳統中，盧梭與孟德斯鳩對梁啓超影響最大，雖然他後來逐漸轉向伯倫知理的君主立憲國家學。

　　梁啓超的〈盧梭學案〉依賴日本學者中江兆民（1847-1901）甚深。中江是明治時期代表性的思想家，有「東方盧梭」之稱。[15]他將法國學者 Alfred Fouillée 所著之《哲學史》（1875）翻譯成日文《理學沿革史》（1886）；而梁啓超的〈盧梭學案〉實乃基於《理學沿革史》而成，完全複述了其中與盧梭相關的一節，但刪除了原書最後面論述國家與宗教關係的部分。[16]這篇文章認爲，德國大儒康德對於盧梭民約眞義之解最明，確切掌握到社約所處理的是「立國的理義」，以及「立國之事實」，[17]代表著 Fouillée 的詮釋已經是一種康德主義式的理解。而這篇文章對於盧梭理論的綜合，基本上以契約、主權與公意，以及法律與政府等議題爲主軸，完全省略《社會契約論》中關於立法家、羅馬政制以及公民宗教的論述。巴斯蒂指出，由於 Fouillée 本身是一個溫和的共和主義者，因此在這篇文章表達了19世紀下半葉西

12　梁啓超，〈斯片挪莎學案〉，收入《飲冰室合集》，〈文集之六〉，頁95-97。
13　梁啓超，〈盧梭學案〉，收入《飲冰室合集》，〈文集之六〉，頁97-110。
14　梁啓超，〈法理學大家孟德斯鳩之學說〉，收入《飲冰室合集》，〈文集之十三〉，頁18-29。
15　狹間直樹，〈「東洋盧梭」中江兆民在近代東亞文明史上的地位〉，收入沙培德、張哲嘉主編，《中央研究院第四屆國際漢學會議論文集：近代中國新知識的建構》（臺北：中央研究院，2013），頁53-68；鄭匡民，《梁啓超啓蒙思想的東學背景》（上海：上海書店出版社，2003），頁151-52。
16　瑪麗安‧巴斯蒂，〈辛亥革命前盧梭對中國政治思想的影響〉，頁58-59。
17　梁啓超，〈盧梭學案〉，頁99。

歐對於盧梭思想的主流理解方式。[18]

　　雖然〈盧梭學案〉完全是中江兆民所譯Fouillée論述的重述，但梁啓超加了以下四個按語：首先，霍布斯式人民捐棄自我之權利是一種無效契約；其次，以中國舊俗父母得鬻其子女爲人奴僕來支持盧梭所主張個人不能捐棄本身以及兒子的自由權；第三，法律必須是「以廣博之意欲，與廣博之目的，相合而成者也」（用現代的表述，則爲普遍意志意欲普遍之目的），而梁氏認爲此說可謂一針見血，而若「謂吾中國數千年來未嘗有法律，非過言也」；[19]以及最後稱道盧梭的聯邦民主制，認爲中國數千年來雖爲專制政體，但民間自治之風仍盛，或可考慮走向聯邦民主制度。就這四個按語而言，都未能對盧梭複雜的論證進一步提出詮釋，所以梁啓超似乎未讀過《社約論》原文之論斷，大體無誤。即使如此，〈盧梭學案〉仍有幾個值得注意的地方。首先，梁啓超對於社會契約的條款，以及其所產生的結果，也就是主權在眾人之意的「公意」的掌握，相當精準。[20]其次，梁啓超指出「國民」是主權的承載者，並且強調「一邦之民，若相約擁立君主，而始終順其所欲，則此約即所以喪失其爲國民之資格，而不復能爲國也。蓋苟有君主，則主權立即消亡」。[21]不過，梁啓超對於盧梭所論，所有正當政府均爲共和制的說法，則理解爲「凡政體之合於眞理者，惟民主之治爲然爾」，[22]所以是以民主來理解盧梭的共和正當性。梁氏或許沒有意識到，盧梭接著在下一段即開始討論政體種類，區別

18　巴斯蒂，〈辛亥革命前盧梭對中國政治思想的影響〉，頁60。
19　梁啓超，〈盧梭學案〉，頁106。
20　梁啓超，〈盧梭學案〉，頁104。
21　梁啓超，〈盧梭學案〉，頁105。
22　梁啓超，〈盧梭學案〉，頁108。

出君主政體、少數政體以及民主政體三者；他也不認爲民主同時作爲
唯一符合普遍意志的政體，以及三種政府體制之一，其間有任何邏輯
上的矛盾。

　　梁啓超對於盧梭的支持，在1903年逐漸產生了變化。在其〈政
治學大家伯倫知理之學說〉一文中，強調伯倫知理的學說是盧梭理論
的對立面。他援引了伯倫知理反駁盧梭的三項理據：首先，國民可以
自由進出國家，只有同意才能成立國家，所以，「從盧氏之說，僅足
以成立一會社」，這只是個人一時的集結，無法成立「永世嗣續之國
家」以及「同心合德之國民」；其次，國民必須立於平等的地位，只
要有命令服從關係，民約就無法成立，這和人性的基本特質並不相
符；第三，在民約之下，要成爲全國民意，必須「全數畫諾」，否則
不能成爲全體的意見，然而，這在事實上不可能。[23]

　　然而，這三點批判，在四年前（1899四月至十月）梁啓超第一
次介紹伯倫知理思想時，已經加以引述，[24]但在1903年，梁氏才從支
持盧梭轉爲反對盧梭學說。據梁氏自述，原因在於這幾年間，盧梭學
說輸入中國之後，有識之士本以爲可以拯救中國之廢疾，「顧其學說
之大受歡迎與我社會之一部分者，亦既有年，而所謂達識之士，其希
望之目的，爲睹其因此而得達於萬一，而因緣相生之病，則以見萌芽
見瀰漫一國中，現在未來不可思議之險象，已隱現出沒，致識微者慨
焉憂之」。對於放棄盧梭的共和主義，任公不但有著清楚的自我意
識，而且帶著情感上的不捨，他「心醉共和政體也有年」，但在閱讀

23　梁啓超，〈政治學大家伯倫知理之學說〉，收入《飲冰室合集》，〈文集之
　　十三〉，頁67-68。
24　梁啓超，〈國家論〉，收入夏曉虹輯，《飲冰室合集集外文》（下冊）（北
　　京：北京大學出版社，2005），頁1220。

伯倫知理以及當時柏林大學教授波倫哈克的理論之後，「不禁冷水澆背，一旦盡失其所據」。[25] 他爲了強化自己「不憚以今日之我與昔日之我挑戰」的決心，而發出「吾涕滂沱，嗚呼，共和共和，吾愛汝也，然不如其愛祖國；吾愛汝也，然不如其愛自由。吾祖國吾自由其終不能由他途以回復也，則天也」之喟嘆。[26]

　　本文關切的焦點在於：短短數年之間，中國知識界的論述有哪些變化，促成梁任公對於盧梭共和論由接受轉爲拒斥？

（二）中江兆民漢譯本

　　除了翻譯《理學沿革史》來介紹西方政治社會思想，中江兆民更具影響力的貢獻是翻譯了盧梭《社會契約論》的部分章節成爲《民約論》。中江的法文水準很高，曾兩次翻譯《民約論》。在1874年左右，他以日文翻譯了《社會契約論》卷一以及卷二（一至六章），目前卷二部分的手抄稿尚存。在1880年代初期，他另外運用漢文翻譯了相同的內容（《社會契約論》卷一以及卷二，一至六章），並加上個人的解釋，在連載後，卷一刊成專書，成爲著名的《民約譯解》，於1882年11月出版單行本。1907年的《明治名著集》也加以收錄，另外1909年的《兆民文集》也收錄了卷一。[27]

25　梁啓超，〈政治學大家伯倫知理之學說〉，頁85。

26　梁啓超，〈政治學大家伯倫知理之學說〉，頁86。

27　本文採用版本爲中江兆民，《民約譯解》，收入井田進也編，《中江兆民全集》（東京：岩波書店，1983），第一冊，頁73-129。關於中江兆民的政治思想，請參閱狹間直樹，〈「東洋盧梭」中江兆民在近代東亞文明史上的地位〉，頁53-57；狹間直樹，〈對中國近代「民主」與「共和」觀念的考察〉，收入中國史學會編，《辛亥革命與二十世紀的中國》（下冊）（北京：中央文獻出版社，2002），頁1583-1598，特別是頁1592-1593；

　　由於中江採用文言體漢文翻譯這個版本，因此對於留日的中國學子產生了關鍵性影響。中文本的翻印（基本上會對中文文字略做潤飾）共有三次：[28]首先，1898年戊戌變法前夕，上海同文譯書局刻印了《民約譯解》的第一卷，以《民約通義》的書名刊行，但是刪除了中江的譯者敘以及盧梭的序言，直接由第一章開始刊行，並增加了一篇「東莞咽血嚨嗝子」之誌；[29]其次，1910年《民報》第26期（最後一期），以《民約論譯解》再度刊行了中江譯本的社會契約論第一卷；最後則在民國成立後，於1914年7月由民國社田桐再次重刊，書名改為《共和原理民約論：民約一名原政》。[30]

　　在翻譯史上特別值得注意的是，中江兩次翻譯都只譯到《社會契約論》卷二第六章，而當時所匯集刊行的版本都只有卷一，所以當時中國人所讀到的，都僅有卷一的漢譯。中江選擇只翻譯到卷二第六章應該有其深意。以《社會契約論》之整體結構而言，[31]中江傾其全力

<hr />

以及鄭匡民，《梁啓超啓蒙思想的東學背景》，頁135-169。

28　熊月之，《中國近代民主思想史》（上海：上海社會科學院出版社，2002），頁329-330、334。

29　筆者所見者為此版，但版權頁未見印刷者書局名及年代，書名則為「法儒盧騷著，民約通義，人鏡樓主人書」。至於前述「東莞咽血嚨嗝子」之誌，年代署戊戌春。以下引用採取本版之頁碼。但吳雅凌〈盧梭《社會契約論》的漢譯及其影響〉（頁87）對版本說明與通說有異：吳氏提出1898年戊戌變法前夕，上海同文譯書局刻印了《民約譯解》的第一卷。其次，1900年泰東書局以《民約通義》的書名再度刊行，但是刪除了中江的譯者敘以及盧梭的序言，直接由第一章開始刊行，但增加了一篇「東莞咽血嚨嗝子」之誌。也就是說吳氏將有「東莞咽血嚨嗝子」之誌版列為1900年泰東書局版，未知所本為何。

30　狹間直樹，〈中國人重刊《民約譯解》──再論中江兆民思想在中國的傳播〉，《中山大學學報論叢（哲學社會科學）》，25（廣州，1991），頁149-154。

31　關於《社會契約論》的論述結構，筆者則採取一種黑格爾辯證式的理

　　翻譯社會契約以及普遍意志運作成為法律的第一部份。從卷二第七章以後，盧梭轉進了偉大立法家以及民族風尚的討論、卷三人民建制政府以及對政府所實施的直接民主控制、乃至卷四所討論的羅馬政制以及公民宗教等議題，顯然不是中江關注的核心。換言之，中江以「民約」為核心，擷取了《社會契約論》的第一部分，獨立構成一個意義上的整體，揭示了他建構「民約」作為一種政治符號的意圖。

　　然而，由於中國的翻刻本並未包括第二卷的前六章，所以部分重要內容未能進入中文世界。其中包括兩個重點：第一，卷二第六章論「律例」（按指法律），談到「凡是實行法治的國家——無論它的行政形式如何——我就稱之為共和國」的命題時，[32] 中江拒斥「共和」一詞，而主張用「民自為治」方為恰當之翻譯，他指出：

> 法朗西言列彪弗利，即羅馬言列士，彪弗利，兩者之相合者。蓋列士言事也，務也，彪弗利言公也，列士彪弗利，即公務之義，猶言眾民之事。一轉成邦之義，又成政之義，中世紀以來更轉成民自為治之義。當今所刊行諸書，往往譯為共和，然共和字面，本與此語無交涉，故不從

　　解：第1書第1-5章為引論及既有理論之批判；第1卷第6章至第2卷第6章為「普遍性」政治原則的論述，討論社會契約與普遍意志；第2卷第7-12章為第一次「特殊性」論述，討論立法家及民族；第3卷為第二次「特殊性」論述，討論政府的特殊性及普遍意志控制之道，實際上亦可直接銜接第2卷第6章；第4卷則為第一次「特殊性」論述的落實，討論羅馬政制與公民宗教。以黑格爾辯證法的角度閱讀，即可知《社會契約論》有著由「普遍性」到「特殊性」，終至「具體」政治現實性的理論結構。請參閱蕭高彥，《西方共和主義思想史論》（臺北：聯經出版事業公司，2013），頁197。

32　筆者所稱的「共和原則」。請參見蕭高彥，《西方共和主義思想史論》，頁174。

也，前于婁騷之時，並至今代，苟言彪弗利，必指民自主
國不別置尊者，即如彌利堅北部，瑞西，及今之法朗西是
也，其餘或稱帝制之國，或稱王制之國，以別異之。[33]

這個長註強調「共和」並非republic的恰當譯法，而「民自爲治」
或「民自主國不別置尊者」（以現代用語來說，就是民主）才是正確
理解republic的漢文用法，其對立面則爲「帝制之國」（empire）或
「王制之國」（monarchy）。[34]其次，第二卷第六章中江的最後一個註解
也非常重要：他強調假如民約的結果是由人民來立法，那麼在第六章
後半已經浮現的「立法家」概念，將產生另外一個律例的「制作
者」。這個矛盾顯然是讀者在閱讀《社會契約論》時，都會面臨的理
論困難。所以中江指出「蓋制作者，受民託制爲律例受之民，民從著
爲邦典。是之，律例雖成制作者之手，而採用之與否，獨民之所任，
他人不得與」。基於此，只要反覆玩味，盧梭的文本並沒有矛盾之
處，「但以文意極糾纏，麁心讀之或不免爲有理不相容者，讀者請再
思焉」。[35]或許正是這個理論的糾纏，讓中江本人雖然能夠在通讀全書
之後有所理解（而他註解中的說明也的確符合盧梭的原意），但若往
下翻譯《社會契約論》，恐怕「民約」的意旨將隱晦不顯，的確不如
像中江所爲，兩次翻譯《民約論》時都僅翻譯到卷二第六章爲止，來
得意旨明確。

瞭解中江所設定的民約在於《社會契約論》的第一部分之後，我
們有必要進一步理解他獨特的詮釋觀點。卷一的一至五章是盧梭對於

33　中江兆民，《民約譯解》，頁126-127。
34　假如田桐在1914年重刊《民約譯解》時包括這個部分，恐怕就很難將標
　　題改爲《共和原理民約論》了。
35　中江兆民，《民約譯解》，頁129。

之前的政治正當性理論所提出的批評，包括家族與父權理論、亞里斯多德的自然不平等論、強者之權利、戰爭與奴隸等。在卷一第五章中，盧梭對於格老秀斯所提出的社會契約觀點（人民可以把自己奉送給一位國王），提出了關鍵的批評。盧梭強調，要能把自己奉送給國王之前，人民必須已經構成人民，所以必須「先考察一下人民是透過什麼行為而構成人民的」。在中江兆民的譯本中，此種人民構成人民的行為，被翻譯為「相約建邦」或「民之共約而建邦」。對於這個活動，中江解之為：

> 亙魯士言，國民立君，託之以專斷之權；盧騷則言，民相
> 共約建邦，當在立君之前，所謂民約也。民約一立，人人
> 堅守條規，立君之事，必不為也。[36]

在這個初次引入「民約」概念的文本中，我們清楚地看到：中江所強調的，不僅是人民共約建邦的優先性在立君之前；更重要的是，在民約成立之後，公民就不可能從事立君一事。這個強烈的主張，未必是盧梭的本意；因為對盧梭而言，在確立公民普遍意志的絕對性之後，在政府的層次是可以由君主獨治的方式來進行的。由於中江的翻譯沒有進行到第三卷，所以他並不需要面對這個理論議題。

卷一第六章是論述的理論核心，在其中盧梭交代了社會契約所應該處理的理論議題，並且提出了他自己所設定不能變更的社會契約條款。我們可以摘錄三個相關的文本，與當代的中譯本以及法文原文或忠實的英譯本加以對照，來理解中江如何用他的方式陳述其民約論。關於盧梭所指出的社會契約關鍵議題：「要尋找出一種結合的形式，

36　〈民約論〉正文，本文援引中文版的《民約通義》。本段請參見《民約通義》，頁12A。

使它能以全部共同的力量來衛護和保障每個結合者的人身和財富，並
且由於這一結合而使每一個與全體相聯合的個人又只不過是在服從自
己本人，並且仍然像以往一樣地自由」（見：《社會契約論》第一卷
第六章第四段）。[37]對於這個社會契約所要解決的根本問題，中江翻譯
爲：

> 眾相共言曰，吾等安得相倚成一黨，賴其全力以保生。
> 曰，吾等安得相共繫束羈縻成一團，而實絕無爲人所抑
> 制，各有自由權，於曩時無異。此乃國之所以成，國民之
> 所以成民也。[38]

至於社會契約的條文，在當代的譯本中所述「我們每個人都以其
自身及全部的力量共同置於公意（普遍意志）的最高指導之下，並且
我們在共同體中接納每一個成員作爲全體之不可分割的一部分」
（《社會契約論》第一書第六章第九段），[39]中江則簡要地翻譯成：

> 是故民約也者，提其要而言曰，人人自舉其身與其力，供
> 之於眾用，率之以眾意之所同然是也。[40]

在這兩個文本中，我們都看到，中江吸收盧梭的原文之後，相對
精確地翻譯成古漢語，但都加上了原文所無的「民約」以強調其重
點。

另外一個值得注意的文本，則是在論述社會契約的條款之後，盧
梭對於政治共同體的瞬間產生，有一段重要的解說；由於其中運用了
許多關鍵詞彙，特別應該仔細加以比較分析，藉以瞭解在東方人還沒

37　盧梭著，何兆武譯，《社會契約論》，頁 19。
38　《民約通義》，頁 12B。
39　盧梭著，何兆武譯，《社會契約論》，頁 20。
40　《民約通義》，頁 14A。

有民主經驗之前，如何理解西方政治思想的核心語彙。盧梭指出，上述社會契約的條文假如全體人民共同遵守，那麼：

> 只是一瞬間，這一結合行為就產生了一個道德與集體的共同體，以代替每個訂約者的個人；組成共同體的成員數目就等於大會中所有的聲音【中譯本為「票數」】，而共同體就以這同一行為獲得了它的統一性、它的公共的**大我**、它的生命和它的意志。這一由全體個人結合所形成的公共人格，以前稱為**城邦**，現在則稱為**共和國**或**政治體**；當它是被動時，它的成員就稱它為**國家**；當它是主動時，就稱它為**主權者**；而以之和它的同類相比較時，則稱它為**權力**〔中譯本為「政權」〕。至於結合者，他們就集體地稱為**人民**；個別地，作為主權權威的參與者，就叫做**公民**，作為國家法律的服從者就叫做**臣民**。但是這些名詞往往互相混淆，彼此通用；只要我們在以其完全的精確性使用它們時，知道加以區別就夠了。[41]

41　盧梭著，何兆武譯，《社會契約論》，頁 21-22。英文翻譯是："Instantly, in place of the private person of each contracting party, this act of association produces a moral and collective body, composed of as many members as there are voices in the assembly, which receives from this same act its unity, its common self, its life, and its will. This public person, formed by the union of all the others, formerly took the name of *City*, and now takes that of *Republic* or *body politic*, which its members call *State* when it is passive, *Sovereign* when active, *Power* when comparing it to similar bodies. As for associates, they collectively take the name of *people*; and individually are called *Citizens* as participants in the sovereign authority, and *Subjects* as subjects to the laws of the state. But these terms are often mixed up and mistakes for one another. It is enough to know how to distinguish them when they are used with complete precision." See Jean-Jacques Rousseau, *Social Contract, Discourse*

在《民約通義》中，則將本段翻譯如下：

> 民約已成，於是乎地變而爲邦，人變而爲民，民也者，眾
> 意之相結而成體者也。是體也，以議院爲心腹，以律例爲
> 氣血，斯以宜暢其意思者也。是體也，不自有形，而以眾
> 身爲形；不自有意，而以眾意爲意。是體也，昔人稱之曰
> **國**，今也稱之曰**官**，官者財理群職之謂也；自其與眾往復
> 而稱亦曰**官**，自其出令而稱曰**君**。他人稱之曰**邦**，合其眾
> 而稱之曰**民**。自其議律例而稱曰**士**，自其循法令而稱之曰
> **臣**。雖然此等稱謂，或有相通用，不分別循其本意，宜如
> 此云爾。[42]

這兩段譯文對照起來，可以看到中江如何用他個人的理解視域，來掌握盧梭清楚界定的政治哲學關鍵詞彙，特別是此盧梭本人加重強調的詞彙，我們可以畫表對照如下（由於中江沒有完全嚴格的直譯，所以部分詞彙加上問號）：

核心觀念對照表

原文	當代譯本	中江譯法
City	城邦	國？
Republic	共和國	未譯？（卷二解譯爲「自治之國」）

---

on the Virtue Most Necessary for a Hero, Political Fragments, and Geneva Manuscript, The Collective Writings of Rousseau, vol.4, ed. Roger D. Masters and Christopher Kelly (Hanover: University Press of New England, 1994), p.139，粗黑強調爲原文所有。

42　《民約通義》，頁14A，黑體強調是筆者所加。

Body Politic	政治體	體？
State	國家	（官）？
Sovereign	主權者	君
Power	權力（政權）	邦
People	人民	民
Citizen	公民	士
Subject	臣民	臣

　　在這個對照表中，後五個詞彙具有確定性，也清楚地顯示出，中江嘗試運用儒家傳統的政治觀念來讓盧梭的觀念可被理解。以「士」來翻譯citizen反映了一種「儒學式公共空間」的政治想像，即將逐漸在清末興起。[43] 不過，筆者認爲最重要的，是將sovereign翻譯爲「君」所反映出對民主與君權的特殊理解方式。

　　在《民約譯解》卷之一的序言中，中江將盧梭自己所說生於自由之國（free state）而得以參與主權（sovereignty）的說法，譯爲「余亦生而得爲**民主國**之民，以有與於**議政之權**」（中譯頁1A），而中江的第一個註則指出：

> 民主國者，謂民相共爲政（主）國，不別置尊也。**議政之權者，即第七章所謂君權也**。[44]

　　所以，在中江的政治觀中，他所指的民約，意味著民相共爲政主

43　金觀濤、劉青峰，《觀念史研究：中國現代重要政治術語的形成》（香港：中文大學出版社，2008），頁80-90。

44　《民約通義》，頁1B，黑體強調是筆者所加。日本版原文有「主」字，中文本刪除。

國，也就是民主國。而中江《民約譯解》最重要的譯筆，**便是將「主權」翻譯成「君權」、主權者譯為「君」**。唯有理解此譯筆，才能詮釋中江所譯第一卷的意圖。

　　狹間直樹指出，明治前半期，日文語彙和文體產生了極大的變化。以「主權」一詞而言，雖然發端於1864年丁韙良所譯《萬國公法》，[45]而且在日本，已經為1868年津田真道的《泰西國法論》頻繁使用，只是日本第一部正規國語辭典《言海》（1889）卻並未列入這個詞條。[46]狹間強調，當時日本人只有受到天皇或之前幕府將軍的統治經驗及概念架構，不易準確理解國民主權的內涵，所以中江兆民用心良苦地以儒家政治思想為依據，「靈活運用儒教概念的獨特人民主權說」，[47]產生一套可以為當時人所理解的約束君權之理論。[48]這樣的

45　在1864年刊行的《萬國公法》中已經確立主權的譯法以及確切意涵，在「論邦國自治自主之權」的第二章中又如下的界說：「治國之上權，……行於內，則依各國之法度，或寓於民，或歸於君；……主權行於外者，即本國自主，不聽命於他國也」，對外自主之國即有主權，主權者則依主權之歸屬，而有君主之國、民主之國的區別。參閱中國國際法學會編，《萬國公法》（臺中：中國國際法學會，1998），頁74；卷一，頁15B。
46　請參閱狹間直樹，〈「東洋盧梭」中江兆民在近代東亞文明史上的地位〉，頁60。
47　狹間直樹，〈「東洋盧梭」中江兆民在近代東亞文明史上的地位〉，頁62。
48　必須強調的是，在1886年所刊行中江兆民所譯的《理學沿革史》第四編第七章關於盧梭的討論中，便已經正式運用「主權」一詞，未曾與「君」或「君權」加以混淆。參閱，《中江兆民全集》第六冊，頁133-135。所以梁啓超據之以轉述的〈盧梭學案〉，便一致性地運用「主權」一詞。參見梁啓超，《飲冰室合集》，〈文集之六〉，頁102、104、108。表面上看來，中江兆民在早期翻譯《民約譯解》（日譯本約成書於1874年左右）以及《理學沿革史》（1886年）之間，「主權」一詞的使用在中江的思想中才確定下來。不過，因為漢文譯本在1880年代初期完成並在1882年底出版單行本，所以與《理學沿革史》之間的年代差距並不大。「君權」與「主權」兩詞並行，構成了思想史中獨特的現象。

譯筆，對於依據中江譯本來理解盧梭民約論的東方讀者，將產生關鍵性的影響。

中江雖然將「主權」翻譯成「君權」、主權者譯爲「君」，但他對文義的理解是準確無誤的，這可以通過分析《民約通義》第六章而得到證實。本章開端盧梭用非常抽象的概念架構處理人民與主權間之關係：由於公民的政體即爲主權者，所以人民與主權有一種特殊的「雙重關係」，一究其實，意味著人民的主動身份（公民）乃是主權的構成者，而人民的被動身份（臣民）又必須服從主權所制訂的法律。雙重關係中，都是人民自身之間的行動。中江把這個抽象的「雙重關係」轉化成一種君、民關係：「由前所述推知，民約之爲物可知已。曰是君與臣交盟所成也」，[49]但中江當然瞭解這其實是人民與人民間之關係，所以馬上繼續說明「所謂君者，以不過爲眾人相合者，**雖云君臣交盟實人人躬自盟也**。何以言之，曰眾人相倚爲一體，將議而發令，即君也」。而「人人皆一身而兩職，故其爲君所定，臣不可以不循之」，[50]之後再強調「公意之所在，君之所存也」。[51]

和現代譯本比起來，少了「主權」一詞的中介，中江譯本所表達出的意義是人民自爲君而主其國政。但「**人民自爲主權者**」和「**人民自爲君主**」兩者的意涵並不相同。按盧梭的原意，雖然社會契約構成共和的正當性原則，也就是普遍意志是法律唯一的根源，但在政府的層次，仍有可能採行君主制，由一人處理行政事務（社會契約論第三卷第六章）。[52]當中江用「君」替換「主權者」時，這個可能性就被移

49　《民約通義》，頁14B。
50　《民約通義》，頁14B。
51　《民約通義》，頁15B。
52　然而，盧梭顯然仍有暗諷君主制之處。在 SC III.6: 8 之中，盧梭強調君主

除了，也呼應中江之前在釋義中所提出的「民約一立，人人堅守條規，**立君之事，必不為也**」[53] 此一根本主張。所以，用「君」來翻譯「主權者」，意味著以民約取代君權，全體人民「躬自盟」成為君主。閔斗基也注意到中江以「君」來翻譯「主權者」，並主張這使得百日維新的康有為以及梁啓超在這段時間都未曾引用《民約通義》，雖然這個版本刊行於戊戌年「春」（依據「東莞咽血嚨𪘏子」署戊戌春）。[54]

　　綜合本節所述，中江兆民的譯本，雖然只翻譯到第二卷第六章，但是譯文相對準確，此外他已經嘗試用儒家的政治圖像來詮釋盧梭的民約論。而用「民約」作為最重要的政治符號，也應當歸功於中江；如此形成了在東亞特殊的盧梭意象。雖然在審視中江譯文後，可知他完全瞭解盧梭的原意，但用「君」來翻譯主權者，則顯示出將人民通過民約，直接構成君主的意圖。這雖使得《民約通義》在百日維新中

式政府遜於共和式政府，似乎故意遺忘「共和」並不是政府體制，而指涉所有具有正當性（普遍意志為主權者）的國家。邏輯上，君主式政府的國家，只要普遍意志仍為主權者，就符合共和的界定。另外，在 SC III.1: 5 之中，盧梭刻意將政府官員之整體稱為「君主」，放在《社會契約論》的整體脈絡來解讀，這意味者人民直接控制的重要性，也導引出《社會契約論》第三卷第十章以後的議題。

53　《民約通義》，頁 12A。

54　參閱 Tu-Ki Min, "Late Ching Reformists (1895-1898) and Rousseau: *Min-Ch'üan* versus Popular Sovereignty,"（閔斗基，〈清季變法派之民權論與盧梭之《民約論》〉，《清華學報》，17 卷 1、2 期合刊〔新竹，1985〕，頁 199-210。）閔斗基的推論是《民約通義》論述架構使得君與人民直接銜接，缺乏改革派所冀望仕紳階層以啓蒙者角色所能產生的關鍵影響（頁 204-207）。閔斗基另外主張標題頁的「人鏡樓主人」應該就是自號「人境盧主人」的黃遵憲。閔氏因此推論，黃遵憲促成《民約通義》的刊行，與之交情甚篤的梁啓超不可能不知此書。

未受到維新派的引用，不過，中江譯文的民權意涵，則或許是促成
《民報》在第26期重新刊行這個譯本的原因。

三、楊廷棟的《路索民約論》：立憲派的閱讀

楊廷棟（1879-1950），江蘇吳縣人士，清末積極參與立憲運動，
並曾被選爲江蘇省諮議局議員。[55]他所翻譯的《路索民約論》[56]是中文
世界第一個《社會契約論》的完整譯本，刊行於1902，據研究是從
日文本原田潛的《民約論覆義》（1883年）轉譯而成。事實上，在稍
早的《譯書彙編》第一、二、四等期之中，已經陸續刊行了《社會契
約論》的部分譯文，[57]對比《路索民約論》以及《譯書彙編》的譯
文，二者幾乎完全相同，可以顯示出都是楊廷棟手筆。楊氏在《路索
民約論》卷首「初刻民約論記」記述道：

> 民約之說，……日本明治初年，亦嘗譯行公世，第行之不
> 廣，迄今索其古本，亦僅焉而已。……歲庚子，嘗稍稍見
> 於《譯書彙編》中，既有改良之意，且謂疏浚民智，甯卑
> 之無甚高論，遂輟此書，不復續刻。[58]

但楊氏認爲民約論對中國當時的環境非常重要，所以勉力爲之，
完成全譯本，「從此茫茫大陸，民約東來」，至於其「論恉如何，則

---

55 參閱張朋園，《立憲派與辛亥革命》（臺北：中研院近代史研究所，
    2005），頁55-59，221。
56 楊廷棟，《路索民約論》（上海：作新社／開明書店，光緒二十八
    〔1902〕年十一月）。
57 目前可見者爲坂崎斌編，《譯書彙編》（臺北：臺灣學生書局，1966）。
    本冊包括《譯書彙編》第一、二、七、八期，其中一、二期所刊法國盧
    騷著《民約論》爲第一卷。
58 楊廷棟，〈初刻民約論記〉，《路索民約論》，序頁1。

天下萬事，自有不可沒之公論在也」。楊氏序言之中所說的「**公論**」，是理解其譯本的關鍵概念，因爲本文將指出，楊氏所呈現出來的盧梭民約論，其實是一種憲政主義（也就是符合當時立憲派思維）的譯本。

　　楊廷棟的譯本，閱讀起來明顯地是經過轉譯，而且運用文言文加以修飾之後的產品；經過這樣的轉譯過程後，盧梭《社會契約論》的原始意旨，受到了相當程度的遮蔽。[59]我們不妨將上節所引幾段社會契約論的關鍵文字，擷取楊譯本的翻譯如下。第一卷第六章關於社會契約的根本問題：

> 人人竭其能盡之力，合而爲一，以去阻我之物。夫亦以我一己之力，去我一己之害也。國也者，人人之國，即一己之國也。一己之力，不足以去人人之國之害，遂以人人之力，共去人人之國之害，其事半，其功倍，實天下之至便。且事半功倍之說，即爲成立國家之始基，而民約之本源也。[60]

　　關於社會契約的條款，楊譯如下：

> 是故民約之旨，在各人舉其身家權利，合而爲一，務取決

59　革命黨人田桐氏甚至曾說，光緒年間在上海所購得的譯本（應該便是楊譯《路索民約論》），閱讀起來無法索解其意，而唯有讀到中江的譯文之後，才豁然開朗，理解民約論的精義。狹間直樹亦指出楊譯本「譯筆粗糙，尚不及原田譯本」，參見氏著，〈「東洋盧梭」中江兆民在近代東亞文明史上的地位〉，頁67。另據狹間直樹，〈中國人重刊《民約譯解》〉，頁153，楊譯本的冗詞贅句似乎是源於其所本原田潛的「覆議」，也就是原田潛詮釋意見作爲眉批摻入文本，反而造成與原著之悖離。原田潛《民約論覆義》和楊譯《路索民約論》的比較仍有待識者之專業研究。

60　楊廷棟，《路索民約論》，卷1，頁8B。

於公理，以定治國之法。國一日不亡，家一日不滅，世界
一日不毀，則民約亦不可一日廢，譬猶官之於骸，不可須
臾離者也。[61]

吾人可見，楊廷棟將「**普遍意志**」翻譯成「**公理**」，這是一個具
有關鍵意義的理解方式，因為他完全排除了盧梭運用普遍意志一詞所
具有的「意志主義」（voluntarism）的面向，而用一種不會變易的公
理來理解普遍意志。[62] 至於盧梭在說明社會契約條款之後，對於共
和、道德共同體等詞彙所做的精確界定的段落（上節「核心觀念對照
表」），楊廷棟完全沒有翻譯出來。

楊譯本另外一個重要的譯筆，是和中江兆民相同，將第一卷第七
章的「主權者」翻譯成「君主」。不過中江的譯本明白指出人民「躬
自盟」後形成君主，而楊譯本之中，這個重要的理論線索被遮蔽了，
讀者只看到一個比較符合傳統政治意象，與人民相對的君之客觀存
在：

至民約則為通國人民，互相締結之約。夫既以國家為人民
之全體，則人民必為國家之一肢，而所結之契約，亦與己
與己約無殊也。故人民之於國家，固有不可不盡之責；而
人民之於君主，亦有不可不盡之責。請得而明辯之。凡為
人民，各有二者應盡之責。一為事之取決於國家全體者，
一為君主意見。已為國家全體所議決者，俱不得妄以己
見，以相排斥，而君主應盡之責，亦有一定不可變者，蓋
君主之意見，即取決於眾之意見也，君主也者，亦即國家

61　楊廷棟，《路索民約論》，卷1，頁9B。
62　參考金觀濤、劉青峰，《觀念史研究》有關於「公理」一詞的討論（頁
　　46-56）。

全體之一肢也。[63]

在這個關鍵文本中，我們僅能看出君主也是國家全體的一個部分，其意見應取決於眾人的意見；盧梭所強調的，由人民集體的公共意志所形構的單一主權者，在中江的譯本中仍能看出這樣的邏輯，但這在楊譯本中卻未能彰顯。所以，才會在楊譯本之後出現許多君主與人民兩者互相獨立，但君主應該要遵從民約的議論，如：「夫取決於眾，推立君主，是為民約之因；人民之於君主，有應盡之責，是為民約之果。若夫君主妄逞己意，而與民約之旨相背馳，則君民之義既絕，應盡之責，亦隨之而滅」。[64]這個論述，以中國的君民之義來看，沒有什麼疑義；但是就盧梭社會契約論之中所顯現的民主共和主義精神而言，則顯然是一種誤解：因為盧梭的社會契約和推立君主沒有任何的關係，而是人民自我構成一個具有主權者的政治共同體。

由於中江的譯本只翻譯到第二卷第六章，所以在意義系統上不至於產生矛盾。相對地，由於楊廷棟的譯文是足本的《民約論》，所以可以讓讀者清楚地觀察到「君主」和「主權者」之間意義的跳躍。在中江的譯文中，第二卷前幾章（請注意這是中文本《民約通義》所沒有收錄的篇章），他翻成「君權不可以假人」（第一章標題）「君權不可以分人」（第二章標題）以及「君權之限極」（第四章標題）。在一致地運用「君主」來取代「主權者」一詞的同時，中江也不得不在他的【解】之中提出說明，如第二卷第五章最後，中江特別指出「茲君主，亦謂議院，勿與尋常用語混視」。[65]而楊譯本第二卷各章標題依序如下：「論主權上」、「論主權下」、「論輿論不為外物所惑」、「君主

63　楊廷棟，《路索民約論》，卷1，頁10A。

64　楊廷棟，《路索民約論》，卷1，頁10B。

65　中江兆民，《民約譯解》，頁122。

之權限」。從這四章的標題我們可以看到，楊廷棟的譯文在主權以及君主之間，不得不有所跳躍；而盧梭討論「普遍意志不會犯錯」的論旨，在楊譯本中所呈顯出的是「輿論不為外物所惑」。

　　楊廷棟的譯文雖非嚴格的翻譯，但吾人也絕不能因此就將楊譯本貶抑成為乏善可陳的錯誤譯本。誠如史金納所言，歷史的文本或言說，除了內在理路之外，更需細究在當時時代脈絡之下，文本的撰述者或言說的發語者具有何種意圖，甚至是文本的表現性（the performativity of texts）。[66] 而關於楊廷棟譯本的「表現性」議題，吾人是否能從文本的軌跡之中，探尋出楊氏譯本背後所蘊含的政治圖像，以及它在光緒末年的時代脈絡中所隱含的意圖？筆者認為，這是一個可以解決的議題；不僅如此，楊譯本的文本內容，正好可以讓讀者觀察當時的立憲派如何閱讀盧梭的《社會契約論》。

　　本文已經說明，楊廷棟仍然用「君主」來翻譯「主權者」，但是在進入到第二卷以及第三卷之後，這個譯法便不再可能毫無矛盾地沿用下去，所以在第二卷之後，「主權者」以及「君主」的觀念產生了跳躍的情況，其中以第二卷第四章最為重要。楊氏在其中又由前三章的「主權」跳回「君主」。以下引文，可以看出楊廷棟理解《民約論》的關鍵：

　　　一國之中，因締結民約而所得無限之大權……而國中無限
　　　之大權，即為一國輿論所統轄，故由集合眾人之生命財
　　　產，而結為團體，因國民之趨向，而定為**輿論**，夫而後國
　　　家成立。……雖然，國家也者，無形之人；無形之人，不
　　　能為有形之事，乃選立一人，俾長國事，字曰君主。君主

66　Quentin Skinner, "Truth and the Historian," p.187.

也者，即代執眾人之權利，而爲之統轄之也。……

君主雖與國民相連合，而代爲統轄國民之權利。至個人所
有天然之自由，則不可委之於君主。自由者，天賦之權利
也。其君民共有之權利，及君民共盡之義務，俱不得與天
賦之權利，同類而共視者。雖爲君主，而其一身所有之權
利，應盡之義務，與國民一人所有之權利，應盡之義務，
無絲毫歧異者也。故曰君民之於家國，不可不享平等之權
利，亦不可不盡平等之義務，此萬古不易之通例也。[67]

從這個文本，我們可以看到，楊廷棟一方面用「輿論」取代了
「公理」作爲「普遍意志」的譯文，另一方面則在譯文中表示，國家
之中，需要選立一人以掌國家之事，成爲君主。這兩個面向，代表了
楊氏理解盧梭民約論的具體意涵。

「輿論」（opinion）一詞，雖然盧梭也有加以運用，[68]但是不若楊
廷棟譯本般扮演了關鍵角色。楊氏將公理和輿論加以連結，進而主張
只有全國人民的**輿論**，或者是「創立制度之時，必取決於眾議」[69]的
眾議，方構成立國基礎。[70]至於輿論，他在譯文中插入卷二第三章的

---

67 楊廷棟，《路索民約論》，卷1，頁4B-5A，黑體強調爲筆者所加。
68 如《社會契約論》第1卷第十二章、第4卷第七章。基本上輿論是國民風
 尚的一部份，屬於支撐普遍意志的公民文化元素。
69 楊廷棟，《路索民約論》，卷1，頁7B。
70 關於中國傳統「清議」的觀念，在清末立憲派將之轉化爲「輿論」概念
 的思想史進程，請參閱 Joan Judge, "Public Opinion and the New Politics
 Constellation in Late Qing, 1904-1911," *Modern China*, 20:1 (Jan. 1994), pp.
 64-91。Judge強調傳統清議的抽象性格，在清末的輿論之中轉化爲具體
 政治力量鬥爭的樣態（頁77），從而開創了公共輿論作爲歷史發展的推
 動器以及成爲一種新的政治裁判庭（political tribunal）的全新政治正當
 性的觀點。值得注意的是，Judge認爲立憲派在公共輿論作爲不可抵抗的

譯文有謂「所立之說，必全國中意見相同者多，而後謂之不背輿論」。[71]楊氏並進一步將輿論（其實就是普遍意志）在卷二第六章中，和法律關連起來，他指出，「蓋二人之說，終必決以輿論，輿論之所在，即公理之所在。故曰法律者，一國之定法也」。[72]所以盧梭所強調的，普遍意志之行使，即構成一般性法律的概念，以楊氏譯本的表達方式而言，則為「立法之權，為一國之人所公有。所定之法，決於輿論。則謂為國人無不應有立法之權可也」。[73]

假如全國人民的輿論即為公理之所在，而且輿論及公理決定了法律，那麼接下來的問題在於：**構成公理的輿論應該如何形成**？這個並非盧梭《社會契約論》核心議題的論點，卻與中國傳統的「清議」緊密相關。楊氏指出，「粵古以來，我國清議頗盛；雖非盡不可觀，然終不足恃為緩急可依之說」。[74]這等於將他自己對於清議的看法，放進譯文之中。如此，若中國傳統的清議尚不足恃，盧梭的《民約論》恰恰在這個議題上提供了現代政治的版本。關鍵在於，楊廷棟把社會契約論第三卷，盧梭通過人民大會（assembly）來控制政府的激進民主理念，理解為通過輿論來決定國家法律的主張。楊氏將「人民大會」翻譯成**「集言之制」**，並且在卷三第十二至十四章，盧梭討論「維持

社會力量以及作為君主與人民間調和的力量的兩種不同取向，其實有著深層的矛盾。如同法國大革命前的溫和派一般，這樣的公共輿論並不能真正發展出「公共的普遍意志必須成為政府」的政治議程（頁85）。這個觀察，在本文的脈絡中，可以作為楊廷棟翻譯《路索民約論》時，其所身處的脈絡所可能具有的政治意識之參照。

71　楊廷棟，《路索民約論》，卷2，頁4A。
72　楊廷棟，《路索民約論》，卷2，頁9B。
73　楊廷棟，《路索民約論》，卷2，頁9B。
74　楊廷棟，《路索民約論》，卷3，頁12A。

主權之法」的相關篇章中，提出此種集言之制的要旨：

> 人世不測之事，隨時而生，不得不隨時集言以助之。蓋集
> 言之制，不特以之制定**國憲**而已。凡置政府於永久不朽之
> 地，及選任執政，均非集言不足以藏其功。當集言之先，
> 必使國民熟知集言之制。[75]

楊廷棟將人民大會理解為集言之制，而且可以制定「國憲」，這在《社會契約論》中沒有相應的文本；但吾人詮釋楊譯《路索民約論》的重點，乃是他將「普遍意志」理解為「公理」之後，如何將輿論以及公理相連結，並通過另外一種理解盧梭人民大會的方式成為「集言之制」，而成就了一種特殊的憲政主義的思考方式。也就是說，盧梭「民約」在此脈絡中轉化成為一種**憲政主義論述**。

至於楊廷棟政治想像的另外一個面向，也就是「君主」的治理，則如前所述，在中江兆民所強調的人民躬自盟而為君主（主權者）的理據遮蔽之後，呈現出一種符合於前述公理、輿論以及「集言之制」的立憲政體，並且由君主來統治而完成公共利益的面貌。所以，楊廷棟所提出的具體政治主張，乃是在以民約為基礎的國家中，由君主施行治理。此等國家，「如君主人民，相合而為國，則君主之所利，即人民之所利也。人民之所利，亦君主之所利也。君主人民之間，斷無利界之可分」，[76] 也是楊廷棟譯文所說「取決於眾，推立君主，是為民約之因；人民之於君主，有應盡之責，是為民約之果。若夫君主妄逞己意，而與民約之旨相背馳，則君民之義既絕，應盡之責，亦隨之而滅」。[77] 這個邏輯一貫的推論，雖不是盧梭的原意，但是卻提出了一個

75　楊廷棟，《路索民約論》，卷3，頁8A，黑體強調為筆者所加。
76　楊廷棟，《路索民約論》，卷1，頁10B。
77　楊廷棟，《路索民約論》，卷1，頁10B。

以民約來約束君主而完成的良善治理，此外，當君主違背民約的旨意，便導致君民之義斷絕的說法，完全扣合了中國傳統政治的觀念取向。

進一步而言，楊廷棟《路索民約論》所顯現的政治體制觀念，一究其實，可能並未脫離當時士大夫階層所熟知的「**君民共主**」觀念[78]。盧梭民約觀念被理解爲：在國家創制的時刻，通過眾議和輿論所形成的公理，能夠發而爲一國之國憲，使得後來產生的君主，必須依據國憲而加以治理，違背者便不再具有統治正當性。假如此種對於《路索民約論》的體制概念詮釋無誤，則楊廷棟在翻譯盧梭契約論時，其概念取向其實已經不自覺地邁向源自西方中古後期傳統，而集大成於洛克（John Locke, 1632-1704）的人民授權派（populist）社會契約概念：人民通過民約將政治權力託付到君主統治者的手中，但是透過自己設置的國憲加以制約，而君主在遵守的同時，也實現了君民相合的共同利益。[79]

四、劉師培《中國民約精義》：革命的轉化

楊廷棟在其譯本卷首的〈初刻民約論記〉提到，在其全譯本完成之後，「從此茫茫大陸，民約東來，吾想讀其書而樂者有之，懼者有

78　參閱潘光哲，〈晚清中國士人與西方政體類型知識「概念工程」的創造與轉化：以蔣敦復與王韜爲中心〉，《新史學》，22:3（臺北，2011），頁113-159；潘光哲，〈美國傳教士與西方政體類型知識「概念工程」在晚清中國的發展（1861-1896）〉，《東亞觀念史集刊》，1（臺北，2011），頁179-230。

79　參閱 Quentin Skinner, "A Genealogy of the State," *Proceedings of British Academy*, vol. 162 (2009), pp. 325-370.

之，笑者有之，痛哭者有之，歡欣歌舞者又有之，醜詆痛罵者又有
之」。的確，楊譯本發揮了廣泛的影響，至於其當代的讀者如何閱讀
此書，則可以在劉師培（與林獬合著），在兩年後所刊行的《中國民
約精義》得到最好的印證。這本書是劉師培閱讀《路索民約論》之
後，編輯中國古聖先賢關於君民之間關係的重要篇章，從上古的五
經、諸子百家、中古的相關論述，一直到近世的思想家，並且對每一
位思想家關於君臣論述，劉氏皆提出基於民約論的評論。他的目的，
是在於證明中國自上古以來已經存有民約之想法。對於他撰述的動
機，劉氏在〈序〉之中說明如下：

> 吾國學子，知有民約二字者三年耳。大率據楊氏廷棟所譯
> 合本盧騷民約論以為言。顧盧氏民約論，於前世紀歐洲政
> 界為有力之著作；吾國得此，乃僅僅於學界增一新名詞，
> 他者無有。而竺舊頑老且以邪說目之，若以為吾國聖賢從
> 未有倡斯義者。暑天多暇，因蒐國籍，得前聖曩哲言民約
> 者若干篇，加後案，證以盧說，考其得失。[80]

　　由於劉師培的目的，是選取古聖先賢接近民約的說法加以評論，
向守舊者反證中國向來即有民約精神。要恰當地詮釋這種形態的著
作，顯然需要對原典（包括文本的意旨以及劉師培的選擇）、劉氏的
案語，以及他對盧梭民約論的運用等幾個方面加以考察，方有可能得
到較為完備的解釋觀點。限於本文的性質以及篇幅，本節將集中考察
第三個議題，也就是劉師培如何依據他的理解來運用盧梭民約論，以
及在他的案語之中，結合民約論以及中國古聖先賢論述所產生的「中

80　劉師培，〈序〉，《中國民約精義》（寧武南氏校印，1936），頁1A，收錄
　　於錢玄同編次、鄭裕孚編校，《劉申叔先生遺書》（臺北：華世出版社，
　　1975），頁675。

國民約」之精義。

　　在閱讀這本早期的「比較政治思想史」時，若與前述中江兆民以及劉師培所依據的楊氏譯本對照，首先可以發覺兩個譯本皆如本文前兩節所述，採取特殊譯法將「主權者」譯為「君主」，而這對於劉師培的詮釋產生了關鍵影響。從劉師培的引述當中，吾人可以看出，他是用一般君主的觀念，來理解楊廷棟譯本中所譯的「君主」。也正因為如此，使得楊譯本的《路索民約論》，可以和中國傳統中君主與臣民之間的關係，直接關連起來，這正是理解《中國民約精義》最重要的關鍵。

　　劉師培雖然嘗試向守舊派說明「民約」早為中國先聖有所論述，但從他所蒐集的論述，以及他提出的案語來看，主要內容是希望以民主的方式來理解君民關係；但真正能夠說明中國古代已經有「民約」（契約）觀念的文本，非常罕見。劉氏的論旨，似乎是中國在上古時期，曾經有過人民基於民約的正當性進行自我治理，但是從三代以後，乃至春秋戰國，這種民約的精神便逐漸被君主篡奪，轉變成為君權專制。在針對《尚書》的案語中，劉師培指出一種中國基源的政治形態：「上古之時，一國之政，悉操於民。故民為邦本之言，在於禹訓」。然而，這種不甚確定的原始自我統治形態，很快地便為君民間的區分加以取代：「夏殷以來，一國之權，為君民所分有，故君民之間有直接之關係」。[81]君民所分有的國權，便成為劉師培思考的根本。換言之，他除了前述「一國之政悉操於民」的說法之外，並沒有提出任何關於此操於民之政治的構成基礎（無論是否為某種民約或契約）。相對地，他關注的焦點，集中在君主的成立，必須有人民同意

81　劉師培，《中國民約精義》，卷1，頁2B（677）。

的基礎；所以，在春秋《穀梁傳》的案語中，列舉《民約論》卷一第五章關於人民相聚公舉帝王的議題，以及卷三第十六章盧梭所云「上古初民，紛擾不可終日寧，乃相約公戴一人以掌之，後遂有君主之名」，[82]之後並強調：

> 是上古立君，必出於多數人民之意。穀梁以稱魏人立晉爲得眾之辭；得眾者，集眾意，僉同之謂也。**此民約遺意，僅見於周代者**。觀于左氏公羊二傳，皆與穀梁同，則穀梁傳能得春秋之意可知矣。[83]

從這個引文中吾人清楚地看到，劉師培民約的觀念，是立君必須基於多數人民的同意。這個民約概念，當然和盧梭的社會契約論有所不同，但卻是理解《中國民約精義》不可或缺的起始點。[84]

依據劉師培的分析，從民約初立的上古之時，夏殷以來便即是君民分有國權，他用「**君民共主**」作爲這個時期的政治體制。[85]到了周代以後，「民權益弱，欲申民權不得不取以天統君之說，所謂天視自我民視，天聽自我民聽者也」。[86]劉氏認爲從《尚書》中，已經可以看到「君權專制」的進化歷程，最後，則人民稱朝廷爲國家，主客易位，從「君民共主」之世，一變而爲「君權專制」之世。[87]

82　劉師培，《中國民約精義》，卷1，頁5B（679）。

83　劉師培，《中國民約精義》，卷1，頁5B-6A（679-680），黑體強調是筆者所加。

84　所以，在《鶡冠子》的案語中，劉氏指出「民約初立之時，君爲國家之客體，故立君必以得賢爲主；後世以降，均爲世襲，故用人必以得賢爲主。」見劉師培，《中國民約精義》，卷1，頁23B（688）。

85　劉師培，《中國民約精義》，卷1，頁2B（677）。

86　劉師培，《中國民約精義》，卷1，頁3A（678）。

87　劉師培，《中國民約精義》，卷1，頁3A（678）。

　　在對《尚書》的案語中，吾人看到劉師培結合中西觀念的憲政思考模式。他採取了黃宗羲在《明夷待訪錄》〈原君篇〉所述，「古者以天下爲主，君爲客。凡君之所畢世而經營者，謂天下也。今也以君爲主，天下爲客，凡天下之無地而得安寧者，謂君也」。[88]基於黃宗羲這個「天下爲主，君爲客」的基源政治觀，劉師培用「民」來取代「天下」，而成立了他所認爲《尚書》之中的君民共主制，此構成理據乃是「以民爲國家之主體，以君爲國家之客體；蓋國家之建立，由國民凝結而成」。[89]劉師培不只以民來替代天下，更用「主體、客體」取代「主、客」，完成了一個符合現代法政學說的表述方式。換言之，劉師培主張中國先聖自古已有民約，目的在於批判君權專制，從而恢復上古以民爲國家主體的政治體制，也因此這個政治表述在《中國民約精義》中反覆出現。

　　依據劉師培的理解，中國三代時之政治體制乃是「君民共主」，這個政治體制最重要的特質，如《尚書》所載，乃是「以民爲國家之主體，以君爲國家之客體」。而同樣屬於上古三代的《周易》，所闡釋之主旨，乃是「君民一體」。然而，在對《周易》的案語，也就是全書的第一則案語之中，劉氏提出了非常重要的政治原則。他指出，所謂君民一體，乃是民約成立以後的情況，並非民約沒有成立以前的狀況。基於這個盧梭社會契約所做的區分，劉師培指出人民的兩種不同身份：

> 人民之對政府有處常時之利權，有處變時之政策。所謂處常時之利權者，則通上下之情也。……所謂處變時之政策

88　劉師培，《中國民約精義》，卷3，頁6B-7A（703-704）。
89　劉師培，《中國民約精義》，卷1，頁2B（677）。

者，即操革命之權勢也。[90]

在這個引文中，劉氏運用《民約論》卷一第六、七兩章之相關文本來加以詮釋：通上下之情，代表楊譯民約論中所謂「君主之意見即取決於眾人之意見」；而操革命之權，則是民約論所述「君主背民約之旨，則君民之義以絕，又謂人君之阻力，人民當合群以去之」。從這個案語中，我們清楚地看到，劉師培雖然讀的是楊廷棟的版本，但是他的敏銳知覺，並未完全被楊廷棟譯文所限制（特別是在君主立憲制的議題上）。所以能開宗明義地便以民約成立前後為分野，區別人民的兩種利權或政策；其中重要的，當然是處變時，人民操有革命的權利。這個主張，並不容易從楊廷棟的譯本中讀出；亦非盧梭本意；[91] 然而，劉師培用人民有革命的權利來總括西方民約論的論旨，此一分析觀點距離西方社會契約論傳統興起之因，相去不遠。

至於《中國民約精義》的主要論旨，係鋪陳《周易》以及《尚書》的兩個基本論述，在中國三代以下的變化，以及後繼思想家所提出的不同見解。我們以下集中在劉師培對孟子、荀子以及黃宗羲（1610-1695）等三位思想家所做的案語；至於楊廷棟譯文對劉氏所產生的限制，吾人將以劉氏對許行的評論加以佐證。

在對以民本思想著稱的《孟子》案語中，劉師培分析了君主、政府以及人民三個概念範疇，他指出：

> 案孟子一書，於君主、政府、人民三級，晰之最精。政府
> 者，乃國家執政大臣，介於君民之間，而為君民交接之樞

90　劉師培，《中國民約精義》，卷1，頁1B（677）。
91　盧梭的原意，是人民要用激進民主的方式來控制政府，所以是一個劉氏所述「處變時」的常態化。楊廷棟的譯文在這點上限制了劉師培的政治想像。

紐者也。民約論云，人民雖有統治之權，然不能舉通國之
人民統治之，於是乎有政府；政府之中不可無人以長之，
於是乎有君主。是則政府者，受人民之直接監督者也，君
主者，受人民之間接監督者也。故孟子立法厥有二說，一
與人民以選舉政府之權，一與政府以改易君主之權。其與
人民以選舉之權者，則以用舍之權與國人是也。……其與
政府以改易之權者，則與貴戚之卿易君位是也。[92]

劉師培對於孟子的討論特別值得注意，因為他詳細地分析了君
主、政府以及人民三級之間的關係；人民直接監督的對象是政府，而
他用國家執政大臣加以理解；至於所謂人民的間接監督君主，則是通
過中間一級的政府進行，可見在劉師培的心目中，當孟子之時，仍可
能通過貴戚之卿來改易政府。但此種傾覆政府之權，實際上還是屬於
人民。所以劉師培在接下來對於《荀子》的案語中，提出了進一步的
分析，指出中國式民約可建立出兩種政治權利：

君主之權利，非君主一人之固有，乃受之一國人民者也。
與之由人民，收之亦由人民。故放桀紂不必湯武而後可
也，凡一國人民悉有伐桀討紂之柄，不過一人權力微弱而
假手於湯武之耳耳。蓋人君既奪人民之權利，復挾其權力
以臨民，則爲人民者，亦當挾權力以與君主抗，以復其固
有之權。[93]

劉師培所提出的中國民約概念，通過「民爲國家之主體，君爲國
家之客體」、「處變之時，人民操革命之權」、以及「民約成立之後，

92　劉師培，《中國民約精義》，卷1，頁12A-13A（682-683）。
93　劉師培，《中國民約精義》，卷1，頁14B（683）。請注意此文本中「權
　　利」與「權力」的用法，已經非常精確。

處常時之利權，爲通上下之情」等政治原則，嘗試向守舊派說明，民
約主張早已隱含在中國古聖先賢的義理之中。他的目的，自然不在於
對盧梭的民約論提出完整的介紹，或實際運用到中國的國情。然而，
他通過民約論所建構出來的政治圖像，明顯地與楊廷棟《路索民約
論》有同有異。所同者在於，兩位都將盧梭在前兩書中指涉主權者一
詞的「君主」，當作是實際上指涉君主制，並加以引伸；所異者則在
於，楊廷棟的君主觀念，是通過對於第三卷政府論中所謂的「集言之
制」，來形構一個立憲君主制的構想。而劉師培則強調處常時之利權
在通上下之情，也就是君主的意見要取決於眾人的意見之外，處變之
時人民更有操革命之權。這個重點，在全書第一個案語之中便有清楚
表達，也讓革命的語調強烈貫穿了全書論旨。即使劉氏並未忽略集言
之制，[94]但他強調的重點仍在於通上下之情乃是民約成立以後的一種
政治權術；關鍵的主張，更在於國家危急時刻人民的「**特別會議**」：

> 泰西各國之憲法，君主於事關緊要時，可發勅令代替法
> 律。而中國古代當國家危險時，尤必行使民集之制，即
> 西人所謂特別會議也。故觀周禮一書，而知古代民權之
> 中，幾等於歐西各國，詎不善哉！[95]

雖然劉師培的目的是通過《民約論》來完成實際的政治論述建構
工作，但仍然需要注意他接受楊廷棟譯本在君主概念方面誤譯後所產
生的結果。他在評論許行「賢者與民並耕而食」的平等主義時，在案
語中接受孟子的觀點，並進一步依據他所認定的盧梭，強調有三點和
民約論的意旨不符：第一，「不知分功之意」，也就是不知道社會分

工的必要性，並且引用了亞當斯密的《原富》加以證成；第二，「欲去君主之有司」，並「創爲君民同等之說」；第三，「舉國人民皆平等也」。[96] 在這三個批評中，後二者特別值得注意。關於第二點，欲去君主之有司，在《社會契約論》的概念架構中，的確有此激進民主精神。反而是劉師培的主張，認爲平等主義「力矯君主之失」，在野蠻專制的時代也許可以發揮作用，但在國家成立之後就違背了立國的基本道理，有失盧梭原意。在這個文本中，劉師培所引民約論卷三第十四章的觀念，並無法證成他對許行的批判。更重要的是，在第三個批判中，劉師培認爲民約論所謂的平等之權，並非富貴威望相同，所以：

> 本此說以觀當今之政治，則專制政體雖漸屛絕於地球，然立憲政體之國，共和政之邦，於統治者及被治者之間，無不區分執事統治者，操一國之主權者也，被治者盡服從之義務者也。謂人人亦主治者，亦被治者；則可謂主治者即被治，被治者即主治，夫豈可哉！故雖民主之邦，亦不能倡無主權之論。[97]

從這個引文可看出劉師培並未掌握到社會契約論的意旨，恰恰在於他所批判爲「夫豈可哉」的「人人亦主治者，亦被治者」或「主治者即被治，被治者即主治」，也就是主治者和被治者的同一性，因爲這在楊廷棟的譯文中大概無法被清晰理解。但劉師培以楊譯爲本，順著君主制的脈絡，卻也創造出一套足以影響時代的「君主、人民相合爲國」（呂留良〔1629-1683〕案語）[98] 的民約論述。

96　劉師培，《中國民約精義》，卷1，頁24A-B（688）。
97　劉師培，《中國民約精義》，卷1，頁24B-25A（688-689）。
98　劉師培，《中國民約精義》，卷3，頁16B（696）。

　　另外一個值得注意的思想史線索是，劉師培在閱讀楊廷棟全譯本時，並未特別強調「立法者」的重要性。全書僅在論語、管子以及唐甄三處案語提及，[99] 都沒有將這個觀念和中國古代聖王觀念加以類比。所以 Schwartz 對於盧梭思想張力的關切，在中國實際思想脈絡中似乎並沒有發生。

五、革命黨如何理解盧梭──以馬君武為例

　　《民約論》對於革命思想的影響，是一個眾人皆知的故事，不過往往是通過一種通俗的論述而產生廣泛的迴響。陳天華（1875-1905）在《猛回頭》一書中，是這麼描述盧梭思想：

> 當明朝年間，法國出了一個大儒，名號盧騷，是天生下來救渡普世界的人民的，自幼就有扶弱抑強的志氣，及長，著了一書，叫做《民約論》，說道這國家是由人民集合而成，恭請一個人作國王，替人民辦事，這人民就是一國的主人，這國王就是人民的公奴隸。國王若有負人民的委任，則人民可任意調換。[100]

　　在這個相對正確也相對簡化的盧梭思想圖像之後，陳天華描述了法國人民不再甘於作奴隸，起而革命，終於得以建設共和政府，並將立法權柄歸到眾議院，由民間公舉的情形。為了追想盧梭的功勞，巴

99　劉師培，《中國民約精義》，卷1，頁10B（681），21B（兩次，687），卷3，頁13B（697）。

100　邬志選注，《猛回頭─陳天華 鄒容集》（瀋陽：遼寧人民出版社，1994），頁30。值得注意的是，陳氏將普魯士腓特烈大帝（Frederick II the Great）自述為國家的「第一公僕」（first servant of the state）的說法，改寫為「國王就是人民的**公奴隸**」。

黎就鑄了一個盧梭銅像以供萬民瞻仰。

　　鄒容（1885-1905）所著之《革命軍》，則是另一提倡盧梭革命理論著名經典。鄒容認為西方現代文明的政體與革命乃淵源於某些關鍵經典文本：

> 吾幸夫吾同胞之得盧梭民約論，孟得斯鳩萬法精義，彌勒約翰自由之理，法國革命史，美國獨立檄文等書，譯而讀之也……夫盧梭諸大哲之微言大義，為起死回生之靈藥，返魄還魂之寶方。金丹換骨，刀圭奏效，法美文明之胚胎，皆基於是。我祖國今日病矣死矣，豈不欲食靈藥，投寶方而生乎？若其欲之，則吾請執盧梭諸大哲之寶旛，以招展於我神州土。[101]

　　鄒容的思想的確可以看到盧梭共和主義的影響，包括一國之國民，必須參與國家的政治機關（頁6）；與國民相約，「人人當知平等自由之大義，有生之初，吾人不自由，即吾人不平等，初無所謂君也，所謂臣也」，而像堯舜與稷等，因為能對同胞盡義務、開利益，「故吾同胞視之為代表，尊之為君實，不過一團體之頭領爾。而平等自由也自若」（頁29）；以及在第六章「革命獨立之大義」，所闡釋的廿五條基本大義之中，十四至十九條的相關論述裡，[102] 都可以看出盧梭天賦人權以及共和思想在實際革命運動中所產生的廣泛影響。

　　然而，要從文本和詞彙的層次來理解《民約論》實際上被革命黨人所理解的實況，則必須回到《民報》的相關討論。1905年夏，革命黨人組織同盟會，同年11月開始發行《民報》，成為革命黨的官方

101　鄒容，《革命軍》（臺北：中央文物供應社，1954），頁4。
102　鄒容，《革命軍》，頁45-46。

刊物，並與梁啓超同時期主編的《新民叢報》就共和與開明專制、革命與保皇等議題，展開了激烈的論戰。在《民報》第一期卷首，於扉頁與孫文所撰〈發刊辭〉之間有三頁圖像，第一幅爲「世界第一之民族主義大偉人黃帝」、第二頁並列兩幅圖像，其一爲「世界第一之民權主義大家盧梭」，其二爲「世界第一之共和國建設者華盛頓」、第三頁則爲「世界第一之平等博愛主義大家墨翟」。這三頁圖像，具體表現了孫文在發刊辭中所接櫫的民族、民權以及民生三大主義的代表性思想家，而與本文相關的，當然是被標舉爲民權主義大家的盧梭。

　　《民報》引用「民約」一詞，共計六次，[103] 去除比較不相關的旁引，實質的引用包括第二號馬君武對於《民約論》的介紹、第三號與六號汪精衛（1883-1944）所引、第七號陳天華的〈獅子吼〉將盧梭《民約論》與黃宗羲《明夷待訪錄》相提並論、第十三號「寄生」的〈法國革命史論〉駁斥康有爲（明夷）對法國大革命的批評，以及在二十六號中重印中江的漢文譯本。

　　其中第六號汪精衛的引述係本文第二節所論，梁啓超在與共和「長別」之後，在於 1906 年初，發表〈開明專制論〉，並且在與《民報》所從事關於種族革命與政治革命的得失分析論戰中，提出「共和立憲」的根本精神不可不採盧梭之「國民總意說」，而其統治形式則不可不採孟德斯鳩之「三權分立論」，但兩者皆不可能成立。任公對盧梭之「國民總意說」的批判，係擴大伯倫知理對盧梭的第三點批評：在民約之下，要成爲全國民意，必須「全數畫諾」，否則不能成爲全體的意見，這在事實上不可能。梁氏據此主張，盧梭的「國民總

103　小野川秀美編，《民報索引》（京都：京都大學人文科學研究所，1972），上冊，頁132。

意說」係一邏輯學上的「全稱命題」，然而在現實世界不可能每個人都同意，所以無法成立。[104]這並非盧梭學理的探討，而是將之運用到政治革命的大論戰，且討論架構是由梁啓超所設定，本文將不予討論。[105]

在《民報》各期當中，系統性處理了盧梭的民權思想的，包括兩篇文章：第二號「君武」（馬君武，1881-1940）所撰寫的〈帝民說〉，[106]以及第二十六號的附錄，重新刊載了中江篤介（兆民）譯解的〈民約論譯解〉，前者反映出稍晚於楊廷棟以及劉師培，在「革命機關報」中所鋪陳的盧梭政治觀念；後者則已經是辛亥革命前一年，再重新刊登一次中江譯本的《盧梭民約論》第一卷。

在〈帝民說〉之中，馬君武自豪地宣稱「今之真知盧騷，輸入其真理於方醒之中國者，乃自予始也」。當然，當時已經刊行過中江以及楊廷棟譯本，這種說法，似乎顯得不符實情。不過，馬氏評論當時譯本：「皆見所著民約論，今中國譯本，無一語能道其義者，且全書無一段與原本符者，譯者固不知盧氏所謂，讀者亦不知譯者所謂也」，這是對楊廷棟的譯本提出了尖銳的批評。假如透過楊譯本無法得知民約真義，那麼馬君武所介紹的盧梭民權理論又展現出什麼樣的面貌？

在這篇短文中，馬氏用一個概念來總括盧梭的民權主義：

104　參見梁啓超，《飲冰室合集》，〈文集之十九〉，頁6。

105　相關文獻不少，可參考張朋園，《梁啓超與清季革命》（臺北：中央研究院近代史研究所，1999），頁154-175；亓冰峰，《清末革命與君憲的論爭》（臺北：中央研究院近代史研究所，2006），頁189-204；以及朱浤源，《同盟會的革命理論：「民報」個案研究》（臺北：中央研究院近代史研究所，2011），頁112-121。

106　馬君武，〈帝民說〉，《民報》，2（東京，1906），頁1-6（全本頁25-30）。

sovereign people；這個現在翻譯爲「人民主權」（按照馬氏運用主權作爲形容詞來修飾人民的用法，或可翻譯爲「主權人民」），馬君武將之譯爲「**帝民**」。馬氏認爲這個關鍵的名詞，「發源極遠，而盧騷最詳闡之」。這個帝民的觀念，在西方已經成爲習見而陳腐之學理，被運用在「挫棄君權，改釐政體，爲十九世紀革命潮之起源」。猶如劉師培的想法，東方諸國的儒者，聽到這樣的理論，「方將信將疑，舌咋目眩，或亦語之不詳焉」。基於此，馬君武的短文可分成兩個部分，一爲盧梭帝民說之眞義（頁1-3）；另一則爲闡述帝民說在西方的淵源（頁3-6）。

在帝民說的解釋方面，馬君武大體上只援引了三段盧梭的法文原文，並提出幾個評論。其引文如下：

> 盧騷最有力之言曰，箇人者，帝權之一部分也。帝權者，國家之一部分也（*Comme membre du souverain envers les particuliers, et comme membre de l'État envers le souverain*）。
> 又曰帝權非一私人而以通國中之箇人組成之（Le souverain n'étant formé que des particuliers qui le composent）。
> 盧騷尤常稱曰「予既生於自由國（指瑞士之日內華）而爲一公民，爲帝權之一分子也」（*Né citoyen d'un Etat libre, et membre du souverain*）。（頁1）

這三個引文，分別來自於《民約論》卷一第七章第一段、第七章第五段，以及卷一的導言。嚴格而言，都不是盧梭仔細討論並界定主權或民約的理論篇章。然而，馬氏的意圖相當明確，他希望強調所有的公民都是主權或「帝權」的構成部分，整體而言便形成了「帝民」。所以，馬君武並不特別偏重「民約」的政治符號，而是著重集體握有主權的「帝民」；在某種程度上「民」一字，也呼應了《民報》

的標題。

　　相較於之前中江以及楊廷棟的翻譯，馬君武選擇「帝」來翻譯sovereign，雖然不是現代用法，但卻可掃除前兩個譯本中，將「主權者」與「君主」翻譯混用所產生的理解上的問題。特別是人民能夠掌握「帝權」，就不再會跟革命對象的「君權」產生混淆，而且具有更高的權力意義。馬君武對於「帝權」所提出的個人解釋，有兩段較具理論意涵：

> 帝權為個人之總體，個人為帝權之分子。故人民即帝王，帝王即人民，不可離也。吾國舊政學家，謂帝王為天之子，為至尊，人民為庶民，為小民，為下民。嗚呼，瀆褻至尊，犯上作亂，其罪益不可勝諸也。（頁2）

> 盧騷著民約論，倡帝民之說，以為國家之國力，當以人民之公意直接運動之，而圖普社會之公益。帝權者由人民，而後有人民所不可自放棄者也。帝權即主權也，主權在民之說，發生雖早，然至盧氏始明白抉出之。（頁3）

　　從這兩個引文可以看出，馬君武雖然沒有用太多的篇幅來說明盧梭的社會契約，但是他對人民主權、普遍意志，以及普遍意志的運作（exercise）指向社會整體的公益等，理解得相當精準無誤。

　　至於對盧梭帝民說的淵源，馬氏認為「實獨得於希臘柏拉圖亞里斯多德之遺說，及希臘羅馬古制之影響」（頁3）。馬氏指出，在古代希臘羅馬城邦中，國家優先於個人，所以柏拉圖亞里斯多德理論中，「固帝體之一部分，然能享公民之權者，為國中所謂自由人Freemen之一貴族級而止」。至於馬氏進一步提出的柏拉圖以及亞里斯多德相關政治論述，則以亞里斯多德的說明比較正確。關於柏拉圖，他指出「帝民說之始發現者，當推柏拉圖」（頁3），因為蘇格拉第主張人民

不可不順從政府，法律雖然是惡法，個人也應該受到不公正的裁判，而不可逃圄圄而去。這個指涉到柏拉圖 Crito 篇的場景，按照馬氏的詮釋，意味著「人民乃奴隸，非帝王也」。至於柏拉圖為什麼是「帝民說」的最初發現者？馬君武指出的論據，乃是柏拉圖「以為社會及國家皆相交輔，相需賴，而後有者也」，所以要合個人而成社會，但其主張公妻公產，「其論高遠而不可行」。然而從這些論據不太容易看出何以柏拉圖思想可能是「帝民說」的淵源。

相形之下，馬君武對亞里斯多德《政治學》的論述，便精準許多；如略述《政治學》第一書由家庭到村落到國家的形成，指出「國也者，天然獨立自足之有機體也，個人及家族發達之最完全者也」（頁4）；他之後的論述強調「國家之政府既定，憲法其人民自由，而各自與主治者平等人之所以必相合而成國者，蓋人本自然有合群知性，而又為互相益利之所趨迫固也。質而言之，人也者，自然之政治動物也」（頁4-5）。馬君武對亞里斯多德似乎特感興趣，繼續討論其國家與公司（意指其他的社會結合）之差異，以及區分政體為君主、貴族、共和，而「變政體」則為專制、少數以及民主等論述；基本上也能相當正確地理解。全文最後的結論是：

> 一國之主權，必以公民之多數操之，民主建國之基，在使人人平等，而重各箇人之自由，人人可被選舉為國之主治者。**主治者管制被治者，被治者亦管制主治者，而人民永寧矣。**（頁5-6）

而其中「主治者管制被治者，被治者亦管制主治者」一句，用特大粗黑體加以標示，大約顯示出馬君武所認為「帝民說」在亞里斯多德思想中間的根源處。

初讀之下，本文對於盧梭的說明篇幅不長，對於柏拉圖以及亞里

斯多德作為人民主權說的淵源亦似乎有點牽強。然而，假如將本文視為用一般讀者可以理解的方式，簡要地說明「帝民」或主權在民的理論，則可謂恰當。至於對柏拉圖與亞里斯多德的討論，或許應與劉師培在《中國民約精義》中的努力相近，要證明「帝民說」在西方思想中已有悠久傳承。雖然與梁啓超轉述Fouillée論述的細緻程度仍然有些差距；但是以個人學思，而能將亞里斯多德的城邦共和理論和盧梭加以對比，已屬不易。

至於《民報》第二十六號重新刊載中江兆民的〈民約論譯解〉，[107]則依據編者按語說明，「中江篤介，有東方盧梭之稱，歿後，所著兆民文集，於今年十月八日，始發行。取而讀之，甚服其精義。終有民約論譯解凡九章，特錄之以饗讀者」（頁30）。狹間直樹強調，在1909年中江兆民文集出版之後，《民報》馬上翻刻本文，足見中江譯本具有的影響力。[108]

即使在民國成立後，袁世凱稱帝，革命派在民國二年初舉兵討袁失敗的共和頓挫之中，革命派的田桐在東京乃再次重刊中江譯本的《民約譯解》，並更題為《共和原理民約論》。至於何以再一次選擇中江的譯本？田桐說明如下：

> 余行年二十有三，曾在鄂購滬上坊本漢譯民約論。讀之竟，未能徹理。去秋亡命再走日本，復購中江兆民先生文集。取其中漢譯民約論，反覆數十遍，始恍然覺悟。嗚呼，共和之道，其在斯乎，其在斯乎。[109]

---

107 戎雅屈盧騷著，日本中江篤介譯並解，〈民約論譯解〉，《民報》，26（東京，1910），附錄，頁1-30。
108 狹間直樹，〈中國人重刊《民約譯解》〉，頁149。
109 轉引自狹間直樹，〈中國人重刊《民約譯解》〉，頁153。

這表達出中江所譯民約論卷一在義理方面的優越性，雖然讀者難免不解，何以田桐未曾注意到中江譯本在《民報》曾經全文刊載過?!

這個節譯以及不完全正確的譯本，在中國清末到民初對於共和以及革命的討論中，產生了一段具有獨特影響的歷史故事，在馬君武於民國後所翻譯的《盧騷民約論》（1918）刊行之後，則逐漸劃下了句點。在其〈序〉之中，馬君武再一次評論了當時的譯本：

> 盧騷民約論共四卷。一八九八年上海同文譯書局刻日本中江篤介漢譯第一卷，名民約通義。一九〇二年楊廷棟據日譯成四卷。日譯已多錯誤，楊譯更訛謬不能讀。二年前泰東書局復刻中江漢譯第一卷，故民約論之書名出現於中國十餘年，其書竟至今不可得見。譯事之難如是乎。[110]

引文中所指泰東書局版，應該便是刊行於上海的田桐復刻版。基於如此不全文本狀態，馬君武遂發憤以法文原著和英文 H. J. Tozer譯本互證，而完成了一個新譯本，在精確性與可讀性兩方面都達到了相當高的水平。

六、結語

在馬君武譯本出現後，雖然同時期稍早（1914年）仍有嚴復與章士釗就《民約論》而進行的現實政治「共和」理念正當性基礎論戰，[111]但中國知識界對於盧梭的理解，逐漸脫離了早期對於其現實意

110 馬君武譯，〈序〉，收入盧騷（J. J. Rousseau）著，馬君武譯，《盧騷民約論》（臺北：臺灣中華書局，1966），頁1。

111 嚴復，〈《民約》平議〉，收入林載爵等編，《嚴復合集》（臺北：辜公亮文教基金會，1998），冊3，頁752-761；章士釗，〈讀嚴幾道民約平議〉，《甲寅雜志存稿》（上海：商務印書館，1925），卷上，頁377-

涵的強烈關注，慢慢回歸到學術性的討論。其後，隨著新一代學人在歐美受專業政治理論訓練，並回中國任教後，產生了新的盧梭文獻。其中，張奚若以及蒲薛鳳作為民國時期最重要的政治思想研究者，所提出的盧梭詮釋，[112]便慢慢脫離了直接的政治目的，基於學理來加以討論，未來應再予探究。

　　回到本文序論所引梁啓超以及Schwartz所提出的思想史解釋，吾人將察覺，雖然盧梭《民約論》對中國近代革命思潮的確產生了重要的影響，但在檢視了相關文本在實際語境脈絡中被理解以及運用的歷史樣貌之後，實際上的狀況，遠比梁啓超與Schwartz所設想的要複雜。雖然《民約論》譯本不完整、錯誤頗多，但中江兆民所創的「民約」語彙系統仍然產生了重大影響。而且他將「主權者」翻譯為「君」的策略，反而在一種非預期的狀態下產生了與盧梭思想精神完全不同的政治想像，卻能與東亞傳統政治文化緊密結合並發出批判的聲音。楊廷棟基於此而轉化為對《民約論》的立憲主義閱讀方式，然後劉師培再加以翻轉，提出「處變之時，人民操革命之權」的革命主張。馬君武運用「帝民」一詞，則超越了中江兆民的語彙系統，其譯本更促使中文世界能逐漸準確理解盧梭思想。

　　通過這樣的脈絡分析，吾人或許必須重新省思某些基於既定觀點所提出的詮釋，唯有通過詳細的脈絡分析，才有可能確立解釋的有效

405，以及林啓彥，〈嚴復與章士釗——有關盧梭《民約論》的一次思想論爭〉的討論。三文皆收入袁賀、談火生編，《百年盧梭——盧梭在中國》（長春：吉林出版集團公司，2009）。並請參閱黃克武，《自由的所以然：嚴復對約翰彌爾自由思想的認識與批判》，頁276-290之分析。

112 張奚若，〈社約論考〉，收入《張奚若文集》（北京：清華大學出版社，1989），頁29-66；蒲薛鳳，〈盧梭的政治思想〉，收入《西洋近代政治思潮》（臺北：臺灣商務印書館，1968），上冊，頁219-319。

性。如此方能避免詮釋者將基於鉅型理論（grand theory）所產生的
識見，不經批判地加諸於思想史進程中而產生的問題。

Du contrat social in Modern China: A Study in Comparative Intellectual History

Carl K. Y. Shaw

Abstract

The objectives of this article are to explore the reception of Rousseau's *Du Contrat Social* into the Chinese world and political images emerged at the interaction between the original and its Chinese translations, grounded on the methodology of contextualism of the Cambridge school. Three sets of translations/texts are examined: the first partial translation by Nakae Chomin and its Chinese metamorphoses, the first complete translation by Yang Tingdong and Liu Shipei's interpretation in *The Essential Chinese Social Contract*, and revolutionaries' interpretation of Rousseau by Ma Junwu. The contention is that, in rendering "sovereign" as "king", Nakae's influential translation made it viable to construct a theory of political obligation understandable to the Chinese readers immersed in the Confucian tradition.

Key words: Rousseau, Social Contract, Democracy, Nakae Chomin, Liang Qichao, Yang Tingdong, Liu Shipei, Ma Junwu

徵引書目

丁韙良譯，中國國際法學會編，《萬國公法》，臺中：中國國際法學會重印，
　　1998。

小野川秀美編，《民報索引》，2冊，京都：京都大學人文科學研究所，1972。

中江兆民，《民約譯解》，收入井田進也編，《中江兆民全集》，第一冊，東
　　京：岩波書店，1983。

亓冰峰，《清末革命與君憲的論爭》，臺北：中央研究院近代史研究所，
　　2006。

戎雅屈盧騷著，日本中江篤介譯並解，〈民約論譯解〉，《民報》，26（東京，
　　1910），附錄頁1-30。

朱浤源，《同盟會的革命理論：「民報」個案研究》，臺北：中央研究院近代
　　史研究所，2011。

吳雅凌，〈盧梭《社會契約論》的漢譯及其影響〉，《現代哲學》，104：3（廣
　　州，2009），頁84-93。

坂崎斌編，《譯書彙編》，臺北：臺灣學生書局，1966。

林啓彥，〈嚴復與章士釗——有關盧梭《民約論》的一次思想論爭〉，收錄於
　　袁賀、談火生編，《百年盧梭——盧梭在中國》，長春：吉林出版集團公
　　司，2009，頁393-423。

金觀濤、劉青峰，《觀念史研究：中國現代重要政治術語的形成》，香港：中
　　文大學出版社，2008。

郅志選注，《猛回頭—陳天華　鄒容集》，瀋陽：遼寧人民出版社，1994。

夏良材，《盧梭》，香港：中華書局，1998。

浦薛鳳，〈盧梭的政治思想〉，《西洋近代政治思潮》，上冊，臺北：臺灣商
　　務印書館，1968。

狹間直樹，〈「東洋盧梭」中江兆民在近代東亞文明史上的地位〉，收入沙培
　　德、張哲嘉主編，《中央研究院第四屆國際漢學會議論文集：近代中國
　　新知識的建構》，臺北：中央研究院，2013，頁53-68。

　　　　　　，〈中國人重刊《民約譯解》——再論中江兆民思想在中國的傳播〉，
　　《中山大學學報論叢（哲學社會科學）》，25（廣州，1991），頁149-154。

　　　　　　，〈對中國近代「民主」與「共和」觀念的考察〉，收入中國史學會
　　編，《辛亥革命與二十世紀的中國》（下冊），北京：中央文獻出版社，
　　2002，頁1583-1598。

袁賀、談火生編，《百年盧梭——盧梭在中國》，長春：吉林出版集團公司，

2009。

馬君武，〈帝民說〉，《民報》，2（東京，1906），頁1-6（全本頁25-30）。

_____譯，《盧騷民約論》，臺北：臺灣中華書局，1966。

張朋園，《立憲派與辛亥革命》，臺北：中央研究院近代史研究所，2005。

_____，《梁啟超與清季革命》，臺北：中央研究院近代史研究所，1999。

張奚若，〈社約論考〉，《張奚若文集》，北京：清華大學出版社，1989，頁29-66。

梁啟超，〈國家論〉，收入夏曉虹輯，《飲冰室合集集外文》，下冊，北京：北京大學出版社，2005。

_____，《飲冰室合集》，臺北：臺灣中華書局，1960。

章士釗，〈讀嚴幾道民約平議〉，《甲寅雜志存稿》，上海：商務印書館，1925，卷上，頁377-405。

黃克武，《自由的所以然：嚴復對約翰彌爾自由思想的認識與批判》，臺北：允晨文化實業公司，1998。

黃德偉編著，《盧梭在中國》，香港：香港大學比較文學系，1997。

楊廷棟譯，《路索民約論》，上海：作新社／開明書店，1902。

鄒容，《革命軍》，臺北：中央文物供應社，1954。

熊月之，《中國近代民主思想史》，上海：上海社會科學院出版社，2002。

瑪麗安・巴斯蒂，〈辛亥革命前盧梭對中國政治思想的影響〉，收入劉宗緒主編，《法國大革命二百週年紀念論文集》，北京：三聯書店，1990，頁55-63。

劉禾著，宋偉杰等譯，《跨語際實踐：文學，民族文化與被譯介的現代性（中國，1900-1937）》，北京：三聯書店，2008。

劉師培，《中國民約精義》，收入《劉申叔先生遺書》，卷1，據寧武南氏校印，臺北：華世出版社，1975。

潘光哲，〈美國傳教士與西方政體類型知識「概念工程」在晚清中國的發展（1861-1896）〉，《東亞觀念史集刊》，1（臺北，2011），頁179-230。

_____，〈晚清中國士人與西方政體類型知識「概念工程」的創造與轉化：以蔣敦復與王韜為中心〉，《新史學》，22:3（臺北，2011），頁113-159。

鄭匡民，《梁啟超啟蒙思想的東學背景》，上海：上海書店出版社，2003。

盧梭著，何兆武譯，《社會契約論》，北京：商務印書館，2003。

盧騷著，《民約通義》，人鏡樓主人書、東莞咽血嚨嘲子誌，上海：明文書局，1898。

蕭高彥，《西方共和主義思想史論》，臺北：聯經出版事業公司，2013。

嚴復，〈《民約》平議〉，收入林載爵等編，《嚴復合集》，臺北：辜公亮文教基金會，1998，第3冊，頁752-761。

Judge, John. "Public Opinion and the New Politics Constellation in Late Qing, 1904-1911," *Modern China*, 20:1, Jan. 1994, pp. 64-91.

Min, Tu-Ki. "Late Ching Reformists (1895-1898) and Rousseau: *Min-Ch'üan* versus Popular Sovereignty," 閔斗基，〈清季變法派之民權論與盧梭之《民約論》〉，《清華學報》，17:1-2（新竹，1985），頁199-210。

Rousseau, Jean-Jacques. *Social Contract, Discourse on the Virtue Most Necessary for a Hero, Political Fragments, and Geneva Manuscript,* ed. Roger D. Masters and Christopher Kelly, Hanover: University Press of New England, 1994.

Schwartz, Benjamin. *China and Other Matters*, Cambridge, Mass.: Harvard University Press, 1996.

Skinner, Quentin. *Visions of Politics*, vol.1, Cambridge: Cambridge University Press, 2002.

_____. "Truth and the Historian," *Intellectual History*（《思想史》）, vol.1 (2013), pp. 175-198.

_____. "A Genealogy of the State," *Proceedings of British Academy*, vol. 162 (2009), pp. 325-370.

Talmon, Jacob Leib. *The Origins of Totalitarian Democracy*, New York: The Norton Library, 1970.

【論著】

分裂的亞洲認同：近現代東亞世界觀的對位式呈現

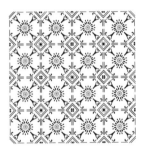

林正珍

現任中興大學歷史系教授、台灣敘事學學會理事長。研究領域：史學理論、敘事學、中國近代思想史。

著有《近代日本的國族敘事：福澤諭吉的文明論》、《台中市樂成宮旱溪媽祖遶境十八庄》專書及相關學術論文多篇。

分裂的亞洲認同：近現代東亞世界觀的對位式呈現

摘要

　　本文主要是以認同和再現的角度從概念上探討「書寫亞洲」的文化論述問題。將經由（一）西方、中國及日本概念下的亞洲觀。（二）文明論與批判區域性論述（三）另類現代性，這三個面向，思考文化中的去殖民課題。其中，評介日本對於亞洲的建構和其所形成的「日本式的東方主義」議題，將是本文的核心。

關鍵詞：東亞、亞洲認同、日本主義、現代性、文明論

一、論述位置

　　本文主要是以認同及再現的角度從概念上探討「書寫亞洲」（narrating Asia）的文化論述問題，並肯定「論述」是一如酒井直樹（Naoki Sakai）所說：「亞洲研究的演出性中，理論所具的政治性」。[1]「亞洲」在文中並非指實體的地理空間，而是指一種文化「間」的亞洲，和作為「方法」的亞洲。[2]而這種以「亞洲」為範圍的跨國空間互動，不僅是多元文化的展演，也在跨文化交流中，由其「異」帶動實踐主體的自我更新，因此「書寫亞洲」更是力求實踐新的政治想像空間。

　　一九九○年代，全球與亞洲地區均屬激烈變動的年代，隨著冷戰這一世界戰略結構的解體，中國作為一個「大國的姿態」逐漸在亞洲崛起，而美國的中國政策也由戰略伙伴朝向競爭關係，變遷的世局也迫切要求一個新的亞洲認識，使得亞洲的文化思想議題逐漸在國際學

1　酒井直樹將主體分為認知主體與實踐主體，並主張文化差異的研究乃是一種共顯實踐，而非單純的客觀的呈現。酒井直樹著，廖咸浩譯，〈主體與／或「主体」（shutai）及文化差異之銘刻〉，《中外文學》，30：12（臺北，2002），頁156。

2　亞洲作為「方法」（溝口雄三、子安宣邦）、文化「間」的亞洲（孫歌的用語）或陳光興有關際際的「際」的用語，都不是指「亞洲」實體的地理空間，而是將「亞洲」定位為主體，並將意義曖昧的「亞洲」概念問題化，而指向多層次的開放性想像空間，或者說是一種視野，通過它，不同的聯繫可以形成，新的可能性能夠被接合出來，而「方法」則被想像為中介的過程，走向更具生產力的開放空間。參考陳光興，〈亞洲作為「方法」〉，《臺灣社會研究季刊》，57（臺北，2005），頁139-218；子安宣邦，〈「世界史」與亞洲、日本〉，收入趙京華編譯，《東亞論：日本現代思想批判》（長春：吉林人民出版社，2004），頁3-23；孫歌，《亞洲意味著甚麼？：文化間的「日本」》（臺北：巨流圖書公司，2001）。

界重新受到重視，特別是自一九五〇年代起，竹內好（1910-
1977）、[3]丸山眞男（1914-1996）、溝口雄三（1932-2010）、子安宣
邦、濱下武志……等二次大戰後日本學人對相關問題的看法，也重新
受到關注。韓國學者如白樂晴的「分斷體制論」和其後白永瑞提出
「雙重周邊視角」均試圖以東亞區域的整體史觀來超越各個國家的民
族主義史學，[4]而近年來汪暉、孫歌等中國學者也迭有專書專論回應這
個課題，而臺灣學界除了陳光興等人對亞洲問題的關注之外，[5]在中國
史或臺灣史研究的某些議題上，也逐漸將問題放在世界一體的空間範
圍內，思考「現代性」的意義之外，並以較長遠的歷史時間縱深度來
考慮。一九九〇年代以來這種重提「亞洲認同」的趨勢顯然也呼應了
國際現實，而十九世紀以來亞洲概念的形構及其變化，爲這些討論提
供了怎樣的歷史資產，目前正興起的書寫亞洲趨向與十九世紀末期以
來日本所建構的亞洲主義之間的關係如何？這是本文第二個關懷點。

　　一九八〇年代以來，「亞洲有自身的歷史嗎？」或「亞洲性」這
類提問的興起，主要是質疑和抗拒「歐洲中心論」同質化的論述，並
聯繫著「非西方世界」反霸權和定位自身的國際局勢，而作爲「方法
的亞洲」除將亞洲概念「問題化」之外，強調歷史解釋的「敘事」面

3　1951年，竹內好在日本思想文化界引發了以「國民文學論」爲核心的爭
　　議，爭論焦點在於民族主義，而亞洲議題也是竹內好思考的重要面向。
4　白樂晴等著，白永瑞、陳光興編，朱玫等譯，《白樂晴：分斷體制・民
　　族文學》（臺北：聯經出版事業公司，2010）；白永瑞，《思想東亞：韓
　　半島視角的歷史與實踐》（臺北：臺灣社會研究雜誌社，2009）。
5　臺灣對亞洲議題的探討，除中研院及少數大學系所之外，《臺灣社會研
　　究季刊》及臺灣學者積極參與的 Inter-Asia Cultural Studies: Movement 刊
　　物可說對亞洲視野與資源的開拓，貢獻良多，可惜在臺灣受到的關注，
　　仍然不多。

向，並試圖重新論述亞洲文化具有在世界文明過程中創造價值的可能
性，例如汪暉認爲對歐洲中心主義的批判如果無法和資本主義發展及
其危機的思考聯繫起來，就可能落入空想，從而把亞洲文化置於全球
資本主義的多元文化裝飾的框架內，[6]成爲薩伊德（Edward W. Said,
1935-2004）所謂「共犯的異國情調」（complicit exoticism）。因此就
世界史的認知而言，書寫亞洲也必然要回應資本主義觀點的世界史或
漢學知識系譜（Geneologies of sinological knowledge）所呈現複製歐
洲中心的啓蒙歷史大敘事。[7]如何不單以歐洲近代世界史來看待其它區
域的歷史，正是在這些關懷下，來定義書寫亞洲所具有的政治實踐意
義，並且是一個新世界觀。

最後，本文所謂「對位式呈現」（contrapuntal presenting）是指像
薩伊德所說的將差異的經驗放在一起思考和詮釋，各個經驗有其特殊
的程序和發展進度、有其自身內在的形成、有其內在的一致性和外在
關係體系，而它們全部也都與其他彼此共存和互動。[8]

二、亞洲概念的形塑及其變化

截至目前爲止，「亞洲如何被提及」仍是一項重要的文化議題，
相對於歐洲世界，近代以來的「亞洲概念」卻有其不確定性。就區域

6　汪暉，〈亞洲想象的譜系：亞洲、帝國與民族——國家〉，收入楊念群、
　　黃興濤、毛丹主編，《新史學：多學科對話的圖景》，上冊（北京：中國
　　人民大學出版社，2003），頁203。
7　卜正民（Timothy Brook）著，李榮泰譯，〈資本主義與中國近（現）代
　　歷史書寫〉，收入卜正民著，古偉瀛等譯，《中國與歷史資本主義》（臺
　　北：巨流圖書公司，2004），頁147-217。
8　薩伊德著，蔡源林譯，《文化與帝國主義》（臺北：立緒文化公司，
　　2001），頁77-78。

疆界而言，「東洋」在中國大抵是指日本，而在日本和韓國則是作為
一種「西洋」和「國史」對照物而構築起來的區域。[9]相對於近代日
本，中國並沒有明確的亞洲意識和針對這個問題意識的明確主張，這
些當然與中國的天下觀有關，而她的周邊國家（東北亞或東南亞）不
管是依賴或抗拒，卻反而有較明確的亞洲意識，主要原因來自於宗主
關係和地緣政治的變遷，使得這些國家在面對西方殖民勢力的過程，
必然要較為清晰地區隔出與中國的關係，因此也必然要有較明確的亞
洲觀，這其中又以日本的亞洲觀最具特色，影響也最大。就東亞思想
史而言，日本對於亞洲意識的形成，扮演了非常重要的角色，自十九
世紀後半期起，日本就開始了許多不同面向的亞洲論述，而晚清民初
以來中國的亞洲言論，主要是回應日本的亞洲主義。可以說，中國的
亞洲觀是在西方和日本的亞洲觀與國際現實的互動中形成，帶有中華
文化圈和殖民史觀色彩。

　　亞洲作為概念雖然有其不確定性，但卻以抽象形式在近代史上與
亞洲地區各民族國家的歷史緊密相生，這個抽象符碼主要是來自於十
九世紀以來歐洲思想的「他者」建構，並在世界性擴張過程中，內化

9　就地緣政治而言，「亞洲」一詞可簡單分成東亞（東北亞和東南亞）、南
　　亞、西亞和中亞四個地區，這些區域雖然在地理上是一個整體，但是卻
　　存在著鮮明的異質性。即使在區域範圍內，東亞、東北亞、東南亞、南
　　亞、西亞和中亞這些名詞，都還需要再界定，例如其中較具共識的「東
　　亞」這個詞彙，當中國文化人使用「東洋」一詞時，一般是指日本，而
　　日本的東洋史主要卻是指中國史，而東亞主要是指東北亞包括日本、韓
　　國和沒有清楚界定的中國沿海區域，而日本文化界使用「東亞」這個詞
　　彙時，一般是指中國和韓國，明治維新以後大多數文化人或學者並不將
　　日本隸屬於東亞或亞洲文化。如果加入十九世紀以來逐漸被忽視的中國
　　與南亞、西亞和中亞長期在內陸地區的互動歷史，都清楚表明「亞洲作
　　為概念」的不確定性。

為亞洲世界的自我認知，形成一種具東方主義的「權力文本」。亞洲這個名詞雖然長期存在於歐洲歷史上，但基本上是個浮動概念，在不同時期承載著不同國度與疆界的定義，隨著歐洲世界向外擴張，從土耳其到中國，似乎都可以無差別地被納入「亞洲」或「東方」概念中；直到近代，歐洲的亞洲觀才逐漸明確起來，並在黑格爾（G. W. F. Hegel, 1770-1831）的亞洲敘述中得到相對統一的界定。近代歐洲的亞洲觀最明確的表達，在於使用「停滯性」這個字眼來負面說明亞洲屬性，並以「專制主義」形容其政治結構。黑格爾的東方概念可說是近代歐洲思想中亞洲觀的一次總結，其核心是「近代民族國家」概念。從歐洲與亞洲國家政治結構對比出發，黑格爾將絕對精神的發展架構在歷史的地理基礎上，使得不同文化空間成為「精神」得以展現的場域，從而以地理學的形式將「時間」建構為「空間」，並同時將空間組織為時間，於是絕對精神的發展穿越了中國、印度、波斯等在內的「東方世界」、希臘、羅馬和日耳曼世界等四大歷史階段，並象徵了不同的專制、民主、貴族和君主政體，東方世界的專制政體是文明發展的初始階段，這個階段只有君主的自由意志得以彰顯。[10]

　　因此近代的亞洲觀是被西方區隔出來的一個特殊文化空間，而在十九世紀文明史的風潮下，這個亞洲形象也被中國及日本所廣泛接受，轉化成思考國家定位及未來發展方向的起點，並作為動員各自國

10　十八世紀晚期至十九世紀，歐洲思想界在政治經濟學的討論中，立論容或有所不同，如亞當斯密（Adam Smith, 1723-1790）將歷史劃分為不同的經濟或生產型態，或像黑格爾以地域、文明和國家結構命名不同的歷史形態，但他們都把生產型態或政治型態聯繫上具體的空間地域，如亞洲、美洲和歐洲，並將他們組織在一種時間性的階段論關係中。參考汪暉，〈亞洲想象的譜系：亞洲、帝國與民族──國家〉，頁165；黑格爾著，潘高峰譯，《黑格爾歷史哲學》（北京：九州出版社，2011）。

內政治社會運動的重要形式。而當西方與現代相聯繫的形象被納入晚清的文化和政治論說時，「西方」就逐漸變成一種隱喻，這個歷史敘述建構著內涵了知識形式、帝國、民族國家和市場經濟的新文明價值，而隨著殖民擴張與被殖民地區（實質領土或文化）的存亡危機意識下，使被殖民地區的改革派與革命者雖然有者相異的未來想像，卻仍架構在相同的國族與文明的論述中，並在重新編寫過去（rendering past into History）的國史敘述中，以西方歷史發展的抽象模式籠罩本國歷史的實際進程。

　　打造民族國家成為「非西方世界」近代史書寫的主題，這幾乎是亞洲地區人民的歷史經驗。可以說，近代東亞地區亞洲概念的形成，主要是通過擺脫被定義的亞洲文化屬性而形成，作為「非西方世界」的亞洲論，無疑是近代民族主義的產物。[11] 汪暉認為這個民族主義動力在中國是以「反帝」和「階級」的語彙推動著民族自決和社會革命，它是以中國或亞洲這個主體的內在需要來進行的，藉此變更傳統結構，以回應外來勢力，也就是竹內好所謂「反抗意識」。[12] 日本則一方面認同亞洲的特殊性，但是卻拒絕承認日本隸屬於這個特殊的亞洲，並創造了「日本文化特殊論」（the Peculiarity of Japanese Culture）的言說，來論證日本作為一個近代文明國家及其與西方爭雄的日本帝國世界圖像。

11　汪暉，〈亞洲想象的譜系：亞洲、帝國與民族——國家〉，頁168。

12　竹內好認為日本屬轉向型文化，而中國則是回心型文化。回心型保持自我而顯現，轉向型則源於自我放棄；回心以抵抗作媒介，而轉向型則無媒介。日本在近代化過程中，並沒有進行「結構」變革，而東洋（指中國）則通過堅強抵抗，以歐洲事物為媒介時，又不斷產生出超越歐洲、非歐洲式的事物。竹內好著，孫歌編，李冬木等譯，〈回心與轉向〉，收入《近代的超克》（北京：三聯書店，2005），頁211-213。

　　在中國舊有的地理觀念中，並沒有「亞洲」的意識，而只有華夷觀念和朝貢體制下的「中朝」與「四裔」觀念，直到近代接觸西方地理學，才有了亞洲空間的意識，但這仍然是一種民族誌與地理學上的認知，無關政治意義上的認同。[13] 如梁啓超（1873-1929）1890年（18歲）在上海購買《瀛環志略》，閱讀後才開始知道有五大洲，這種經由文字接觸所喚起的「異地」新鮮感，大抵是當時中國知識份子認識外在世界的普遍心路歷程，而隨著局勢變遷，更多走向世界的實際異地經驗，更鐫刻成晚清知識份子的新世界觀，變易了數代人的文化心靈。

　　晚清自設立同文館（1862）、京師大學堂（1898）在體制內逐步引進西學，歷《欽定學堂章程》（1902）及《奏定學堂章程》（1903）兩次大規模教改，將西學建制化，新學制中萬國史的開設、歷史教科書及西洋史的著述譯作，逐漸開啓了「五大洲」的空間意象，並經由體制進入知識份子的世界認知中。然而這個時期的歷史教科書及學科分類主要是由日本引進，例如本國史、東洋史和西洋史的三分科體制，在這個體制下，當歷史教科書將本國史從世界史中分離出來的同時，事實上也同時將「東洋」他者化，並以西洋史作爲模型，從而確立其本國認同。在三分科體制中，「東洋史」也成爲認識中國與東亞地域關係的主要架構，而「日本式東方主義」印記，主要是受日本的東洋史觀及以國民國家爲歷史發展主體的文明史觀所影響。[14]

13　葛兆光，〈想像的和實際的：誰認同亞洲？：關於晚清至民初日本與中國的「亞洲主義」言說〉，《臺大歷史學報》，30（臺北，2002），頁183-206。

14　參考白永瑞，〈二十世紀前半期中國人的東亞認識：中等歷史教科書的分析〉，收入黃寬重主編，《基調與變奏：七至二十世紀的中國》（臺北：國立政治大學歷史系等，2008），中冊，頁368-369。

　　日本近代東洋史的東洋觀自明治維新以來逐漸形成，並隨日本在亞洲的擴張而演繹。甲午戰爭後，作爲文化和歷史新概念的「東洋」開始擺脫orient的廣義用法，僅限於泛稱東亞和南亞，更多時候則是專指中國。這個新概念不僅是在地理空間上區隔出中國與日本，更進一步從文化上區別著日本與東洋，隨著日本在亞洲地區勢力的興起，東洋觀有著更多樣而歧異的發展，不僅有日本近代國體論的政治文化背景，更是與日本的帝國擴張相表裏。[15] 1894年日本東京高等師範學校校長嘉納治五郎（1860-1938）主持召開「歷史教師會」，那珂通世（1851-1908）提案將外國史分爲西洋史和東洋史，得到與會者全體贊同，這是東洋史成爲日本學制中科目的發端。同年八月，以那珂通世、三宅米吉（1860-1929）的提案爲基礎而議定的「普通中學校歷史科要旨」作爲參考資料上報文部省後，得到認可。日俄戰爭之後，三分科體制漸具規模，1910年東京帝國大學設立了「東洋史學專修學科」，將東洋史學獨立分科，以區別「支那史學」。1897年市村瓚次郎（1864-1947）濃縮改編其《支那史》舊作爲《東洋史要》，短期內再版達數十次之多。1898年桑原騭藏（1870-1931）撰寫的《中等東洋史》不僅是當時日本東洋史教科書的通用本，而這本書還以眾多不同版本流傳在晚清的歷史教育界，影響深遠。

　　文明史觀傳入中國的途徑雖然來自多方，但是透過體制內歷史教育的形塑，卻更爲深遠。而當時世界史（萬國史）敘述內容，主要是

15　甘文傑，〈東洋史學與「東京文獻學派」初探：兼論黃現璠與這一學派的學術關係〉（http://www.zhongguosixiang.com/thread-18176-1-1.html）（原帖地址，轉引自：《海外漢學通訊社》，發行日期2011/09/07，http://site.douban.com/124176/widget/forum/4807962/discussion/41501780/（2014/6/24）。

在文明史觀影響下，環繞「近代民族國家」形成的強國與弱國的對照歷史敘述架構來鋪陳，帶有很強的霸權思維。與新文化運動之後日漸朝向「單一化」的啓蒙歷史敘事走向中，「消失了亞洲」不同，晚清時期在歷史書寫中仍由地方史、中國、亞洲和世界這個同心圓擴散方式來敘述，[16]但基本上仍是以中國文化圈的觀念來紀錄及書寫周邊國家，這個趨勢仍延續到臺灣學界數量不多的亞洲研究上。

　　上述這個中國近代史敘述結構，在涉及日本時常有特殊的展現方式，例如當「日本」在被納入有關中國近現代化的討論時，始終有非常不同的關懷點，這從甲午戰爭之後，一廂情願視日本為「同文同種」的各種言論，更顯示在各種經由日本為「中介」來吸收西學的態度。晚近以來對於日本的看法雖轉趨多元，但是日本現代化的成功經驗，仍是被中國學界在討論現代化或評論東西文化時的一個重要參考點，最主要的原因還是來自於中國基本上仍是以「文化圈」的意識來看待日本，而以「日本的現代化經驗」作為某種參照經驗，把日本近代化視為是「非西方世界」成功邁入現代化的樣版，而日本既隸屬中國文化脈絡，對於中國接受西學，將有實質助益，[17]而這個態度顯然

16　林正珍，〈世界史視野的拓展與當代中國史學〉，喜馬拉雅基金會主辦，《第一屆中國傳統文化與現代價值的激盪國際研討會》（2000年11月27-29日）；林正珍，〈世界史理念的建構及其相關論述〉，《興大歷史學報》，9（臺中，1999），頁175-197。

17　西方學者有關近代日本的研究，在1970年代之前，特別重視明治維新這個領域，多數學者喜歡將日本比喻為亞洲的變種（variant）或是「亞洲中的西洋」，並且以「明治維新」的成功與自強運動失敗，作為中日近代化的比較前提。由於在認識層面上，多數主張日本近代化的成功，來自於「西化制度與傳統精神的結合」，因而同樣關注德川封建時期的歷史，與1980年代以後西方學界，因重視「研究客體」的歷史連續性。而研究德川歷史，有根本的本不同。林正珍，〈清季知識份子對日本的認

與日本人的自我認同有極大差異，近代日本人基本上並不認同這個亞洲特性。

就長程眼光來看，中國的亞洲敘述是在與西方和日本亞洲觀的互動中形成，並與日本的亞洲論既重疊又歧異，除了隱藏在歷史教科書中成為意識型態的一環之外，當時中國的亞洲論更主要是回應日本的亞洲主義。特別是1930年代相應於日本大東亞共榮圈的帝國擴張，更有一些不同於當時日本的亞洲主義內涵，例如李大釗（1889-1927）就直接指出大亞細亞主義無非是大日本主義的變名，是併吞中國的隱語，而主張應倡導以民族解放為基礎的新亞細亞主義，再結合成一個大聯合來與歐美鼎足而三，再共同組織世界邦聯，益進人類幸福，因此李大釗的新亞細亞主義除關切中國處境之外，更立足在民族解放的「自治」基礎上，主張各地域民族實踐民主制度的理想，而不是排外與閉鎖。[18]顯然這個新亞細亞主義是針對日本的大亞細亞主義而提倡的一種具世界理想的亞洲觀。此外，像孫文（1866-1925）雖推崇「日本」是亞洲復興的起點，但是仍以固有文化（王道）作為大亞洲主義的基礎。[19]

識〉，《中國歷史學會集刊》，19（臺北，1987），頁313-341；林正珍，《近代日本的國族敘事：福澤諭吉的文明論》（臺北：桂冠出版公司，2002），頁27-47。

18　李大釗，〈大亞細亞主義〉，《李大釗文集》（北京：人民出版社，1984），上冊，頁449-450。

19　孫文，《大亞洲主義》（1924年11月28日）、孫文，〈大亞細亞主義〉（1924）。杜贊奇強調如果只片面強調孫文對於大亞洲主義中王道的說法，就錯了。馬理斯‧詹生（M. B. Jansen）也認為宮崎寅藏和大井健太郎等人一心要毀滅西方帝國主義的大亞細亞主義思想曾激勵了孫中山等人：「對他們來說，亞洲廣大的受壓迫的農民大眾的翻身既是改善日本農民狀況的連帶產物，也是後著的促進因素。」杜贊奇著，王憲明等

　　1930年代至1980年代中國的亞洲概念，仍是立足於世界史視野下的一種反殖民和階級論述。1949年後，中國致力亞、非、拉丁美洲的聯合政策，先後提出「和平共五原則」[20]和「第三世界」[21]理論，基本上與二十世紀初以來的中國亞洲觀，在本質上並沒有太多變化。這些意識型態的書寫，除反應中國追求社會革命的目標之外，也持續開拓民族解放的戰鬥路線，而南京國民政府及其後在臺政權則走親美的近代化路線，也複製了中國文化圈的思維和近代歐洲的亞洲屬性，只是日漸將這個負面的亞洲屬性和中國政權合一，如果再加上臺灣的日本殖民地經驗，臺灣的亞洲認同將更趨歧異而複雜。整體而言，十九至二十世紀亞洲的民族解放運動對抗的正是歐洲殖民主義和日本的亞洲政策，並爲這一運動的發展提供了一個階級革命的世界圖像和以民族自決爲前提的反殖民亞洲論。

三、日本的亞洲觀

　　亞洲意識是在西方侵略和擺脫西方定義下的「亞洲意識」而形成

　　譯，《從民族國家拯救歷史：民族主義話語與中國現代史研究》（北京：社會科學文獻出版社，2003），頁13-14；M. B. Jansen , *The Japanese and Sun Yat-sen* (Cambridge, Mass.: Harvard University Press, 1967), p 219.

20　1953年12月31日周恩來接見印度代表團（印度大使賴嘉文率團前來商談關於中國西藏地方和印度之間關係問題），首次提出了和平共處五項原則。周恩來說：「新中國成立後就確立了處理中印兩國關係的原則，那就是，互相尊重領土主權、互不侵犯、互不干涉內政、平等互惠及和平共處的原則。」引自謝益顯主編，《中國當代外交史：1949-1995》（北京：中國青年出版社，1997），頁96。

21　二十世紀50年代，冷戰局勢加劇，1955年4月印度總理尼赫魯和印尼總理蘇加諾號召亞洲和非洲不結盟國家在印尼萬隆召開會議，包括中國在內，共有29個國家參與。

的，然而日本的亞洲論不僅是談論亞洲，更是一種非常獨特的日本文化特殊論，可具體上溯自明治維新以來系列以脫亞、興亞、東亞新秩序論、大東亞共榮圈或大亞細亞主義……等各類名詞雖異，但卻一定程度組合成以日本民族主義爲重要動力的各種文化論述語彙。近代以來日本如何處理與鄰近諸國的關係，特別是中國關係和入侵的西方勢力這兩個「他者」，就成爲日本論述亞洲時的主要問題。例如1930年代和1950年代的「近代超克」論和京都學派有關世界史哲學和東洋史的建構，事實上，第二次世界大戰後的新亞洲論、竹內好等人的重探亞洲議題，甚至於1980年代有關日本教科書的議題，均可納入日本的文化認同問題來思考。

　　日本的亞洲觀基本上是和其文明論的看法相聯繫的一種世界史觀，而對於日本而言，「如何看待亞洲」不僅是國際政治的問題，也是一項文化課題。近代日本的民族身分認同是以明治維新以來「脫亞」、「入歐」以及「日本中心」這三部曲而完成，而「大亞細亞主義」正是這個「日本中心」的代名詞，也是各階段亞洲政策的核心，1930至1950年代與地緣政治相結合的這些文化概念，更成爲帝國日本擴張的理論前導，實體化爲領土的擴張，東亞新秩序論除造就了「滿洲國」的建立，也合理化日本對滿洲國的統領管轄權，[22]而這些發展也與西方近代的「無國界」與「越界」思想相抗頡。日本文化特殊論是日本明治維新以來隨著對外擴張，在高漲的民族情緒與強烈的自我認同中，所形成的一種非常特殊的國族論述，它和一般東西方差異

22　林正珍，〈近代日本的國族敘事〉，《近代日本的國族敘事：福澤諭吉的文明論》，頁15-58；陳瑋芬，〈日本關於「東亞」的思考〉，收入錢永祥編，《思想》（天下、東亞、臺灣），3（臺北：聯經出版事業公司，2006），頁151-175。

的文化比較不同，而是明治維新時代如福澤諭吉（1834-1901）等人開展出面向世界的文明論後更進一步的發展，試圖在西方近代文明與中國文化的普遍性中，建立不同於兩者的文化特殊論，並嘗試定位日本文化所具有的普遍價值。

　　因此與日本主義相連繫的「亞洲主義」並非只是單獨強調地緣政治作用，它也在凸顯一種價值認同。我們由1930年代至1950年代環繞「近代的超克」或「文化創新」主題的討論所形成的一些爭議來看，特別是這些討論日後被具體聯繫到日本的軍國主義。在二次世界大戰前後，被視為京都學派重要人物的西田幾多郎（1870-1945）積極闡述日本哲學，希望能對他認為正在形成的世界文化做出貢獻，他樂觀相信在日本能找到東方文化與西方文化之間的結合點，並且「建立全球化的東方文化不必停留在自己的特殊性上，而是必須重新解釋西方文化，而且一種新的世界文化必須被創造出來。」[23]西田幾多郎主張日本應該從東西方文化融合中形成一種具有日本特色的現代性，並創造出一種新的世界文化。1943年，西田幾多郎在《世界新秩序の原理》一書中，講述了有關民族性的黑格爾式的故事，戰爭在其中被解釋成一種「認識的鬥爭」，他並樂觀的期待從這場鬥爭中將會出現一種全球共同體（global community），顯然戰爭具有作為世界史意義的勝利的作用。安德魯・芬伯格（Andrew Feenberg）也認為明治時期以來的日本軍國主義比後來更要有一種清晰的反帝國主義特徵，西田一系列被視為創見的「無」、「場所」和「純粹經驗」等哲學見

---

[23]　轉引自安德魯・芬伯格，〈西田哲學中的現代性難題〉，收入陸俊、嚴耕等譯，《可選擇的現代性》（北京：中國社會科學出版社，2003），頁201-204，引文見頁204。

解，也夾雜在戰爭與帝國日本的陰影中。[24]

　　隨著亞洲戰局的擴大，受西田幾多郎影響的年青哲學家和歷史家，如高坂正顯（1900-1969）、西谷啓治（1900-1990）、高山岩男（1905-1993）、鈴木成高（1907-1988）等人，他們相繼組織了「世界史的立場與日本」（昭和1年，1941年11月26日）、「東亞共榮圈的倫理性與歷史性」（昭和17年，1942年3月4日）和「總力戰的哲學」（昭和17年，1942年11月2日）等三次座談會，這些紀錄陸續發表在1942至1943年的《中央公論》上，最後並集結成《世界史的立場と日本》一書。[25]太平洋戰爭爆發後的《文學界》雜誌舉辦一場跨學科的「近代的超克」座談會（1942年7月，昭和17年），由河上徹太郎主持，這個座談會的主題是：歐美的現代性催生的基本問題、西方現代性在日本產生的效應和副作用，以及日本精神的再發現。文學界的河上徹太郎（1902-1980）、小林秀雄（1902-1983）、三好達治（1900-1964）、林房雄（1903-1975）、龜井勝一郎（1907-1966）、中村光夫（1911-1988）。西谷啓治、鈴木成高、下村寅太郎（1902-1995）、吉滿義彥、菊池正士（1902-1974）、諸井三郎（1903-1977）、津村秀夫（1907-1985）等人都參與了這個座談會，而這些座談會資料充滿了「文化創新」的帝國語彙，和建立以日本為首的「東亞」地域概念。從其中的言論，可以看出帝國日本的霸權邏輯是怎樣被解讀成面向「世界新秩序」的聖戰邏輯。[26]也正是在「世界新秩序」的重建想像中，發生在中國的所謂「滿洲事變」、「支那事變」等一系列軍事行

24　安德魯‧芬伯格，〈西田哲學中的現代性難題〉，頁226。
25　高坂正顯等述，《世界史的立場と日本》（東京：中央公論社，1943）。
26　子安宣邦，〈昭和日本與「東亞」概念〉，收入趙京華編譯，《東亞論：日本現代思想批判》，頁53。

動，就成為是日本試圖打破亞洲停滯性（主要是指中國）的努力，而對於英美的戰爭則視為是一種對於「確立在歐洲近代原理之上的世界秩序的抗議」。[27] 也因此子安宣邦自承大部份日本人視「滿州事變」和「支那事變」並非戰爭，因為戰爭意味著不是與亞洲的戰爭而是與英美的戰爭，因此對許多日本人而言，對於「戰爭」的體驗與解釋，也與亞洲地區的人民非常不同。[28]

日本的「脫亞入歐」是擺脫以中國為中心的朝貢體系、儒教主義和亞洲的封建性政治關係，也就是說脫離亞洲屬性，進而將日本建立成一個歐式民族國家，而「大東亞共榮圈」則是「日本的亞洲」的一種說詞，更是二十世紀初期的日本殖民話語，這是日本複製帝國主義的一種文化想像，而這個帝國文化想像除具體規劃出北進和南進政策的帝國疆界之外，更以文化論述和歷史書寫作為這一文化想像的表現形式，環繞在「近代超克」的思想文化討論，是其中重要的一環，尤其是對東洋史的建構。日本民族主義的建構和其在解消西化和確保自主性之間的張力，除了明治維新以來各類日本文化特殊論之外，更有賴於一種非常特殊的歷史敘事，那就是對於東洋歷史的建構。[29] 日本國族敘事中歷史與國族想像的關係，由日本帝國大學及東洋史學的成立過程，及其後衍生出東京大學與京都學派對中國歷史研究的不同看法[30]，可提供進一步思考。

27　子安宣邦，〈「世界史」與亞洲、日本〉，頁16。

28　子安宣邦，〈中文版作者序言〉，收入趙京華編譯，《東亞論：日本現代思想批判》，頁1。

29　林正珍，《近代日本的國族敘事：福澤諭吉的文明論》，頁15-58。

30　參考谷川道雄，〈總論．日本戰敗與歷史學的重建運動〉，收入劉俊文主編，《日本學者研究中國史論著選譯》，第二卷《專論》（北京：中華書局，1993），頁313-317，原文發表於《中國古代國家與東亞世界》，東

　　日本的歷史書寫中對東洋史的建構最能顯示出日本的亞洲觀，而這個亞洲觀不僅是日本國史自我定位，也是日本近代世界觀的一環。例如日本學界不斷以「文化中心的移動」及文明與地域的分隔，討論近代起點的斷代分期，或以黑格爾式的目的論發展史觀來敘述日本史與世界史的起點和終點，藉此框架出「日本」的核心位置，[31]歷史教科書所書寫的本國史、東洋史、西洋史的分立架構，更加深了日本對於啓蒙歷史及東方的建構。東洋史是一種對東亞歷史影響極大的歷史敘事結構，其中除中國史的敘事之外，更結合著日本史的特殊敘事，主要在彰顯日本能夠抵抗世界性的「啓蒙歷史」的等級制，並且建立起與西方並稱的等級，與其他亞洲國家相比，特別是中國，日本在這種等級制中處於優越地位。

　　日本的亞細亞主義在相當程度內是指日本的特殊論，而這個日本特殊論是明治維新以來至昭和時期逐漸形成的一種文化論述，其中最可照見日本民族的主體自覺。日本的這個民族自覺雖可上溯自十七世紀時期對中國文化的某種叛離，[32]但眞正的動力應與近代民族主義相

京大學出版會，1983；高明士，〈導言：日本東洋史學的成立與發展〉、〈戰後日本對中國史研究的發展〉，收入《戰後日本的中國史研究》（臺北：東昇出版社，1982），頁19-47；蘇振申，〈戰後日本東洋史研究發展之概況〉，《史學彙刊》，創刊號（臺北，1968），頁217-231。

31　例如內藤湖南的學術研究主要集中在中國這個領域，但是他最主要的關懷還是在於釐清中國與東洋的關係，以及由此衍生與日本的關係。內藤認爲在整個「近世」時期，東方文化的重心一直在中國，但是她也逐漸從古代東方文明的搖籃（中國西北）朝東南方移動。中亞遊牧民族的挑戰是其活力來源，也移轉了東洋文化核心。而當內藤賦予日本自己的近代史「近代意義」的同時，也將中國侷限在「前近代」的階段。林正珍，《近代日本的國族敘事：福澤諭吉的文明論》，頁22-23；汪暉，〈亞洲想象的譜系：亞洲、帝國與民族──國家〉，頁168-169。

32　十七世紀以來德川日本也有一股漢學批判思潮，但與脫亞論有所不同，

呼應；兩者最大的不同，在於前者仍處在中國文化脈絡中，而後者則是以脫亞、西化爲重點來論證日本的非亞洲屬性。日本與中國對於這個亞洲屬性，有非常不同的認知路徑，中國在文化上呼應現代性的普遍意識，而試圖擺脫「被界定的文化特殊性」，因此普遍較不接受中國文化是一種不同的文化的簡單歸類，而日本則傾向去證明日本的特殊論。一九五〇年代以來各階段重提亞洲面向的諸多關懷也許不同，但仍然看得出其中具有某種連續性，如對「歐州中心論」、「現代性」和特殊日本的看法。[33]

四、從文明論到地域論

如何把東方知識份子的思考從一個單純的西方理論框架中區別出來，從這樣一個事實上是在東方完成的單純化理論框架中區別出來，怎樣找到他本土傳統裏邊最複雜的要素，[34]一直是亞洲知識份子現代性表述的困境，使得在亞洲區域性的歷史敘事中，不可避免的要面對

前者基本上還是在中國文化的脈絡下進行，而後者則朝向「去中國化」的方向，兩者有著本質上的差異。

33　洪宜安主張強調中國文化上的多元混雜特性，目的多在於解構中國文化特性的本質主義。Ien Ang, "Migrations of Chineseness: Ethnicity in the Postmodern World," http://wwwmcc.murdoch.edu.au/ReadingRoom/litserv/SPAN/34/Ang.html(2014/6/24)；岩淵功一，〈共犯的異國情調：日本與它的他者（Complicit Exoticism: Japan and Its Other）〉，收入香港嶺南學院翻譯系／文化社會研究譯叢編委會編譯，《解殖與民族主義》（香港：牛津大學出版社，1998），頁191-234，原文發表在 *Continuum: The Australian Journal of Media and Culture*, Vol.8(2) (1994), pp.49-82.

34　其實這單純化是在東方完成的，在西方理論裏並非如此。陳光興訪談，陳祐禎整理，〈文化「間」實踐的可能性：與孫歌對話〉，《臺灣社會研究季刊》，49（臺北，2003），頁211。

一個兩難：如何建立亞洲敘事的必需性，又不陷入文化特殊論的泥沼？

　　自一九八○年代以來，人類學家累積了更多不同地區的文化經驗後，歐洲的獨特性也漸被「類別的模糊」（blurring of genres）取代，[35]於是重新將世界史書寫成一種非馴化（non-domesticates）而多元變動發展的歷史，成為當前世界史書寫這一新興領域的主要趨勢。由於將「他者」放入視野，使得歷史研究再一次注意原先所忽視的領域，也解構了以國家為單位的同質化看法，而異質多元並存的文化思維，使得依據「近代民族國家」所形成的敘事結構與主題，轉為「全體人類」。這種「無國界」（超越國家的區域）或「越界」（國家、種族、性別、族群）思維的「後國家時代」新史觀，正為世界史寫作開啓了新的論述方向。

　　更多學者質疑歐洲在十九世紀前有一種由歐洲內部產生經濟優勢的說法。就像彭慕蘭（Kenneth Pomeranz）和史蒂夫・托皮克（Steven Topik）所言：「構成今日世界基礎的市場結構，並非自然形成或勢所必然的結果，並非自始就隱藏於某處而等待人去『打開』；相反的，市場，不管結果是好是壞，都是社會力量所建構，社會力量所牢牢植入。」[36]而政治一如經濟，也一直是左右國際貿易的主要力量，例如明

35　克斯汀・海斯翠普（Kirsten Hastrup）認為啓蒙運動對於懷海德（Whitehead）所謂的「許多中的一」（One in Many）的追尋，還一直主宰著歷史研究。並讓我們相信只有一個現代的、直線的和累積的歷史──這就是當世界其他地方都還處於歷史之外時候，歐洲所特有的歷史。《他者的歷史》所收錄的論文，說明情形正好相反：在「一」的裡面其實有很著「許多」。克斯汀・海斯翠普（Kirsten Hastrup）編，賈士蘅譯，《他者的歷史・導論》（臺北：麥田出版公司，1998），頁28。

36　彭慕蘭、史蒂夫・托皮克著，黃中憲譯，《貿易打造的世界：社會、文

代以白銀作為主要貨幣，形成了世界白銀貿易的全球化事實，當時在
以中國為中心的朝貢關係和朝貢貿易關係中形成了「亞洲經濟圈」[37]，
而中國朝貢制度的設計和基本運作力量源自對「文化政治身份」的關
注，卻同時協助確立了一個廣大的共同市場，賦予該市場共通貨幣、
界定主流品味、創造了時尚和行為的標準。[38]十五世紀以來全球貿易
體系的世界觀成為探討主題，一系列著作開始從過去未被思考的面向
出現，「重新思考亞洲」和其作用，而以地域論試圖補足前一階段文
明論的視野限制。二次大戰後，丸山眞男的《日本政治思想史研究》
（此書寫作於戰時，1952年出版）除反省「近代超克論」的絕對主義
之外，最主要是在「近代思維中」思考日本近代思想，該書從探討江
戶時代朱子學和古學派的發展，試圖確立「近代化」之前日本的「近
代性思維」，而這個意識前提也顯示丸山眞男仍強調日本與西歐思想
「同一性」的話語敘事中，而明顯存在「近代主義」和「歐洲中心主
義」互為表裏的「日本主義」思考模式。

　　一九八〇年代以來的討論則轉趨多元，並更進一步聚焦在「近代
主義」的話語實踐的產生機制及其與權力的關係。系列有關「公民社
會」、「市民社會」、「公共領域」（public sphere）與「民間社會」的
爭議，一些社會史學者從概念所源出的西方歷史文化脈絡，到不同區
域文化類比的適用探討，如杜贊奇（Prasenjit Duara）所引起的有關
「內捲化」（involution，或譯「過密化」）討論，試圖對非西方世界的

化、世界經濟，從1400年到現在》（臺北：如果出版社，2007），頁9。

37　濱下武志著，朱蔭貴、歐陽菲譯，《近代中國的國際契機：朝貢貿易體
　　系與近代亞洲經濟圈》（北京：中國社會科學出版社，1999）。

38　貢德・弗蘭克（Andre Gunder Frank）著，劉北成譯，《白銀資本：重視
　　經濟全球化中的東方》（北京：中央編輯出版社，2005），頁13-14。

現代化發展，以「前現代」提供另一種言說方式，並深入剖析中國現
代史研究中的國族主義話語。而印度的帕薩・夏特吉（Partha
Chatterjee）也認為一九八○年代以來「非西方世界」有關「社群」
（community）的討論，特別強調西方個人主義和東方社群對立的歷
史，和西方現代性各類侷限，試圖透過當時所謂的文化精神層面來修
正，而東方社群生活傳統，則被認為保有了許多現代世界足以借鏡的
素材。[39]然而帕薩・夏特吉卻也認為這個看法，對「非西方世界」試
圖走出西方論述的框架，助益不大。

　　而日本學界的溝口雄三則延續他對明末清初歷史發展的世界史視
野的看法，在〈俯瞰中國近代的新視角〉一文中，強調以「內發式近
代」視角來探討「亞洲」的近代，而所謂「內發式近代」是指歐洲資
本主義入侵亞洲之前，已經在內部蘊釀成形的中國歷史過程；此外，
他更以資本主義、文明視角、腐朽王朝的自我崩潰，來試圖重新解釋
中國近代史，溝口雄三的眼光事實上並非停留在中國，而是整個「非
西方世界」的近代，特別是包含日本在內的「亞洲」近代。[40]

　　重視研究客體的「內在理路」，很快在後現代思潮的衝擊下，中
心與邊緣論述、「權力話語」與「歷史敘事」的討論，開始對舊思維
進行重構，傅科（Michel Foucault, 1926-1984）、薩伊德有關「東方主
義」（Orientalism）的論述、班納迪克・安德森（Benedick Anderson）

39　帕薩・夏特吉著，王智明譯，〈社群在東方〉，收入陳光興主編，《發現
　　政治社會：現代性、國家暴力與後殖民民主》（臺北：巨流圖書公司，
　　2000），頁37-60。
40　溝口雄三，〈俯瞰中國近代的新視角〉，《臺大歷史學報》，28（臺北，
　　2001），頁233-242；溝口雄三，〈近代中國的形象沒有扭曲嗎〉，《歷史
　　與社會》，2（1983），頁103-157；溝口雄三，〈創造日中間知識的共同
　　空間〉，《讀書叢刊》，266（香港，2001），頁3-10。

以「想像的共同體」（Imagined Communities）探討近代民族主義的源起及散布、語言學家及比較文學理論家對歷史學的介入，如海登‧懷特（Hayden White）聯繫「認知主體」與敘事的課題，所提出「歐洲十九世紀的歷史想像」（*the Historical Imagination in Nineteenth-Century Europe*）這樣的提問方式；凡此，均使得研究者更加審慎於西方「再現」非西方世界的模式。

　　濱下武志有關「亞洲」的討論，則顯然來自更多後現代思維的啓發，如將「近代國族觀」相對化，而回顧日本「地緣政治」的邊緣性，結和薩伊德「東方學」概念，將「東方的亞洲」作爲一種「權力話語」，重新探討亞洲研究可能開展的面向及其意義。濱下武志強調亞洲內部的差異性，例如亞洲雖然實質上是由複數國家和地域組成，「亞洲」卻是以單數形式（「大寫」）再現於亞洲研究中；此外，濱下也強調日本在作爲「東方的亞洲」的歷史語境中，亞洲實體的內部霸權問題，亞洲的近代並不只是清朝的世界秩序或華夷秩序下的東亞、東北亞及東南亞，而是包含歐亞大陸東端、地政式地域秩序的歷史變化及交替，它組合了中央對地方、中心對周緣、北對南、沿海對內陸等各種要素，而形塑出來的地域秩序變動的一個局面。而「朝貢體制」（中國宗主權概念）是濱下武志顯示亞洲內部地域秩序的一個切入點，探問這個體制在十九世紀中葉以來，所面對的國際秩序變動問題及產生何種變化，如中國與日本的關係。41

41　濱下武志並將「近代」視爲近代化政策，作爲構成「近代」世界的一部分座軸標，它可以說是一種目標及手段，但絕不能說是表現了時代的全體像。濱下武志，〈檢討東亞地域之歷史動力的諸課題——宗主權型、主權型、網絡型統治的競爭〉，《歷史：理論與批評》，2（臺北，2001），頁175-185。

　　簡言之，濱下武志主張以某種多元（如宗主權、主權、非組織網
路）互動關係所產生的力學觀點，重新將近代亞洲史改寫爲異質多元
的發展，試圖超越「歐洲對亞洲」、「近代對前近代」等座標軸，來
理解亞洲史。從國家形成與近代化政策的架構中思考亞洲各國的歷
史，基本上是認爲亞洲的近代是受到歐洲衝擊而產生，並且因此帶來
近代化，濱下武志認爲這個看法忽略了歷史上亞洲內部地域秩序，而
試圖由亞洲的日本來看近代化、歐洲、亞洲與中國。因此就日本或相
對於中國的亞洲周邊國家而言，十九世紀東亞國際秩序的發展，將是
由「朝貢體制」（宗主藩屬關係）轉換成主權關係的過程，也是「中
心」（中國）與「邊緣」（日本）在地域秩序中相互交替的一種地域
變動力量。[42]

　　子安宣邦則以分期的問題意識來重新敘述日本近代歷史的發展，
而認爲帝國日本在1850年代被組合進世界史，1930年代要求重組世
界史，而1930到1980年代的日本並未改變世界史所意涵的意識型
態，也就是「近代主義」的世界史，並重新解讀了對日本思想界影響
重大的丸山眞男，《日本政治思想史研究》一書的「近代主義」思
維，並以「作爲方法的江戶」（1999）的敘事性、差異化的視野和不
連續性等問題意識探討日本近代知識話語實踐，以解構主義的「話
語‧事件（event）」，來強調話語實踐如何產生知識。而這樣的對話
思維方式，提供了將亞洲和西方納入同一研究框架的可能性。[43]

42　濱下武志，〈檢討東亞地域之歷史動力的諸課題 —— 宗主權型、主權
　　型、網絡型統治的競爭〉，頁175-185。

43　子安宣邦，〈「世界史」與亞洲、日本〉，頁3-23。

五、結論

　　如果抽離殖民戰爭的氛圍，就像安德魯・芬伯格所說，這些環繞在日本精神再發現的「近代超克」討論，似乎與日後非歐洲的知識分子試圖脫離他們現代性的歐洲根源，以取得文化自主性的種種嘗試，有著相同的問題意識，[44] 那麼我們可以如何看待這些討論？而相對的如果我們把馬場公彥所指出一系列「在迄今為止的以東亞地區為物件的歷史認識問題的研究中，很強的一種傾向是試圖在「侵略與抵抗」的框架中掌握民族主義和民族意識的形成。其中以闡明戰爭和殖民統治的真實、追求戰爭責任議題的研究和論述占了大半。……只要對於日本殖民主義的理解是單線條的、局部的，那麼對日關係就只能停留在加害／被害、謝罪／定罪的關係，不可能再前進一步。」[45] 在這樣的問題意識中，我們如何來看待十九世紀以來亞洲概念討論所留下的歷史資產。

　　竹內好在〈亞細亞主義的展望〉一文中，指出亞細亞主義所體現出來的日本近代化，其中含有「侵略擴張與日本近代化的內在關聯」[46] 的基本問題，這個思考方向，也承續在子安宣邦的討論中：「歐洲近代世界所有的理想與事實之間的矛盾，乃是歐洲近代文明的普世主義理想與主張自我權益的近代主權國家的特殊存在之間的矛盾。」[47]

44　安德魯・芬伯格，〈西田哲學中的現代性難題〉，頁204。

45　馬場公彥，〈日本的殖民、脫殖民與戰後東亞的民族主義〉，收入賀照田主編，《東亞現代性的曲折與展開》（長春：吉林人民出版社，2002），頁345-346。

46　竹內好，〈アジア主義の展望〉，收入竹內好編集、解說，《アジア主義（現代日本思想大系9）》（東京：築摩書房，1963），頁7-63。

47　子安宣邦，〈「世界史」與亞洲、日本〉，頁16。

　　懷抱這樣的反省意識，來看1982年日本教科書檢定所引發的爭議事件中，一個值得思考的角度。當中國及南北韓政府抗議日本的教科書檢定時，曾參與撰寫世界史教科書工作的吉田悟郎辯稱：「日本的史學係受西歐的影響，每以美麗的文字記述鴉片戰後列強的中國政策，若把日本的行為當作侵略，那麼列強的行為也應該是侵略，果真如此，高中歷史教科書將充滿侵略。」[48]如果將日本教科書和靖國神社的問題在亞洲地區所引起的爭議放在上述脈絡中來思考，就可相當程度理解日本對戰爭的態度，吉田悟郎主要是表明日本與西方作為的一致性，若西方被認為是文明的近代化，那何以日本是侵略，基本上還是和明治維新以來特別是甲午戰爭勝利後所顯示對西方文明和亞洲文化中日本的位置。這也正是子安宣邦對近代日本史分期（1850-1980）的看法：從「世界秩序」重要成員的位置來看世界和亞洲的認識圖式，即1930年代由帝國日本所形成的認識圖式，並沒有因為1945年日本的戰敗而獲得本質上的改變。[49]因此對於「日本的亞洲」殖民話語這個議題的理解，應該進一步放在對「近代主義」的具體思考上。

　　由於自我命名是介入業已被界定的外在世界中，作為變動的過程認同，經由「敘述者」（narrator）選擇性地組織與當代主體具連續關係的事件，創造出一個恰當的歷史敘事。亞洲將從被界定「如何存在」到「應如何存在」的自我再現，重新確立自己文化身份的空間位置，因此書寫亞洲顯然將涉及世界史的重新定位，也正是在這樣的「實踐主體」意義上說「書寫亞洲」具政治性。亞洲問題同時也是一個世界歷史的問題，而對亞洲歷史的再思考本身就是對歐洲思考的重

48　轉引自吉田悟郎著，吳文星譯，〈日本的西洋史教育〉，《史學評論》，8（臺北，1984），頁77。

49　子安宣邦，〈「世界史」與亞洲、日本〉，頁6-7。

建。然而就像杜贊奇所說的：如果下一個世紀是「太平洋世紀」，那麼太平洋地區也將會撰寫世界的歷史，那將會是什麼樣的世界歷史？[50]而在「無國界」或「越界」思維的「後國家時代」，曾在近代史上以「文化創新」爲動力的日本東亞秩序論，對於當前以及未來亞洲的局勢發展，會有何種變化？崛起的亞洲，顯然也是劇烈變動的亞洲世紀。

50　杜贊奇著，王憲明等譯，《從民族國家拯救歷史：民族主義話語與中國現代史研究》，頁3。

Split Asian Identities: Contrapuntal Represention of the Contemporary East-Asia Worldviews

Abstract

This article employs the ideas of identity and representation of post-colonialism to explore the "Asia Concept" in the historical linguistic context of Orientalism and in Japanism's idea of Asia in terms of three aspects, namely: (1) views of Asia from the perspective of the West, China, and Japan; (2) view of Euro-civilization and critical regionalism; and (3) views of alternative modernity, so that a cultural ideal of de-colonialization can be highlighted.

Key words: modernity, Euro-civilization, narrtaing Asia , Asia Identity, Japanism

徵引文獻

卜正民（Timothy Brook）著，李榮泰譯，〈資本主義與中國近（現）代歷史書寫〉，收入卜正民著，古偉瀛等譯，《中國與歷史資本主義》，臺北：巨流圖書公司，2004，頁147-217。

子安宣邦，〈「世界史」與亞洲、日本〉，收入趙京華編譯，《東亞論：日本現代思想批判》，長春：吉林人民出版社，2004，頁3-23。

甘文傑，〈東洋史學與「東京文獻學派」初探：兼論黃現璠與這一學派的學術關係〉（http://www.zhongguosixiang.com/thread-18176-1-1.html1）（原帖地址，轉引自：《海外漢學通訊社》，發行日期2011/09/07，http://site.douban.com/124176/widget/forum/4807962/discussion/41501780/（2014/6/24)。

白永瑞，〈二十世紀前半期中國人的東亞認識：中等歷史教科書的分析〉，收入黃寬重主編，《基調與變奏：七至二十世紀的中國》，臺北：國立政治大學歷史系等，2008，中冊，頁367-376。

_____，《思想東亞：韓半島視角的歷史與實踐》，臺北：臺灣社會研究雜誌社，2009。

白樂晴等著，白永瑞、陳光興編，朱玫等譯，《白樂晴：分斷體制・民族文學》，臺北：聯經出版事業公司，2010。

吉田悟郎著，吳文星譯，〈日本的西洋史教育〉，《史學評論》，8（臺北，1984），頁77-88。

竹內好著，孫歌編，李冬木等譯，《近代的超克》，北京：三聯書店，2005。

_____，〈アジア主義の展望〉，收入竹內好編集、解說，《アジア主義（現代日本思想大系9)》，東京：筑摩書房，1963，頁7-63。

克斯汀・海斯翠普（Kirsten Hastrup）編，賈士蘅譯，《他者的歷史・導論》，臺北：麥田出版公司，1998。

杜贊奇著，王憲明等譯，《從民族國家拯救歷史：民族主義話語與中國代史研究》，北京：社會科學文獻出版社，2003。

汪暉，〈亞洲想象的譜系：亞洲、帝國與民族——國家〉，收入楊念群、黃興濤、毛丹主編，《新史學：多學科對話的圖景》，上冊，北京：中國人民大學出版社，2003，頁159-206。

谷川道雄，〈總論・日本戰敗與歷史學的重建運動〉，收入劉俊文主編，《日本學者研究中國史論著選譯》第二卷《專論》，北京：中華書局，1993，頁313-317。

岩淵功一，〈共犯的異國情調：日本與它的他者（Complicit Exoticism: Japan and Its Other）〉，收入香港嶺南學院翻譯系／文化社會研究譯叢編委會編譯，《解殖與民族主義》，香港：牛津大學出版社，1998，頁191-234。

帕薩・夏特吉著，王智明譯，〈社群在東方〉，收入陳光興主編，《發現政治社會：現代性、國家暴力與後殖民民主》，臺北：巨流圖書公司，2000，頁37-60。

林正珍，〈世界史理念的建構及其相關論述〉，《興大歷史學報》，9（臺中，1999），頁175-197。

＿＿＿＿，〈世界史視野的拓展與當代中國史學〉，喜馬拉雅基金會主辦，《第一屆中國傳統文化與現代價值的激盪國際研討會》（2000年11月27-29日）。

＿＿＿＿，〈清季知識份子對日本的認識〉，《中國歷史學會集刊》，19（臺北，1987），頁313-341。

＿＿＿＿，《近代日本的國族敘事：福澤諭吉的文明論》，臺北：桂冠圖書公司，2002。

孫歌，《亞洲意味著甚麼？：文化間的「日本」》，臺北：巨流圖書公司，2001。

貢德・弗蘭克（Andre Gunder Frank）著，劉北成譯，《白銀資本：重視經濟全球化中的東方》，北京：中央編輯出版社，2005。

酒井直樹著，廖咸浩譯，〈主體與／或「主体」（shutai）及文化差異之銘刻〉，《中外文學》，30：12（臺北，2002），頁150-195。

馬理斯・詹生（Mauirs B. Jansen）著，柳立言譯，《日本及其世界：二百年的轉變》，臺北：臺灣商務印書館，1990。

馬場公彥，〈日本的殖民、脫殖民與戰後東亞的民族主義〉，收入賀照田主編，《東亞現代性的曲折與展開》，長春：吉林人民出版社，2002，頁342-381。

高坂正顯等述，《世界史的立場與日本》，東京：中央公論社，1943。

高明士，〈導言：日本東洋史學的成立與發展〉、〈戰後日本對中國史研究的發展〉，收入《戰後日本的中國史研究》，臺北：東昇出版社，1982，頁19-47。

陳光興，〈亞洲作為「方法」〉，《臺灣社會研究季刊》，57（臺北，2005），頁139-218。

＿＿＿＿訪談，陳祐禎整理，〈文化「間」實踐的可能性：與孫歌對話〉，《臺灣社會研究季刊》，49（臺北，2003），頁201-235。

陳瑋芬，〈日本關於「東亞」的思考〉，收入錢永祥編，《思想》3（《天下、東亞、臺灣》），臺北：聯經出版事業公司，2006，頁151-175。

彭慕蘭、史蒂夫‧托皮克著，黃中憲譯，《貿易打造的世界：社會、文化、世界經濟，從1400年到現在》，臺北：如果出版社，2007。

黑格爾著，潘高峰譯，《黑格爾歷史哲學》，北京：九州出版社，2011。

溝口雄三，〈近代中國的形象沒有扭曲嗎〉，《歷史與社會》，2（1983），頁103-157。

————，〈俯瞰中國近代的新視角〉，《臺大歷史學報》，28（臺北，2001），頁233-242。

————，〈創造日中間知識的共同空間〉，《讀書叢刊》，266（香港，2001），頁3-10。

葛兆光，〈想像的和實際的：誰認同亞洲？：關於晚清至民初日本與中國的「亞洲主義」言說〉，《臺大歷史學報》，30（臺北，2002），頁183-206。

濱下武志，〈檢討東亞地域之歷史動力的諸課題——宗主權型、主權型、網絡型統治的競爭〉，《歷史：理論與批評》，2(臺北，2001)，頁175-185。

————著，朱蔭貴、歐陽菲譯，《近代中國的國際契機：朝貢貿易體系與近代亞洲經濟圈》，北京：中國社會科學出版社，1999。

薩伊德著，蔡源林譯，《文化與帝國主義》，臺北：立緒文化公司，2001。

安德魯‧芬伯格，〈西田哲學中的現代性難題〉，收入陸俊、嚴耕等譯，《可選擇的現代性》，北京：中國社會科學出版社，2003，頁201-230。

蘇振申，〈戰後日本東洋史研究發展之概況〉，《史學彙刊》，創刊號（臺北，1968），頁217-231。

Ang, Ien. "Migrations of Chineseness: Ethnicity in the Postmodern World," http://wwwmcc.murdoch.edu.au/ReadingRoom/litserv/SPAN/34/Ang.html(2014/6/24)

Jansen, M. B. *The Japanese and Sun Yat-sen.* Cambridge : Harvard University Press, 1967.

【研究討論】

法國史家的記憶課題——
近三十年的重要著作與討論

　　戴麗娟

法國高等社會科學研究院歷史學博士，現任中央研究院歷史
語言研究所副研究員。

專長爲十九、二十世紀法國史。

法國史家的記憶課題——
近三十年的重要著作與討論

摘要

　　記憶研究在晚近三十年間逐漸成為國際人文學界一個重要的研究領域，法國史學界在其中扮演先驅性的角色。本文以《記憶所繫之處》、《歷史性運作機制》、《維琪症候群》等三部常被提及且彼此互涉的作品為主要對象，分析其內容重點與相關議題。這些作品不僅重新開啟歷史與記憶之關係的討論，也提出歷史編纂學方面的反省，更深入探究西方社會的歷史時間觀。其中有關維琪時代及創傷記憶的研究以及相關的司法審判案件，也在學界引發關於史家之公民角色的辯論。

關鍵詞：歷史、記憶、歷史性、歷史時間、創傷記憶

一、前言

　　記憶對歷史而言，是個既熟悉又陌生的概念。就以西方文化中最常被引用的希臘神話為例，象徵歷史的Clio是九位代表文藝才智的繆斯之一，而這些繆斯之母即是象徵記憶的Mnemosyne。若從這樣的從屬關係來看，我們似乎可以說，沒有記憶就沒有歷史，因為記憶是歷史之母。但也許就是這種過於相近的特質，使得記憶一直未受到史學家的正視，甚至受到某種質疑；尤其是對於十九世紀開始制度化且企圖取得科學地位的專業史學而言，記憶更不可與歷史混為一談。受到蘭克（Ranke）影響的史家認為，歷史學處理的是已經死去、結束、不再活動的對象，應建立在嚴謹的檔案研讀上，才能得出確切的歷史實況。歷史被認為是一門研究過去的學問，所以唯有把過去與現在清楚分開，史家工作的範圍才得以確立。在這樣的觀念中，現在與過去之間的互涉，以及其所衍生的種種問題往往沒有被納入考量，成為專業史家不自覺也未曾想要處理的部分。這樣的觀念也使得當代史在正統史學中一直處於邊緣地位，因為它所處理的是尚在活動中、結局未定的人事物，其學術正當性因此處於可疑狀態，其存在頂多只是應付教學上的需求。一直到二十世紀中葉，許多史家還是認為當代事物之研究應是政治學、社會學或新聞記者的工作，史家於此無法發揮專業角色。[1]從這個背景可以瞭解，晚近出現的記憶研究（memory studies）不僅重新開啟歷史與記憶之關係的討論，也往往伴隨著對於當代史的重新評價，乃至於對於歷史時間觀的擴大思考。

---

[1]　布洛克（Marc Bloch）在寫於1941-1942年的《為史學辯護》之第一章已經指出這個迷思，見Marc Bloch, *Apologie pour l'histoire ou Métier d'historien* (Paris: Armand Colin, 1964), p. 10.

　　晚近三十年間，記憶研究逐漸成爲國際史學界相當活絡的一個領域，不僅有專門的期刊、[2]專門的研究中心，[3]連以記憶爲主題的英文讀本都可以厚達五百頁而還未盡其功。[4]不僅是在史學界，在其它人文與社會科學界也有類似的現象。在這個史學課題的興替過程中，法國史學界無論在理論或實作上都有先驅性的貢獻，但是因爲語言隔閡，在英語爲主的介紹中往往被片段地帶過，或者是被淹沒在時間上較晚出版的大量英文著作中，令人無從掌握其要義。有鑑於此，本文選擇聚焦於晚近三十年的法國史學界，以其中最常被討論、且有互涉性質的幾部重要作品爲對象，釐析其主要論點及所引發的議題。這些作品包括諾哈（Pierre Nora）的《記憶所繫之處》（*Les lieux de mémoire*）、阿多格（François Hartog）的《歷史性之運作機制》（*Régimes d'historicité*），以及胡梭（Henry Rousso）的《維琪症候群》（*Le syndrome de Vichy*）。[5]

2　例如 History and Memory 於 1989 年開始出版，Memory Studies 則於 2008 年出現。

3　例如德國埃森大學（University of Duisburg-Essen）的 Center for interdisciplinary memory research、德國吉森大學（University of Giessen）的 Collaborative Research Center for Memory Cultures、美國印第安那大學（Indiana University）的 Center for the Study of History and Memory、美國聖路易華盛頓大學（Washington University in St. Louis）的 Luce Program in Individual and Collective Memory 等。

4　見 Jeffrey K. Olick, Vered Vinitzky-Seroussi and Daniel Levy eds., *The Collective Memory Reader* (New York: Oxford University Press, 2011). 三位編者皆爲社會學家，在其導言中，也許爲了呈現此議題的豐富性而提及許多參考線索，卻沒有釐清這些作者與文本間是否有交集對話、相互影響的脈絡。讀本中將時空背景相距甚遠的文本匯聚在一起，不免予人龐雜無序之感。

5　在此三部著作之外，勒果夫（Jacques Le Goff）也曾經出版一本《歷史與記憶》（*Histoire et mémoire*），不過這是他爲義大利一套百科全書所寫

　　在進入史學作品的討論前，此處仍須簡要地提到一般認為是人文學界研究記憶問題的先驅，也就是法國社會學家阿博瓦胥（Maurice Halbwachs, 1877-1945）及他所提出的概念，因為這些概念直接影響了晚近史家的相關思考。1925年，阿博瓦胥的《記憶的社會框架》（*Les cadres sociaux de la mémoire*）問世，主張以社會學的取徑來處理當時被認為是個人、精神層次的記憶問題，由此為「記憶社會學」立下思辯基礎。[6]但此書出版當時並未引起太多討論，僅有的一些討論偏向於書中所提的「社會框架」這部分，對於後來較多人感興趣的「集體記憶」的分析並不多。[7]在當時的歷史學界，更少有人注意此書，僅有布洛克（Marc Bloch, 1886-1944）曾寫了一篇書評。[8]在此之後，阿博瓦胥又陸續發表了其它主題的著作，其記憶社會學並未受到後續關注。在第二次大戰期間，阿博瓦胥選擇投入抗德行動而遭逮捕，於戰爭末期死於德國威瑪附近的布肯瓦德（Buchenwald）集中營。在他過世後，其妹Jeanne Alexandre（從夫姓）整理其遺稿而出版了《集體記

的相關詞條集結成的小書，其書寫方式以說明為主，個人研究或論述較少，也沒有成為被持續討論的對象，所以本文未將之列入分析範圍。另外哲學家里科（Paul Ricœur）針對這個主題也出版了一本《記憶、歷史、遺忘》（*La mémoire, l'histoire, l'oubli*），以現象學、認識論、詮釋學等概念切入，與史學手法有一段距離，本文因此不將之列入討論對象，而僅在相關處引用。事實上，以該書675頁的篇幅和涉及的眾多概念，若要加以分析，必須至少另以一篇專文為之。

6　Maurice Halbwachs, *Les Cadres sociaux de la mémoire* (Paris: Alcan, 1925). 目前最完整也較常被引用的版本是經過Gérard Namer編訂、於1994年由Albin Michel出版社出版的版本。本文引用的即是1994年版。

7　例如 Charles Blondel, "Revue critique: M. Halbwachs, Les cadres sociaux de la mémoire," *Revue philosophique*, 101 (1926), pp. 290-298.

8　Marc Bloch, "Mémoire collective, tradition et coutume. A propos d'un livre récent," *Revue de synthèse historique*, 118-120 (1925), pp. 73-83.

憶》（*Mémoire collective*）一書，此書雖非完整的書稿，[9]但仍可算是他以記憶爲核心議題的第二部著作，有延續及補充第一部作品的作用。在其中，他曾感嘆道：「人們還沒有習慣談論一個群體的記憶，即使是以隱喻的方式」。[10]由此可見二戰前學界對相關議題的陌生。

　　在當時阿博瓦胥這套反覆琢磨的記憶社會學其實有其對話與反駁的對象，即他曾一度崇拜的前輩柏格森（Henri Bergson, 1859-1941）所主張的精神式、個人式的回憶，書中因此有許多篇幅是以未點名的方式與柏格森的論點進行對話。礙於篇幅，我們於此將不深入探討這個部份。僅就與本文主題相關的部分而言，我們可把阿博瓦胥的論述重點大致歸納爲以下三點：一、記憶是過去在當下的存在，但過去在其中不是以一種被保存的型態出現，而是從現在的觀點加以重組的結果。二、對於過去的記憶是在社會框架所提供的參考座標下運作，而不是純粹個人心智作用或想像的產物；個人記憶通常仍是在集體記憶的現實中產生意義。三、記憶通常具有某些社會功能，例如爲當下社會某些需求提供正當性。雖然阿博瓦胥在世時未能在其作品中清楚說

9　Maurice Halbwachs, *La mémoire collective* (Paris: PUF, 1949). 此書所收入的是作者在1925到1944年之間陸續寫成又不斷修訂的幾篇相關主題文章之草稿，但在1949年出版時，被介紹爲一份完整的書稿，其實與實際情況不符。此書在1950年、1968年皆有再版，但目前最完整的版本是經過 Gérard Namer 編訂、於1997年由 Albin Michel 出版社出版的版本。Namer 參考阿博瓦胥的遺稿以及筆記本的記載，補上在第一版遭刪減的段落，並且依照作者原先的規劃，將他在1939年已經刊登的一篇文章 "La mémoire collective chez les musiciens" 當作此書的第一章。本文引用的即1997年版。有關此書第一版的種種缺失，見 Gérard Namer 在此校訂版的前言。

10　Maurice Halbwachs, *La mémoire collective*, p. 97. 原文爲："On n'est pas encore habitué à parler de la mémoire d'un groupe, même par métaphore."

明個人記憶與集體記憶之間扣連的方式，但是他的論點諸如「記憶之社會性」、「共同記憶乃群體認同之組成元素之一」等等，都為後世研究者帶來重要的啟發。

在這份奠基性的研究之後，法國學界要到 1970 年代末期才又開始關注記憶課題，而且形成一股持續不輟的研究興趣。[11] 這個重燃之火是從歷史學界開始的，其中最令人注目的是 1984 年問世的《記憶所繫之處》。此書首冊出版後，因它在觀念與實作上的具體成果，而被視為是拓展史學問題意識的力作。[12] 後來這整套書在將近十年之間（1984-1992）共出版了七冊，不僅成為一項不容忽視的法國史書寫工程，同時也將當代史領域的記憶研究帶到最顯眼的位置。[13] 這一切其實在 1970 年代後半期就開始醞釀，此時期的法國史學變化因此值得我們細究。

11　其中一個例外是人類學家 Roger Bastide，他在 1960 年出版的作品中即引用阿博瓦胥的理論，見 Roger Bastide, Les religions afro-brésiliennes: Contribution à une sociologie des interprépations de civilisations (Paris: PUF, 1960).

12　在此之前，法國史學界也有零星幾份運用記憶資源的史學作品，例如 Nathan Wachtel, La vision des vaincus: Les indiens du Pérou devant la conquête espagnole (1530-1570) (Paris: Gallimard, 1971), Philippe Joutard, Légende des camisards (Paris: Gallimard, 1977), Antoine Prost, Les anciens combattants et la société française, 1914-1939 (Paris: Presses de la Fondation nationale des sciences politiques, 1977). 不過這些研究在出版時都未標榜以記憶研究為其重心，也未激發相關的研究風潮，而是在事後才被歸為與記憶研究有關的作品。

13　Pierre Nora ed., Les Lieux de mémoire (Paris: Gallimard, 1984-1992).

二、1970年代後期的發展

　　從法國史學發展的角度來觀察，1930年代年鑑學派興起後，社會史與經濟史是第一代年鑑史家費夫賀（Lucien Febvre, 1878-1956）、布洛克特別著力的領域，中世紀則爲其研究的主要時期。戰後接手的布勞岱（Fernand Braudel, 1902-1985）則推出「長時段」（la longue durée）的概念，並促成計量史學的發展。此趨勢使近古史（十六到十八世紀）得到較多的研究人力投入，但是社會、經濟史以外的課題，以及十八世紀以降的當代史仍然缺乏發展空間。1970年代逐步接棒的第三代，以勒果夫爲首，積極翻新史學的概念、拓展史學研究的疆域，並尋求與時興的社會科學對話。即使如此，有關記憶的課題在1970年代初期仍未被排入議程。最具指標性的例子無非是1974年所出版的《歷史之製作》（*Faire de l'histoire*）。[14]此套書一般被視爲法國史學工作者對當時的研究趨勢所作的一手闡述，然而在構成全書的「新問題、新取徑、新對象」三冊、三十多篇文章中，卻無一觸及記憶問題。兩位主編，亦即勒果夫與諾哈，當時爲這套書撰寫的專題文章分別討論的是：「心態史」（histoire des mentalités）和「事件的重返」。前者反映了那個時期法國史學對於心態史的興趣，後者則以被布勞岱史學邊緣化的「事件」爲核心，重新評估這個概念在史

14　Jacques Le Goff and Pierre Nora eds., *Faire de l'histoire* (Paris: Gallimard, 1974). 此書書名乃借用 Michel de Certeau 一篇文章之標題，其意乃「歷史之作」（le faire de l' histoire），見該套書第一冊頁 IX 之說明。文章出處如下：Michel de Certeau, "Faire de l'histoire : Problèmes de méthode et problème de sens," *Recherches de science religieuse*, 58 (1970), pp. 481-520，後收入 Michel de Certeau, *L'écriture de l'histoire* (Paris: Gallimard, 1993[1975]), pp. 27-62.

學新潮流中可能扮演的角色。至於記憶問題,則要到四年後出版的
《新史學》(*Nouvelle Histoire*)史學辭典中,才見到「集體記憶」此
一條目。[15] 此篇由諾哈撰寫,其篇幅雖然不長,卻簡潔有力地點出了
此概念在當代史學的重要性,因而常被法國學界視爲是此波研究風潮
中最早提出的理論嘗試。[16] 職是之故,以下以較多篇幅來說明諾哈在
該文中提出的想法。

　　在這篇文章中,諾哈試圖闡述阿博瓦胥的論點,並且從他對當時
社會現象的觀察來進一步辯證歷史與記憶兩者之間的關係。由於其預
設的讀者對象是史學工作者,作者在文章伊始處即將記憶研究的潛力
與已經在史學界風行一段時間、也孕育出許多作品的心態研究相比
擬:

> 今日談論集體記憶跟三十多年前談到「心態」一詞一樣,
> 遭遇到同類的難處,也牽涉到幾乎相同的利弊關係。因爲
> 這個名詞也是一樣廣泛又模糊,不過若策略性地運用之,
> 將可以爲歷史編纂學的更新帶來豐富的成果。[17]

15　Jacques Le Goff, Roger Chartier and Jacques Revel eds., *La Nouvelle Histoire* (Paris: Retz-CEPL, 1978). 此辭典於1978年出版,共575頁,後於1988年另出精簡口袋版,僅收入第一版中最主要的十篇文章,外文譯本多採取此一精簡版,中譯本亦然。

16　Pierre Nora, "Mémoire collective," in Jacques Le Goff, Roger Chartier and Jacques Revel eds., *La Nouvelle Histoire*, pp. 398-401. 前所提及的英文讀本沒有收錄這篇文章,反而節錄諾哈在2002年登於德國期刊 *Transit* 的英文短文 "Reasons for the Current Upsurge in Memory"(此爲法文文章英譯),可見這類大部頭的讀本有容易失焦的問題,見Jeffrey K. Olick, Vered Vinitzky-Seroussi and Daniel Levy eds., *The Collective Memory Reader*, pp. 437-441.

17　Pierre Nora, "Mémoire collective," p. 398.

　　然後，作者引用阿博瓦胥一篇文章的標題，藉由歷史記憶（mémoire historique）與集體記憶（mémoire collective）兩個名詞將歷史與記憶對比。[18]依照諾哈的說明，集體記憶是過去在一個群體中的殘存，由該群體對之加以運作的表現。而這個群體的規模可以是同質性高的文化區域、國家，或是有著同樣意識型態的政治或宗教團體，或是家族、世代、弱勢團體、工人階級或婦女。隨著群體的不同，牽涉在其中的集體記憶也會隨之改變。對於這些群體而言，記憶就像是無法抹滅卻可操作的財產、權力與抗爭的工具，同時也是情感與象徵的利害糾結之所在。相對於此，歷史記憶則是歷史學家所提供的對過去的記憶，因此它是統合而成的、是以符合學院標準而得出的，甚至可以說是歷史學家社群所依恃的集體記憶，也就是歷代史學累積的知識。一些被集體記憶所遺忘、擱置的部分，反而有可能成為歷史記憶討論的對象。當集體記憶因其群體的主觀需求而可能產生各種想像、壓縮、混合、變形時，歷史記憶則會過濾、累積、聚合，並試著提供較完整的圖像。所以我們可以說，歷史記憶通常會凝聚，而集體記憶則會分化，兩者之間實不無對立。儘管如此，在許多社會，兩者經常還是互通的。例如關於極古早的過去，包括起源神話、被視為重要的古代戰爭、傳奇人物與事蹟等等，集體記憶其實是藉著歷史記憶來得知與傳承的。甚至群體系譜，由於攸關正當性，往往也是一種由歷史學者提供的戰鬥工具。及至十九世紀實證史學時代，這種現象仍舊存在，例如法國第三共和之締造者的戰鬥意識型態，有一大部分正是依賴歷史學者的提供。簡言之，在某個時期以前，是歷史在形塑記憶。

　　不過，諾哈認為，在他書寫此篇短文的時刻，這個態勢已經翻轉

18　見Maurice Halbwachs, *La mémoire collective*, p. 97.

了：歷史已無法滿足社會群體的需求；而且，社會群體本身大量且迅速地生產自己的記憶論述，使得歷史書寫變成是在被記憶催促的情況下進行。諾哈認為這個現象的出現，一方面與當代社會在各方面所遭遇的變化與斷裂有關，另一方面與現代傳播工具的威力有關。世界大戰、殖民帝國解體、傳統農業社會的凋零、世界性的石油危機等等，都讓人們深感自己處於一種前所未見的變局。而且，1960年代後的大眾傳播媒體運作令人們對媒體報導的內容印象深刻，也讓所謂的時事具有前所未有的臨場感與立即的歷史權威感。當代社會的變化亦使種種集體記憶紛紛湧現。一方面，各式各樣的社會群體藉著保存或挽回其過往來彰顯其主體性；另一方面，許多人因為失根流離或對未來感到不安，意欲藉著緬懷過去來補償現在的空洞感，從而賦予過去種種至此尚不曾有過的價值。這些現象造成前述的逆轉狀態，使得原本大寫的歷史（Histoire）在被許多小寫歷史（histoires）競爭的情況下而漸趨多樣化，而歷史專業也遭受淪為意識型態角力場域的風險。

　　諾哈指出，記憶問題在二十世紀已逐漸變成一個當代的歷史課題；雖然在學界有心理學家或哲學家曾經提供一些回應，另外也有文學作品以此為核心主題，[19] 但在這篇文章寫成的年代，即1970年代末，歷史學界正式處理此問題的研究仍然極少，因此有必要正視之。他認為，若要讓集體記憶變成歷史研究的對象，必須有一個既充分也必要的條件，那就是不能再把兩者混為一談，而若是所謂的新史學能做到這一點，那就像進行了一場哥白尼革命、一場歷史編纂學上的工程，之後就可以有能力回應新的挑戰，也能滿足當代社會各個群體在

19　作者提到的有普魯斯特、喬哀思、康拉德、斯維沃（Italo Svevo）等人的作品。

這方面的需求。爲此，有幾個史家習慣的基本主軸需要被調整：一、要採納當代的問題意識，同時採取歷史回溯的步驟，後者反映出的好奇與興趣必須能夠照顧到曾經參與歷史進程的社會群體的需求。二、對於過往那種被因果律支配的單線時間性，應該放棄，取而代之的是一種人類學式的眼光，也就是對於個人與社會集體彼此接合的各個層次的關注，而這些層次可以是語言、人口、生物、經濟、形上或文化各方面的。三、在研究的時期上，過去史學家因爲出於對「起源」的追求而偏好的上古、中古時期必須讓位，由近現代研究取而代之，因爲後者可供系列研究的材料相對較多，且與當代社會的關係較近。他認爲，集體記憶的研究可以讓原本在史學中被忽略或隱微不彰的面向清楚顯現，而且在當代史領域中可扮演心態研究在近古史領域中扮演的角色，且進一步豐富相關研究的面向。在實際的研究作法上，他認爲可以從記憶依存的空間、場域、事物入手，包括：一、地理上的場所：即檔案館、圖書館、博物館；二、建築空間：例如墓園、建築物；三、象徵性的場合：例如追思會、朝聖、週年紀念活動、紀念性的標誌；四、功能性的事物：例如教科書、自傳或社團。

　　諾哈繼而指出，這些以空間活動和事物爲引導而重建的記憶（la mémoire des lieux）可以被想成是記憶依托的所在（lieux de la mémoire），而隨著國家、社會群體、各個世代對於記憶的使用方式不同，各類的記憶檔案會被建立起來。它們可以是社會以不自覺方式生活著的舊慣習俗、以歷史自覺方式經歷的傳統，或是在檔案中保存的種種資料。在此文結語處，他重申：集體記憶的問題已經超出古典歷史編纂學的範圍，要進行相關研究必須要檢討整個歷史編纂學的傳統，同時辨明記憶的性質與類型，而記憶課題的分析將會是當代史中最有活力也最重要的一部份。

　　如今回頭來看這篇三十多年前的短文，其中有些論據似乎過於簡化，但作者所指出的研究方向畢竟相當明確。在阿博瓦胥龐雜的理論基礎上，諾哈加入了他對傳統史學侷限之檢討、對當代社會變化之觀察。此外，他從英國女史葉慈（Frances Yates, 1889-1981）針對中古以空間為憑藉的記憶術之研究中獲得靈感，[20]醞釀構思出初步研究的取徑與對象。六年之後，由諾哈本人一手規劃、主編的《記憶所繫之處》第一卷問世，為這原來綱領式的理論帶來實作的成果，也正式為法國歷史學界開啟記憶研究的大門。

　　值得注意的是，諾哈對記憶課題的關注與他對「現在史」（histoire du présent）的思考有密切的關係。事實上，在前面提及的《新史學》那本歷史辭典中，諾哈除了撰寫「集體記憶」的詞條外，也撰寫了一篇標題為「現在」（présent）的詞條。[21]而在這些文章出版的同時，一直到《記憶所繫之處》的出版，諾哈是在他主持的專題討論課（seminar）上與同儕和學生們反覆討論，將原本的抽象概念一點一滴具體化，並且逐漸組成一個堅強的作者群。[22]諾哈從1976年秋

20　見 Frances A. Yates, *The Art of Memory* (Chicago: The University of Chicago Press, 1966)。此書回溯了上古流傳至文藝復興時期的記憶術，並考證了這套以空間為基礎的聯想記憶法（method of loci）與修辭學、邏輯訓練之間的關係。諾哈所創的名詞「lieux de mémoire」多少從中得到靈感。此書得以在1975年出版法文版，亦是由諾哈一手促成的。關於最後這點，見 François Dosse, *Pierre Nora: Homo historicus* (Paris: Perrin, 2011), p. 247.

21　見 Jacques Le Goff, Roger Chartier and Jacques Revel eds., *La Nouvelle Histoire*, pp. 467-472.

22　François Dosse, *Pierre Nora*, p. 288。1977-1978學年度，他所主持的專題討論課的主題便是：「集體記憶所繫之處（Les lieux de la mémoire collective）」。

正式在巴黎高等社會科學研究院（EHESS）任教，其課程名稱便訂
為「現在史」（Histoire du présent）。[23] 按照諾哈的說法，從事「現在
史」的史家是「有意識地讓過去出現在現在，而不是無意識地讓現在
出現在過去」（Il fait consciemment surgir le passé dans le présent au lieu
de faire inconscienmment surgir le présent dans le passé）。[24] 這個現在史
所標示的不只是一個比當代史離我們更近的一段歷史，而且是對一個
已經歷史化的「現在」的觀察，以及從中形成的歷史研究法。其中牽
涉到的是特殊的時間分析類別，例如世代的概念、事件的概念、記憶
的歷史、經過重新聚焦的文化史、討論政治性多過於討論政治活動的
新政治史等等，都可以是其關注的主題。[25] 這些不同的取徑都可在他
所主持出版的歷史人文及社會科學叢書系列中看到痕跡，[26] 而《記憶所
繫之處》中所集結的文章更以驚人的密度反映出主編與作者們對於
「現在史」與記憶課題的實作成果。

三、《記憶所繫之處》

　　在前述的文章中，我們看到諾哈巧妙地運用思考與文字的翻

23　François Dosse, *Pierre Nora*, p. 285.
24　Pierre Nora, "Le retour de l'événement," in Jacques Le Goff and Pierre Nora eds., *Faire de l'histoire*, t. 1, p. 225.
25　Pierre Nora, "De l'histoire contemporaine au présent historique," in Institut d'histoire du temps présent, *Ecrire l'histoire du temps présent: En hommage à François Bédarida* (Paris:CNRS Editions, 1993), pp. 43-47.
26　諾哈自1965年起即受邀在文學界享譽盛名的伽里瑪出版社（Editions Gallimard）擔任主編之一，由他創設的叢書系列主要有1966年推出的「人文科學圖書館」（Bibliothèque des sciences humaines）、1971年推出的「歷史圖書館」（Bibliothèque des histoires）。他後來也負責該出版社早在1926年就設立的「概念圖書館」（Bibliothèque des idées）叢書。

轉——從「空間場域引發的記憶」轉變成「記憶所寄託的地方」——，跳脫了單純空間框架的明顯限制。法文名詞lieu原本就可以指實體的場所，也可以指較抽象的「所在」。到了1984年推出的作品，書名更精簡成 *Lieux de mémoire*。[27]如此運用之下，這個諾哈新創的名詞可討論的對象就不只是實體物質存在的空間或場所，也可以是另具物質形式的文學或藝術作品，或是更具象徵意義的年曆日期、機構或制度，甚至是看似毫無物質憑藉的對話與語言。後來這個新創名詞在1990年代中期被收入法國人常用的法語字典 *Le Grand Robert de la langue française*，其定義就是使用諾哈的文字：「物質或概念層次的一個有意義的單位，因人們的意志或時間的作用而將之變成某一共同體的象徵性要素」（unité significative, d'ordre matériel ou idéel, dont la volonté des hommes ou le travail du temps a fait un élément symbolique d'une quelconque communauté）。

　　在1984年推出的《記憶所繫之處》第一卷單冊，以「共和國」為主題，共收入十八篇個案研究，再加上諾哈自己寫的前言和結語，構成一份完整的實作，也讓讀者看到一部迥異於傳統法國史書寫手法的作品。此冊之前言〈記憶與歷史之間〉被認為是他對「記憶所繫之處」之問題意識的完整說明，以及整個出版工程啟動的宣言。其內容要點與1978年出版的短文相似，書寫手法則更為複雜精緻。[28]此冊的

27　有關此新創名詞翻譯困難的問題，見Pim den Boer, "Loci memoriae — Lieux de mémoire" in Astrid Erll and Ansgar Nünning eds., *Cultural Memory Studies: An International and Interdisciplinary Handbook* (Berlin, New York: Walter de Gruyter, 2008), pp. 22-23. 中文翻譯的相關考量，見皮耶‧諾哈編，戴麗娟譯，《記憶所繫之處》（臺北：行人出版社，2012）中之〈譯者導言〉，頁12-13。

28　在此套書之第一套英文選譯版尚未翻譯出版前，此篇長文曾被改寫供翻

主要分類標題包括象徵、重要建築、教育、紀念活動、反差記憶
（contre-mémoire），對於法國大革命之後建立的共和國，從大家極易
聯想到的三色旗、共和曆、馬賽曲，到代表負面記憶或反差記憶的旺
代地區（La Vendée）、巴黎公社先烈牆等都包含進去。至於那些用於
建立共和國概念與維繫共和國精神的媒介，包括教材、辭典、紀念活
動等等，作者們都以現在的眼光來看待這些對象在過去是如何被建
構、被詮釋，被每一世代的人們依其當下的需求而爭奪或挪用。其中
有一些是出現時備受爭議，但經過一、兩百年的千錘百鍊，已經成為
法國人共同認同的象徵。另也有一些記憶所繫之處是初期不受注意，
或表面上並無爭議，但是在後世被政界或社會中不同意識型態的群體
加以利用，而成為詮釋上可以完全兩極的主題。

　　書中部分文章雖因過多歷史考據而顯得冗長，但是整本書充分顯
現出探討記憶的歷史可以帶來的豐富面向，因此受到學界高度的肯
定。1986年，以「國族」（La Nation）為主題的第二卷問世，全卷共
三冊，收錄四十九篇文章。以「複數法蘭西」（Les Frances）為主題
的第三卷則於1992年完成，全卷共三冊，收錄六十六篇文章。整套
書七冊共有五千多頁，前後動員了一百多位學者參與。諾哈原本的規
劃是「共和國」一冊、「國族」兩冊、「複數法蘭西」一冊，[29] 相較於
後來的結果，可看到此出版品遠超過最初設想的規模，而變成真正的

譯刊登，見 Pierre Nora, "Between Memory and History: *Les Lieux de
Mémoire*," *Representations*, 26 (Spring 1989), pp. 7-25. 由於當時許多讀者未
能閱讀法文原作，此篇英文文章因此成為他在國際學界最常被參考引用
的文章。

29　Pierre Nora, "Présentation," in Pierre Nora ed., *Les lieux de mémoire t. 1 La
République* (Paris: Gallimard, 1984), p. viii.

歷史書寫工程。這樣龐大的規模卻也意外造成該書在外文譯介上的困難，連坐擁國際學界主流資源的美國校園也得由哥倫比亞大學與芝加哥大學兩個大學出版社陸續投入，才在2010年勉強將全套書收入的文章都翻譯成英文。但這兩套英文選譯版由於經過前後兩次選文、自訂文章分類架構的過程，因此與法文原版的架構大不相同。[30]其他如義大利、德國、以色列、日本、台灣等等都是採取少量選譯的方式，因此也無法反映原著的架構。為了方便華文讀者瞭解原書出版時的架構安排，本文因此將原文七冊目錄翻譯置於附錄，以供讀者參考。

　　事實上，此著作全套出版後，許多評論者都認為，此集體書寫歷史的工程雖然龐大，卻沒有一般合著作品的缺點。它不像合著教科書那種由每個作者負責一個斷代或一個主題的機械化、缺乏對話的分工形式，也沒有一般學院論文集那種眾聲喧嘩卻缺乏交集的缺點，而比較像是一首主題清楚、結構完整的交響曲，其中每個作者在獨奏時可以自由發揮自己對主題的詮釋，但集合在一起後，多篇互有呼應，相互和諧，讓讀者彷彿聆聽一首當代歷史學家所合奏的法國史交響曲。這套書之所以能達到如此效果，主要是靠著諾哈這位樂團指揮在每卷的引言定下基調，提出具有高度的主題視野，並且花費許多時間與每位作者討論文章架構與鋪陳手法，以求能對「記憶所繫之處」這個概念做最好的闡釋。[31]在一百多篇文章中，當然還是有無法確切掌握概

30　見 Pierre Nora ed., *Realms of Memory: Rethinking the French Past*, English language edition edited by Lawrence D. Kritzman and translated by Arthur Goldhammer (New York: Columbia University Press, 1996-1998); Pierre Nora ed., *Rethinking France: Les Lieux de mémoire* (Chicago: University of Chicago Press, 2001-2010).

31　這個樂團指揮的比喻見於一些評論，例如：François Hartog, "Temps et histoire. « Comment écrire l'histoire de France ?»," *Annale: Histoire, Sciences*

念的弱音，但是精彩的高音卻處處可聞，而這些文章後來也經常被相
關主題的研究者引用。

　　在學界，此巨作受到一定的肯定，但也不乏批評的聲音，有論者
認為條目的選擇標準不清，有些條目不夠恰當，而有些條目的缺席令
人不解。[32] 也有論者認為在上百篇文章中，有關殖民的部分太少，法
國殖民的記憶被嚴重忽略。[33] 另外也有社會學家認為記憶在其中被隱
喻化處理，而有關阿博瓦胥著作中關心的問題——社會群體如何記
憶？——被討論的還不夠多。[34] 這些皆是學院中習以為常的批評，不
足以撼動此作品的地位。真正對此作品造成困擾的反而是它在大眾輿
論中獲致的盛名。事實上，在第一卷單冊出版時，主編最初對紀念活
動熱潮的批判立場是很明確的，也是被肯定的。但是由於第一、二卷
出版後受到媒體的大量關注，加上標題的新穎、簡潔，這個標題很快
地成為媒體與文化界的熱門名詞，被應用在許多地方，但其內涵也由
此被簡化，導致原本的批判意義被掏空，名詞也被標籤化。例如政府
部門為了彌補原本在法國古蹟分類使用的「歷史建築」（monument
historique）概念之限制，而將此名詞用在二十世紀出現、目前被指定
保存的現代古蹟上：1989年，香榭里榭大道上一家政商名流經常光
顧的老牌餐廳 *Fouquet's* 就被文化部冠上「記憶所繫之處」的標籤而

Sociales, 50:6 (1995), p. 1220.

32　Henry Rousso, "Un jeu de l'oie de l'identité française," *Vingtième Siècle,
　　Revue d'histoire*, 15 (1987), pp. 151-154.

33　Hue-Tam Ho Tai, "Remembered Realms: Pierre Nora and French National
　　Memory," *American Historical Review*, 106:3 (2001), pp. 906-922.

34　Marie-Claire Lavabre, "Usages et mésuages de la notion de mémoire,"
　　Critique internationale, 7:4 (2002), pp. 48-57.

成為「新遺產」。[35]此概念被消費、甚至成為紀念活動與遺產觀光部署中的一個標籤，面對這種現象，諾哈本人並非毫無警覺，所以在全套書最後一篇作為結語的文章〈紀念活動的時代〉（L'ère de la commémoration）中，他也試圖將這個現象納入分析。

　　儘管如此，還是有評論者把作品本身和大眾的接受反應視為整體看待，而質疑此出版工程是否為記憶產業（memory industry）推波助瀾。一向關切當代社會變化與思潮的法國哲學家里柯（Paul Ricœur）在2000年出版的《記憶、歷史、遺忘》中就對這種現象表示疑慮。[36]對於「記憶所繫之處」這個概念被濫用、甚至被收編等偏離的狀況，里柯似乎認為這個概念有本質上的弱點，也就是定義模糊、範圍過於變動，所以容易遭到濫用。由此，我們可看出這類出版年代跨越太長的作品之風險——隨著其出版時間的延展，後來的評論者把大眾的接受反應與作品本身一起討論，忽略了這些面向未必在作品最初的規劃當中。[37]

　　為此，諾哈在其主辦的刊物《辯論》（Le Débat）中邀請一些學者對話，並在2002年刊出的專號中發表了一篇文章，試圖再次澄清

35　相關討論不少，包括曾經擔任古蹟部門主管的Maryvonne de Saint-Pulgent也表示對此類「新遺產」現象的保留態度。見Maryvonne de Saint-Pulgent, "Le patrimoine au risque de l'instant," *Cahier de Médiologie*, 11 (2001), pp. 303-309.

36　見Paul Ricœur, *La mémoire, l'histoire, l'oubli* (Paris: Editions du Seuil, 2000), pp. 522-535. 此外，書中第二章的部分討論也提及此著作。

37　一些英文評論也有這樣的傾向，有些將之視為法國史百科全書，也有人認為此套作品是配合法國大革命兩百週年紀念而做的，但這些皆非此著作原來規劃的重點。見前引讀本Jeffrey K. Olick, Vered Vinitzky-Seroussi and Daniel Levy eds., *The Collective Memory Reader*, p. 437.

其看法和作法。[38]此篇文章融合了他在《記憶所繫之處》中曾提出的一些論點，兼及他對此書出版之後續現象的一些觀察，頗能反映他對此主題的晚近見解，值得我們以較多篇幅加以說明。在該文中，他大致以三個面向來討論：一、《記憶所繫之處》本身的性質；二、當今觀察到的記憶現象的特有結構；三、有關紀念活動的浮濫與「記憶責任」（devoir de mémoire）[39]的問題。

就第一個面向來說，他認為，當一個概念（notion）的醞釀與實際操作前後歷經十年以上，其本身必定也產生了一些變化。眾多建立在大量材料和具體分析之上的研究成果足以證明這個起初看似單薄的概念其實是既豐富又多產的。不僅那些原來就受到重視的紀念體如先賢祠、知名墓園等得到更完整的研究，甚至一些表面上與記憶議題關係不那麼直接的事物，例如百科全書、環法自行車賽等，其與集體記憶的關連也由此被勾勒出來。連一些更遠、更抽象的主題，如行政區域劃分、左右派之分，也可以透過這個概念被重新思考。由此可見，這個概念有能力翻新國族史的作法，甚至可變成是當代史研究中一個相當敏銳的主題類別。他認為，評論者當然可以質疑這個概念本身的周延程度，但要這麼做的同時，不可忽略由此產生的實際作品，因為這個概念若有意義，其意義是透過這些作品而存在的，而不是以一個

---

38 見Pierre Nora, "Pour une histoire au second degré," *Le Débat*, 122 (2002), pp. 24-31，後收入 Pierre Nora, *Présent, nation, mémoire* (Paris: Gallimard, 2011), pp. 405-418. 此篇文章大致包含了前所提及的英文讀本所選短文的主要論點。

39 「記憶責任」主要是由集中營生還的受難者、義大利化學家兼作家Primo Levi提出的呼籲，認為大屠殺的生還者有義務為死難者留下見證，讓世人不要忘記此人間浩劫及因此死去的人們。後來此概念被廣泛應用，多用來指與猶太人死難有關的刑責、賠償、追討等等。

純粹觀念（concept）的狀態存在。人們可以檢視的是，這個概念是否能夠讓我們對某個眾所熟知的主題產生新的理解？是否能夠讓一些嶄新又有啟發力的主題浮現出來，而那些是原有的歷史研究從不曾想要處理的題目？是否能夠讓一些原本被歸屬於邊緣或地方博學人士才有興趣的題目來到史學興趣的中心位置，例如博物館、檔案、節慶、箴言，甚至是紀念活動？最後還可以問的是，由這個概念所引發的這些主題研究，是否改變了歷史學家的眼光和工作，甚至影響了整個歷史編纂學的走向？諾哈認為只有從其效益來看，才能判斷這個概念本身的有效性。

對於這個概念之遭受誤用、濫用，里柯似乎傾向於認為這個概念有本質上的弱點；諾哈則認為，雖然他也不樂見這種情況，但從另一個角度來看，這也表示這個概念觸及到法國社會集體意識中的敏感神經，才會引起眾多回響，可見這個概念有其生命力。事實上，記憶這個議題本身就具有可塑性、延展性，這是研究者本來就應該有的認知。因此，這個概念的重點不在於是否具備哲學家認定的嚴格定義，而是要看在歷史實作上是否能提供刺激，並且注意到其效果與副作用。

至於第二個面向，亦即當前記憶現象本身的特有結構。諾哈認為，法國在二十世紀末期所面臨的記憶現象其實與當時的歷史條件有關，而這是出自於兩種規模頗大的變動交互作用的影響。一種是時間感的變動，另一種則是社會性的變動。時間的變動，指的是「歷史的加速」（accélération de l'histoire），亦即：許多事物才剛出現就變成過時，而「過去」這個時間向度也與現在距離愈來愈遠。往昔人們習慣尋求事物的恆常、連續性，現在則是得接受不斷變動的狀態，這導致歷史時間（過去─現在─未來）的和諧感瓦解，對未來的不確定感

也加重。這種不確定感連帶使得「現在」被賦予一種責任，亦即要記取、累積、保存所有讓後代可以瞭解當代發生之一切的所有痕跡。這種「歷史的加速」不僅讓人們對未來目標有不確定感，也讓人們與過去的關係改變，原本以為是已知的過去也因此變得隱晦不明，人們必須靠檔案材料、遺跡去追尋，而這種將過去「重新據為己有」（ré-appropriation）的過程，使得以往我們簡單稱為「歷史」的事物現在被稱為「記憶」，也就是為了符合現時需求而被重建的記憶。易言之，這種意義廣泛又無處不在的記憶有取代原先歷史所據地位之趨勢，而包括原本屬於歷史實作的部分都不得不因應之。在這種情況下，「歷史」一詞究竟指稱的是什麼，實在需要再加以定義。諾哈認為這種意義翻轉是我們必須警覺的現象，現今的歷史學家也不可能再保有像十九世紀邁向專業化過程時的同行前輩那種天真心態，以為服膺材料、自劃一塊鑽研領域就可進行一種科學性的歷史研究。

　　諾哈認為，上述「歷史的加速」在記憶方面造成兩種效果：一個是累積的現象，另一個是「現在」這個時間向度的獨立。累積的現象與失去感有關，它造成社會中記憶功能的膨脹、與記憶相關的機構與機制大幅發展，例如博物館、檔案館、圖書館、系列收藏、資料庫、數位化、大事記等等過量增生。而在不可預知的未來與變得隱晦不明的過去之間，「現在」這個時間向度似乎變成讓我們得以理解自己的唯一可能選項，但這是一個已經歷史化的「現在」，它能夠意識到自身的存在。在歷史連續性與時間連續性皆爆裂後，記憶的定義為之改變：它不再是「記取過去的經驗以便為我們設想的未來做準備」，而是「讓現在得以向其本身呈現」（rend le présent présent à lui-même）。[40]

40　Pierre Nora, *Présent, nation, mémoire*, p. 412.

　　至於社會性的變動，諾哈稱之為歷史的「去殖民化」，也就是西方社會中少數或弱勢群體的各種記憶的出現。對過去的收整與重組是這些群體主張其身份認同的過程之一部份。這其中還可粗分為三類：世界性的（二十世紀中的去殖民運動所帶來的變化）、內部的（包括族群、性別、宗教、社會、地域等方面的弱勢或邊緣團體）、意識型態的（極權與專制政權倒台後所解放出來的國家如東歐、拉丁美洲、南非等等）。由於數量眾多、規模龐大，這些地區、團體或組織所主張的記憶與身份認同促使記憶與歷史兩者的原有地位與相互關係出現深刻改變。而這種記憶爆炸的現象讓以往被忽略的「集體記憶」概念備受注意，同時也與後來被談論的「紀念活動之專制」（tyrannie de la commémoration）與「記憶責任」有關。

　　由此，諾哈進入第三面向的分析。他認為，在阿博瓦胥的理論中可大致區分成由集體記憶扮演中介角色的個人記憶、集體記憶、歷史記憶三個有秩序的層次。不過，由於前所言及的「歷史的加速」與「去殖民化」，這個理論架構中原有的層次已被打破重組。新形式的「集體記憶」就是這兩種變化同時作用的產物。一方面，我們看到這種「集體記憶」密集出現，而這與歷史意識遭到具有社會性的自我意識顛覆有關，因為後面提到的這種意識是對歷史有所要求的。另一方面，在集體記憶充斥的社會中，歷史與歷史學工作者都被指派了與以往不同的角色。在那之前，歷史──尤其是變成帶有科學企圖的歷史學科──是建立在與記憶截然兩分的基礎上，儘管它還是與記憶有根源上的關連。在那種概念架構下，記憶屬於個人、是分散多樣的；而歷史則屬於集體、經過整合的。也就是說，個人有其記憶，那可以與家庭、職業、宗教、自身經歷有關；而社會群體所擁有的是歷史。當人們說社會群體也有記憶時，就開啟了一個新的局面，這同時也意味

著社會中個體地位的改變，而個體與社會之間的關係也改變了。諾哈認為這個轉變與他在標題為〈紀念活動的時代〉一文中所描述的，以及其史學界好友郭榭（Marcel Gauchet）所言的「身份認同的紀元」（âge des identités）有關。[41]

　　諾哈認為「身份認同」的概念也經歷了與「記憶」類似的變化，也就是說，從一個屬於個體的概念變成屬於集體的概念，從主觀變成客觀。往昔談的身份通常與個人特徵有關，在行政與警察系統內指的是像手印、指紋、身體特徵（如膚色、髮色、眼珠顏色、身高等），亦即身份證件所載的事物。但當這個名詞被套用在群體時，就變成是一種從外部而來的自我界定。就像哲學家兼婦女運動者西蒙・德・波娃（Simone de Beauvoir, 1908-1986）的名言「我們並非生為女人，而是變成女人」（On ne naît pas femme, on le devient），類似的觀念可適用於主張其自我認同的各種團體。至此，身份認同變成是一種責任，就像記憶一樣；就是在這種義務性的層次上，記憶與認同產生了關連、依循了同樣的機制，甚至幾乎變成是同義詞。而二者之間的結合構成了歷史與社會動力新結構的特徵。這個帶有倫理向度的動力變得極具約束力，也容易造成濫用。由於解放、抗爭的主張，記憶被賦予了前所未有的威望與特權，它變成那些在大歷史中沒有發聲權的人們的歷史——這些群體要求大歷史的承認、爭取在大歷史中的一席之地。在此之前，記憶講求的是對所記之事物的忠實，而未必是真相。但新的狀況是，集體記憶可以宣稱自己擁用的是比歷史更真的真相，是親身經歷、深刻回憶的真實——那是關於痛苦、壓迫、恥辱的種種

41　Marcel Gauchet, *La Religion dans la démocratie: Parcours de la laïcité* (Paris: Gallimard, 1998).

回憶，不管這些回憶中是否有重建或事後引導的成分。

　　諾哈認為史學工作者與哲學家都一樣，受制於此種狀態的世界及其形成的規則，只能透過執行其職務來掙脫其束縛。不過，這個職業本身也已被改變了，史學家無法再自認為可以置身於社會現實之外。因此，瞭解自己是在何種歷史性運作機制（régime d'historicité）[42]下工作，並分析其限制，這成了避免淪為其奴隸的基本手段。是以，史學工作者，尤其是專攻當代史者，應該進行「另一層次的歷史」（histoire au second degré），讓歷史批判工作不再被侷限於檢討工具的層次，而是對於受到記憶衝擊的史學本身作整體的檢視。從這個角度來看，記憶研究的到來畢竟有讓史學工作者不再天真地忽視其複雜處境的正面功效。

　　論理至此，諾哈認為他與里柯的想法沒有基本上的差異。不過，里柯在其文中期許自己所從事的記憶研究能夠跳脫時代束縛；[43]諾哈則認為那是不可能的，尤其是對於歷史學家而言更不可能。他認為只有保持清醒警覺，從工作內部去進行思辯，才可能暫時擺脫紀念活動、記憶責任等等加諸於史學家身上的強迫狀態。

　　整體而言，我們可以看出：諾哈的記憶研究最後仍偏向於對歷史學的反省，也就是他所言的「另一層次的歷史」。但是在社會上，這個概念之所以會受到歡迎與重視，則與集體認同有關，而這種記憶熱潮，甚可說是懷舊風潮，似乎反映了法國人的某種「時間危機」，也就是本文下一節要討論的主題。

42　有關此名詞與概念的出現與內涵，後有專節說明。
43　Paul Ricœur, *La mémoire, l'histoire, l'oubli*, p. 111.

四、關於「歷史性」的討論

　　有關記憶研究所引起的討論，以及諾哈在上文中所言的「現在」這個時間向度的獨立現象，我們可在另一位法國史家的著作中找到更多迴響，作者甚且以一整章來分析《記憶所繫之處》及其牽涉到的社會現象。此亦即阿多格在2003年出版的專著，其正副標題為：《歷史性運作機制——現在主義與時間經驗》（*Régimes d'historicité: Présentisme et expériences du temps*）。[44]

　　阿多格本身是西洋上古史的專家，其研究領域是史學史，尤其是希臘史學思想。他早期曾經想投入人類學研究，因此對於李維史陀（Claude Lévi-Strauss, 1908-2009）的作品非常熟悉，也對當代其他人類學作品持續注意。後來雖回到西洋史領域，且先是專注於上古史研究，但他常將古代視為異域，帶著人類學式的比較眼光進行研究。在這份論著中，他便藉著薩林斯（Marshall Sahlins）的《歷史之島》（*Islands of history*）、李維史陀的《野性的思維》（*La pensée sauvage*），以及眾多歷史文本，包括荷馬史詩中的《奧德賽》、奧古斯丁的《上帝之城》、夏多布里昂（François René de Chateaubriand, 1768-1848）的《黃泉回憶錄》（*Mémoires d'outre-tombe*）與《美國行

44　François Hartog, *Régimes d'historicité: Présentisme et expériences du temps* (Paris: Editions du Seuil, 2003). 此書尚無英譯本，但有日譯本：フランソワ・アルトーグ（著），伊藤綾（訳・解説），《「歴史」の体制：現在主義と時間経験》（東京：藤原書店，2008）。阿多格另曾在兩篇英文文章中大致說明其論點：François Hartog, "Time, History and the Writing of History," in Rolf Torstendahl and Irmline Veit-Brause eds., *History-Making: The Intellectual and Social Formation of a Discipline* (Stockholm: Kungl. Vitterhets Historie och Antikvitets Akademien, 1996), pp. 95-113; François Hartog, "Time and Heritage," *Museum International*, 57:3 (2005), pp. 7-18.

旅》（*Voyage en Amérique*）、諾哈的《記憶所繫之處》等作品，反覆地討論不同時代的文本所呈現的歷史意識，以及反映於其中的歷史性運作機制。

現在頗常被提及的「歷史性運作機制」（régimes d'historicité）這個名詞最早是由阿多格在1983年提出。他當時在針對薩林斯所提出的概念而撰寫的一篇評論中使用了這個名詞，但並未多加著墨。[45]從該篇文章，我們已經可以看到他借異文化的歷史觀來反思西方歷史觀的作法。作者在薩林斯討論庫克船長與夏威夷原住民相遇的例子中，看到迥異於西方歷史觀的時間概念。不過，薩林斯關注的是原住民如何在其文化所提供的思考架構中來看待和詮釋庫克等人的到來，所以並未討論西方歷史觀本身內部的性質變化；阿多格則依其專長來發展後面這部分的討論。在這個名詞首次提出後，阿多格在1993年刊出的一篇文章中曾經試著將此概念理論化。[46]在1995年一篇評論《記憶所繫之處》的文章中，他也已經嘗試將此概念與他提出的「現在主義」

45　François Hartog, "Marshall Sahlins et l'anthropologie de l'histoire," *Annales: Economies, Sociétés, Civilisations*, 38:6 (1983), pp. 1256-1263. 文中所討論的薩林斯文章包括：Marshall Sahlins, "Other Times, Other Customs: the Anthropology of History," *American Anthropologist*, 85.3 (1983), pp. 517-544; Marshall Sahlins, "Apothéose du capitaine Cook," in Michel Izard and Pierre Smith eds, *La fonction symbolique* (Paris: Gallimard, 1979), pp. 307-339. 這兩篇文章後來都收入 Marshall Sahlins, *Islands of History* 中，但後面這篇經過改寫，標題被改為 "Captain James Cook; or, The Dying God"。

46　見 François Hartog and Gérard Lenclud, "Régimes d'historicité," in Alexandre Dutu and Norbert Dodille eds., *L'état des lieux en sciences sociales* (Paris: L'Harmattan, 1993), pp. 18-38. 此篇文章出現的背景是在一個由專研希臘時期的學者 Marcel Detienne 所籌畫的會議，由於有讓歷史學與人類學跨學科對話的性質，因此此是由阿多格與人類學者 Lenclud 一起完成，見 François Hartog, *Régimes d'historicité*, p. 19.

（présentisme）概念相扣連。[47]《歷史性運作機制》於2003年出版後，此名詞與概念更被廣泛引用。從1983年提出概念名詞，到2003年出書完整闡述，整整二十年間發生的柏林圍牆倒塌、蘇聯解體、《記憶所繫之處》的出版現象、古蹟概念的興起和熱潮等等，這些都是他思考其概念應用時的素材。[48]

　　依照阿多格的說法：所謂的「歷史性運作機制」，狹義而言，是一個社會看待過去以及與過去交涉的方式；廣義而言，這個概念可用來指稱人類社會自我認知的方式。或更確切地說，這個概念為比較不同類型的歷史提供了一種工具，但也可以說是將一個社會與時間的關係模式突顯出來，亦即探討不同時空的社會之時間經驗所呈現的型態。[49]

　　值得說明的是，阿多格在這部討論歷史性運作機制的著作中雖有許多參考來源，但其中最主要的理論參考可說是柯塞雷克（Reinhart Koselleck, 1923-2006）在其名著《已過去的未來》中對於歷史時間的研究，亦即對於過去的每個「現在」中，其相對應的過去與未來被感知與連結的可能模式之研究。[50]以柯塞雷克所用的名詞，也就是在特定時刻中，「經驗場域」（champ d'expérience/ space of experience）和

47　François Hartog, "Temps et histoire. «Comment écrire l'histoire de France?»," pp. 1219-1236.
48　相關細節請見其一篇訪談："Sur la notion de régime d'historicité: Entretien avec François Hartog," in Christian Delacroix, François Dosse and Patrick Garcia eds., *Historicités* (Paris: La Découverte, 2009), pp. 133-149.
49　François Hartog, *Régimes d'historicité*, pp. 19-20.
50　Reinhart Koselleck, *Vergangene Zukunft: Zur Semantik geschichtlicher Zeiten* (Frankfurt am Main: Suhrkamp, 1979). 本文參考的是法文版：Reinhart Koselleck, *Le future passé*.

「期待遠景」（horizon d'attente/horizon of expectation）二者之間連結時的和諧或緊張關係。所謂的歷史時間往往是兩者之間的張力下之產物。[51] 在其著作中，柯塞雷克特別著力於伴隨現代性到來而呈現的時間經驗，也就是啓蒙時期的新歷史觀與法國大革命的衝擊。阿多格一方面延續柯塞雷克的思考，一方面結合他本身對二十世紀末期的觀察，將西方歷史性運作模式大致歸納爲三種，而每次原有模式的開始變化多少都反映出當時人們感受到的時間危機（crise du temps），或說是如他所引用的鄂蘭（Hannah Arendt, 1906-1975）曾言及的：「過去與未來之間的鴻溝」（the gap between Past and Future）。[52] 這當然不是說在這三種模式發生轉換之外，西方歷史中不曾出現其他時間危機，只是這幾次主要危機之深度，足以使得原先主導的時間概念不再全然有效。

在阿多格歸納的三種模式中，第一種是自古代即存在、持續到十八世紀、受「歷史是人生之師」（*historia magistra vitae*）這個觀念主導的歷史性運作機制。[53] 由羅馬共和國晚期思想家西塞羅的名言而形成的這個概念雖是連結古希臘的思想，但也被基督教興起後的思想家繼續沿用，儘管後者偏向強調要在永恆的基礎上連結過去、現在、未來，並以此思考救贖經驗。在這個「以史爲鑑」的模式中，過去被視爲是充滿値得思考與仿傚的經驗來源，而未來被視爲是同樣經驗的一再重複，因此在當時人們的「經驗場域」和「期待遠景」的連結互動

51　寇斯雷克在該書第三部份第五章特別處理此一組概念。

52　Hannah Arendt, *Between Past and Future: Eight Exercises in Political Thought* (New York: The Viking Press, 1961).

53　此名言之含意與中文的「以史爲鑑」相似。寇斯雷克在其書中第一部份第二章特別討論此概念。

中，是以「經驗場域」為主導，思考方向因此是偏重過去，且由過去
指向未來。

　　這種延續了一千多年的主流歷史觀到了十八世紀末有了明顯的變
化，開始逐漸被另一種歷史性運作機制所取代，阿多格稱之為「現代
歷史性運作機制」（régime moderne d'historicité）。在這個新機制裡，
歷史被視為是一個過程（processus），事件不再只是在某個歷史時空
中發生，而是必須透過時間的作用發酵，產生其真正的動力效果，而
且往往是被放在一個有目的指向的架構中看待。未來於此不再被視為
是過去的重複，而是人們必須思考的啟示來源，可能為人類帶來新境
界。在這個運作模式中，啟示是來自於未來，未來變成是歷史性思考
中的主導類別，現在的意義是由未來所賦予。柯塞雷克指出，在德語
世界，複數歷史（die Geschichten）在十八世紀中期逐漸被單數歷史
（die Geschichte）一詞所取代，大寫歷史被賦予高於小寫歷史的地位，
而歷史時間被當作單獨討論的主題，迥異於往昔那種依附於自然時間
的編年記事的作法。法國大革命的發生更強化了這樣的思想變化。[54]
這種歷史時間觀亦受到科學革命、工業革命的影響，出現於十九世紀
的進步主義即反映了這種歷史性運作機制，而同時，馬克思主義、自
由主義等宏觀意識型態則提供人們構築未來的理想藍圖。二十世紀初
在藝術領域一度出現的未來主義（futurism）也表現出這種想法。

　　然而，經過第二次大戰及納粹屠殺猶太人事件、解放殖民戰爭，
尤其是發生於1970年代、當下即造成極大衝擊的世界性石油危機，以
及1980年代末期共產集團解體、柏林圍牆倒塌等等事件之後，這個伴
隨第一次現代性經驗而出現的歷史時間觀似乎已經逐漸不適用。從二

54　Reinhart Koselleck, *Le future passé*, p. 46.

十世紀末期的種種現象，這位史家觀察到西歐社會再度處於一種「時間危機」：未來不再是那個能預見和期待的遠景，而過去也不再是那個可以提供行動指導的經驗場域。在這種時間性的斷裂中，人們似乎只能緊守著「現在」這個時間向度，而這也造成「現在」的膨脹、擴大，使得「期待遠景」與「經驗場域」都被壓縮在當下。阿多格稱此新形成的歷史性運作機制爲「現在主義」——以未來主義爲對立參考所塑造的一個概念名詞—— [55] 並且把晚近三十年的紀念活動、古蹟遺產、記憶熱潮（即英美學界所稱之memory boom）等現象都歸於其中。也就是說，以未來爲指引的「現代歷史性運作機制」已經失去作用，取而代之的是「現在主義」。阿多格試著描述其特徵：它在形成之時，即傾向於將自己視爲是已經過去的、是歷史的，換言之，它一邊往自身凝視，一邊預想未來回頭看此時的眼光，而這樣做的同時，就好像它想「預見過去」；這個眼光，卻是它現在向自己呈現的眼光。[56]

　　阿多格此觀察呼應了諾哈的看法，而阿多格也認爲《記憶所繫之處》的出現與遭遇反映了「現在主義」的情境：在這種情況下，史家不再是過去與未來之間的溝通者，而只能分析觀察自己身處的歷史情境。有論者認爲阿多格此書透露出一種對這個時代的悲觀；[57] 不論是否如此，這位作者至少是藉由研究包括古代、異文化在內的歷史性運作模式，以一種比較性的眼光來觀察當代西方社會。而這種對不同時

55　見François Hartog, "Temps et histoire. «Comment écrire l'histoire de France?»," p. 1235.

56　François Hartog, "Temps et histoire. «Comment écrire l'histoire de France?»," p. 1225.

57　見Déborah Blocker and Elie Haddad, "Le présent comme inquiétude: temporalités, écritures du temps et actions historiographiques," *Revue d'histoire moderne et contemporaine*, 53:3 (2006), pp. 160-169.

期書寫中所表現出來的過去、現在、未來之間的辯證連結，也進一步擴展了歷史編纂學（或說是史學書寫）的討論。[58]

　　從以上所提的這兩部作品可看出：阿多格與諾哈兩位史家採取不同的途徑來趨近問題核心，但他們所做的其實都是對西方歷史學傳統的再思考，也都是對於自己所處的當代歷史情境的一種本體論上的理解，以及對當代西方社會之歷史意識改變的一種詮釋學上的嘗試。

五、法國史中的創傷記憶

　　關於現在史與記憶責任，晚近三十年間另有一部引起許多討論的法國史著作亦值得注意：專研現在史的胡梭所撰寫的《維琪症候群》。[59]將這份針對維琪時期（Vichy）的相關記憶所作的研究於此一併分析的原因有二。首先，《記憶所繫之處》雖也討論許多分裂、爭議的記憶，但多已是塵埃落定的主題；胡梭所處理的主題則不僅是一個至今仍然爭議不斷的創傷記憶，且更是當代法國特別黑暗、傷痕累累的一段歷史。此外，胡梭於書中借用精神分析的概念和名詞來描述其研究對象，充分呈現了此議題的跨學科性質，成爲後來許多研究的參考對象。其次，胡梭的著作在 1987 年出版時，參考了不少諾哈對於歷史與記憶雙元思考的分析，雖然其研究動機與《記憶所繫之處》

58　Christian Delacroix, "Généalogie d'une notion," in Christian Delacroix, François Dosse and Patrick Garcia eds., *Historicités*, pp. 29-45. 值得説明的是，阿多格在史學書寫方面的思考來源是 Michel de Certeau 的眾多論著，而非如 Hayden White 之類的論述，見 François Hartog, *Evidence de l'histoire*, pp. 295-308.

59　Henri Rousso, *Le syndrome de Vichy, 1944-198...* (Paris: Editions du Seuil, 1987). 此書於 1990 年再版並增加一份新的前言，本文所參考的即是 1990 年版。英文版則於 1991 年推出。

不同，但其著作在出版後也跟後者一樣地遭受盛名之累，以種種形式
被捲入社會團體、媒體、官方的紀念活動中。尤有甚者，在1990年
代出現的追訴二次大戰罪犯的司法審判中，史家如胡梭等人經常被邀
請到法庭「作證」。這種新現象在法國史學界引發爭論，而爭論自然
而然地聚焦於歷史學者的角色與定位，以及歷史真相與司法正義之間
性質混淆的問題。這些問題也由此成為記憶研究中一個經常被提及的
面向。

　　維琪政權是法國在第二次世界大戰期間，在不戰而降的情況下，
尋求與德軍和解所建立的一個親德政權，由第一次大戰期間曾經立功
的貝當元帥（Maréchal Pétain, 1856-1951）所領導，前後維持了四年
有餘（1940.7.10-1944.8.20）。不戰而敗的恥辱、戰爭期間親德的合作
派與抗德份子的對立所造成的內戰狀態、國內領土與海外帝國的分
裂、法國境內對猶太人的大規模逮捕、戰後初期的肅清（épuration）
等等，凡此皆使這段歷史成為當代法國人不願多談的過去。胡梭在其
專著中借用心理分析的概念與術語來剖析法國社會在戰後四十多年期
間對這段過去的回憶與遺忘。按照他的分期，在造成創傷（trauma）
的事件過後，原本應該進行的「哀悼工作」（travail de deuil）在1944-
1955年期間被內戰的後遺症、清算、大赦等一連串後續事件取代。
其後，整個社會即直接進入「壓抑」（refoulement）期。

　　在此時期，有關維琪的討論銳減，只有頌揚法國人抗德行動的論
述能登上版面，而且形成愈來愈穩固的神話。而這個神話則主要由法
國共產黨人與戴高樂主義者兩派的詮釋所把持。[60]至於戰爭時期內

60　兩派都實際參與抗德行動，法共代表的是本土抗德組織的一支，而戴高
　　樂則是海外抗德組織的精神領袖。從戰後一直到1970年戴高樂過世為
　　止，這兩派勢力持續競逐法國政壇的龍頭地位。

鬥、媚德、仇猶等黑暗的面向，在此壓抑時期極少被公開討論。少數
討論到這段歷史的人也大多傾向將維琪政府定位為傀儡政權，只是配
合德軍的命令行事，並未全面檢討其責任。

　　這種沈默與壓抑的情況在1970年代初期開始有了轉變，這也是
胡梭在其書中稱之為「鏡像破滅」（le miroir brisé）和「受壓抑事物
復返」（retour des refoulés）的時期。破鏡的第一擊當屬歐弗斯
（Marcel Ophuls）在1971年推出的紀錄片《悲傷與憐憫》（*Le Chagrin
et la Pitié*）。在這部長度超過四小時的黑白影片中，歐弗斯以維琪時
期的法國中部山區城市（Clermont-Ferrand）為背景，對經歷這段歷
史的各種人物進行口述訪談。總共近四十位受訪者之中有抗德份子，
也有貝當元帥的支持者，有法國人，也有少數德國人。在這些受訪者
不提（non-dits）、口誤（lapsus）或侃侃而談的同時，影片作者穿插
了戰時維琪政府製作的新聞影像，密集地製造出當時主流輿論、當事
人記憶、事後論述之間的對比反差、衝擊與對話，使得觀看者無法跟
隨單一直線論述安然觀影，而自然地對於所見所聞產生質疑，開始懷
疑維琪政府處於被動、法國人傾向抗德等神話。這部破除神話的影片
所引起的討論、以及法國政府對此片在電視播映的限制等等被胡梭視
為是「受壓抑事物復返」階段的最初癥兆。同年年底，一名原本已被
判刑的法奸份子涂維耶（Paul Touvier, 1915-1996）因為天主教組織的
說情而得到總統龐畢度特赦。此事件也引起法國社會對此段歷史的重
新關注。

　　在歷史研究方面，1973年，美國政治史家帕克斯騰（Robert
Paxton）的著作《維琪法國》（*Vichy France*）法文版問世[61]，正面衝擊

61　此書英文原著：Robert O. Paxton, *Vichy France: Old Guard and New Order,*

了當時的主流論述。如前所述，在此之前的研究傾向於將維琪政權描寫為一個被動、過渡的傀儡政權，甚至有人認為貝當政府配合納粹是為了保護法國本土民眾，扮演了盾牌的角色，否則境內死傷的人數可能更多——猶太人的部份亦然。[62]帕克斯騰在大量查閱被美國扣留的德國檔案後發現，維琪政府其實相當主動積極地跟納粹合作；在捕殺境內猶太人一事上，維琪政府其實反映了法國內部深沈的反猶傳統，並非只是被動配合納粹政策。帕克斯騰認為維琪政府之所以如此積極，目的在於要利用此非常時期的歷史條件來實現其國族革命（Révolution nationale）的藍圖，對國家與社會進行內部改造——這些規劃原本是為了推翻1930年代人民陣線的左派政策，但是到了戰後，儘管維琪政權已經垮台，其主張的有些政策其實還被沿用。帕克斯騰此書出版後引起正反兩極的評價。它否定過去主張的法國人多數抗德論，且提出法國人多數支持貝當及親德的看法，引來眾多質疑，包括曾經參與抗德組織的人們。無論帕克斯騰的論點是否正確，此書的出現促使當時法國歷史學界正視此段歷史研究過於偏頗的情況。胡梭認為，在此時期之後，法國社會關於維琪時代的記憶就進入類似「強迫症」（obsession）的狀態，不斷被重複提起，一直到他自己的書出版之時仍是如此。在此變化中，猶太記憶（mémoire juive/Jewish memory）的興起，[63]以及一連串相關審判事件是最常引發討論的議

1940-1944 (New York: Columbia University Press, 1972).

62　此類論述的代表作為：Robert Aron, *Histoire de Vichy, 1940-1944* (Paris: Fayard, 1954).

63　猶太人遭納粹屠殺的創傷記憶在法國社會之所以興起，有兩部影視作品影響重大，一是1978年在美國推出、隨後於1979年在法國國家電視台播出的電視影集《燔祭》（*Holocaust*，一般也譯成《大屠殺》）。另一部是法國導演Claude Lanzmann於1985年完成、總長近十個小時的紀錄片

題；而1970年代末期出現的修正論（révisionnisme）——胡梭在其書中稱之爲否認論（négationnisme），[64]以區隔一般的修正論，而此新詞後來被多數論者採用——企圖全盤推翻納粹屠殺猶太人之事實以及毒氣室的存在，更激發歷史學界的動員對抗。[65]

　　正如其書中所分析的維琪症候群，胡梭這份研究也將他自己捲入相關的事件當中。由於某些二次大戰時曾下令捕殺猶太人的法國警政官員之責任在戰後從未被追究，1990年代，在違反人道罪（crimes contre l'humanité/crimes against humanity）適用範圍擴大而且不受時效約束的背景下，一些受害者家屬及相關人權團體遂以此罪名向法院提出控告。[66]此時期起訴維琪時期官員的案件增多，有論者稱之爲「二度肅清」（la seconde épuration），其中又以1997年重新開庭的巴鵬訴訟案（Procès Papon）最受矚目。[67]在此案件中，有十名專門研究

《浩劫》（Shoah）。後面這部影片標題所用的希伯來語後來被許多猶太人沿用來指稱這個歷史事件，以取代比較不貼切的Holocaust一詞。

64　Henri Rousso, *Le syndrome de Vichy*, pp. 176-183.

65　法國史家維達納凱（Pierre Vidal-Naquet, 1930-2006）成爲其中最明顯、也最常被引用的例子，因爲原本專研上古時期的他爲了反駁否認論的支持者，在此時轉而投入研究否定論的論述，見Pierre Vidal-Naquet, *Les assassins de la mémoire* (Paris: Maspéro, 1981).

66　違反人道罪起初是在1945年8月8日簽訂的《控訴和懲處歐洲軸心國主要戰犯協定》的附件《國際軍事法庭憲章》中出現，從屬於違反和平罪與戰爭罪，其適用範圍一般僅限於戰爭時期。1964年，法國國會解除該法的追訴期限，但當時的案件多針對在逃的納粹份子。1990年代，由於南斯拉夫、盧安達等國內衝突不斷，且造成境內的種族屠殺與種族迫害，違反人道罪在國際社會保障人權的共識下，逐漸變成獨立罪名，而且變成可適用於非戰爭時期。有一些猶太受害者之後裔乃開始以此罪名控告一些先前未被起訴的政府官員。

67　巴鵬在維琪時期擔任吉宏德（Gironde）省省政府主任秘書之類的職務，曾簽發許多將猶太人送往集中營的文件。有關此案的特殊性，可見

維琪時期的歷史學家被以證人身份傳喚，其中也包括胡梭在內，他當時是由被告一方要求。在一般情況下，被傳喚的證人是不能拒絕出庭的，除非經過審判長同意。大部分當時被傳喚的史家都出庭，但胡梭最後仍婉拒，因此必須寫信給刑事法庭審判長說明自己拒絕出庭的理由。其主要論據便是希望史家與判官、史家與證人的角色不要被混淆。[68] 由於此案的發展，法國史學工作者因而必須一再釐清專業意見的有效範圍以及角色分際，而這些問題又回過頭來豐富了現在史的討論。針對這些問題、以及後續的相關變化，胡梭後來又出版了《維琪：一段過不去的過去》[69]與《過去的糾纏》[70]加以討論。

六、代結語

　　法國史學界晚近三十年間對記憶的研究與討論，讓我們看到一個源頭豐富且波濤洶湧的研究領域。《記憶所繫之處》這個龐大的史學工程不僅以具體的方式呈現記憶史的可行性，同時也豐富了政治文化史及象徵史的研究。阿多格的著作則藉此全盤檢視先後主導西方歷史時間觀的幾種歷史性運作機制，並省思今日歐洲社會的歷史感。胡梭的作品以法國當代最受爭議的一段時期爲對象，分析此創傷記憶在法國戰後社會的發展，不僅提出具體的研究成果，而且至今仍持續追蹤

Guillaume Mouralis, "Le procès Papon," *Terrain*, 38 (2002), pp. 55-68.

68　此信件之英文版被收入 Henry Rousso, *The Haunting Past* (Philadelphia: University of Pennsylvania Press, 2002), pp. 85-86.

69　Eric Conan and Henry Rousso, *Vichy, un passé qui ne passe pas* (Paris: Fayard, 1994). 此書於1996年再版，英文版則根據再版翻譯，在1998年問世，由帕克斯騰作序。

70　Henry Rousso, *La Hantise du passé* (Paris: Textuel, 1998). 此書爲胡梭與記者 Philippe Petit 的訪談整理，英文版 *The Haunting Past* 於2002年推出。

後續討論。

　　相較於時下強調創傷記憶在記憶研究中之重要性的論點，[71] 我們可看到諾哈與阿多格在其作品中都未特別著墨於此，這似乎不是因為他們忽略其重要性，而多少是因為其中涉及的倫理問題可能會模糊、遮蔽他們所欲探討的史學問題。諾哈與里科或多或少都反對史學被這種創傷記憶或記憶責任的強迫性綁架。他們並不是否認創傷記憶的真確性，而是希望以另一個高度來看待這些議題：里科在其專著即指出遺忘之必要，並試探寬恕的可能性。[72]

　　法國以及其他國家的研究案例多少提醒我們如何利用——與避免濫用——現有的記憶現象及相關的研究成果來反思史學工作。不過，我們需特別注意的是，法國史家之所以會對紀念活動氾濫現象發出警語，其前提是：法國是個歷史研究活動昌盛且成績斐然的國家。在一些歷史被漠視、記憶被掩埋的國家或社會，問題的提問方式可能就會截然不同。無論如何，在歷史遺產被高度觀光化、紀念活動淪為空洞儀式的今日，法國史學工作者的著作提醒我們，史家不只是要盡力建立客觀史實，也需要思考歷史研究的時代意義以及史家的社會角色。

71　在英語為主的出版品中尤其明顯，例如 Jan-Werner Müller ed., *Memory and Power in Post-war Europe: Studies in the Presence of the Past* (Cambridge; New York: Cambridge University Press, 2002), pp. 13-14; Chris Lorenz, "Unstruck in time. Or: the sudden presence of the past," in Karin Tilmans, Frank van Vree and Jay Winter eds., *Performing the Past* (Amsterdam: Amsterdam University Press, 2010), pp. 69-70.

72　見里科專書的結語部份：Paul Ricœur, *La mémoire, l'histoire, l'oubli*, pp. 593-655.

附錄

《記憶所繫之處》總目（PLAN GÉNÉRAL DES LIEUX DE MÉMOIRE）

第一卷TOME I 共和國（LA RÉPUBLIQUE）
記憶與歷史之間（Entre Mémoire et Histoire）
象徵SYMBOLES：
三色旗（Les Trois Couleurs），共和曆（Le calendrier républicain），馬賽曲（*La Marseillaise*）
紀念性建物MONUMENTS：
萬神殿（Le Panthéon），市政府（La mairie），亡者紀念碑（Les monuments aux morts）
教學PÉDAGOGIE：
《拉胡斯大字典》（Le *Grand Dictionnaire* de Pierre Larousse），拉維斯，國族的教師（Lavisse, instituteur national），雙童環法記（*Le Tour de la France par deux enfants*），第三區教育之友圖書館（La bibliothèque des amis de l'instruction du IIIᵉ arrondissement），Ferdinand Buisson 的《教學字典》（Le *Dictionnaire de pédagogie* de Ferdinand Buisson）
紀念活動COMMÉMORATIONS：
伏爾泰與盧梭百年紀念（Les centenaires de Voltaire et Rousseau），七月十四日（Le 14-Juillet），雨果的葬禮（Les funérailles de Victor Hugo），法國大革命百年紀念（Le Centenaire de la Révolution

française），1931年的殖民博覽會（L'Exposition coloniale de 1931）

反差記憶CONTRE-MÉMOIRE：

旺代省，記憶地區 (La Vendée, région-mémoire)，巴黎公社先烈牆（Le mur des Fédérés）

從共和國到國族 De la République à la Nation

第二卷 TOME II 國族 LA NATION

第一冊

遺產 HÉRITAGE：

行政公署與修道院（Chancelleries et monastères），la mèmoire de la France au Moyen Âge，氏族：十至十三世紀（Le lignage. Xᵉ-XIIIᵉ siècle），王室聖堂（Les sanctuaires royaux），漢斯：祝聖之城（Reims, ville du sacre）

歷史編纂學 HISTORIOGRAPHIE：

《法蘭西大編年史》（Les *Grandes Chroniques de France*），帕斯企耶的《探尋法國》（*Les Recherches de la France* d'Étienne Pasquier），提耶希的《法國史論集》（Les *Lettres sur l'histoire de France* d'Augustin Thierry），拉維斯的《法國史》（L'*Histoire de France* d'Emest Lavisse），年鑑史學時刻（L'heure des *Annales*）

風景 PAYSAGES：

畫家眼中的風景（Le paysage du peintre），學者眼中的風景（Le paysage du savant），《若安旅遊指南》（Les Guides-Joanne），維達勒德拉布拉許的《法國地理全景》（Le *Tableau de la géographie de la France* de Vidal de la Blache）

第二冊

疆域 LE TERRITOIRE：

從封建疆界至政治邊界（Des limites féodales aux frontières politiques），從國家範圍至民族邊界（Des limites d'État aux frontières nationales），亞爾薩斯：一份關於邊界的記憶（Une mémoirefrontière : l'Alsace），六邊形的法國本土（L'Hexagone），南北（Nord-Sud）

國家L'ÉTAT：

國家的象徵（La symbolique de l'État），凡爾賽宮，統治者的形象（Versailles, l'image du souverain），凡爾賽宮，功能與傳奇（Versailles, fonctions et légendes）―法國民法法典（Le Code civil），法國統計總覽（La Statistique générale de la France），國家的記憶（Les Mémoires d'État）

襲產 LE PATRIMOINE：

襲產的概念（La notion de patrimoine），外省博物館的誕生（Naissance des musées de province），勒諾瓦與法國建物博物館（Alexandre Lenoir et les musées des Monuments français），亞西斯・德寇蒙與學會（Arcisse de Caumont et les sociétés savantes），基佐與記憶機構（Guizot et les institutions de mémoire），梅里美與史蹟視察單位（Mérimée et l'Inspection des monuments historiques），維歐雷勒度克與古蹟修復（Violet-le-Duc et la restauration）

第三冊

榮耀LA GLOIRE：

為國捐軀（Mourir pour la patrie），士兵沙文（Le soldat Chauvin），拿破崙一世遺骸回歸（Le retour des Cendres），凡爾登（Verdun），凡爾賽宮歷史博物館（Le musée historique de Versailles），羅浮宮（Le Louvre），demeure des rois temple des arts，知名先人（Les morts illustres），Oraison fubébre，éloge académiqae，nécro logie，巴黎的雕像（Les statues de Paris），路名（Le nom des rues）

字語 LES MOTS：

法國研究院（La Coupole），法國學院（Le Collège de France），講壇、論壇、律師席（La chaire, la tribune, le barreau），波旁宮（Le Palais-Bourbon），學術經典（Les classiques scolaires），拜訪大文豪（La visite au grand écrivain），法國高師文科預備班（La khâgne），法語寶庫（Les Trésors de la langue）

記憶國族（La nation-mémoire）

第三卷 TOME III 複數法蘭西 LES FRANCE

如何書寫法國歷史？（Comment écrire l'histoire de France?）

第一冊、衝突與分割 CONFLITS ET PARTAGES

政治區隔 DIVISIONS POLITIQUES：

法蘭克人與高盧人（Francs et Gaulois），舊政體與大革命（L'Ancien Régime et la Révolution），天主教徒與非教徒（Catholiques et laïcs），人民（Le peuple），紅與白（Les rouges et les blancs），法國人與異邦人（Français et étrangers），維琪政權（Vichy），戴高樂派與共產主義者（Gaullistes et communistes），右派與左派（La droite et la gauche）

宗教弱勢 MINORITÉS RELIGIEUSES：

巴黎波華雅勒修道院（Port-Royal），荒漠期博物館（Le musée du Désert），格利哥里、德黑福斯、德宏斯與哥白尼（Grégoire, Dreyfus, Drancy et Copernic）

時空分割 PARTAGES DE L'ESPACE-TEMP：

臨海地區（Le front de mer），森林（La forêt），聖馬婁至日內瓦分隔線（La ligne Saint-Malo-Genève），巴黎-外省（Paris-province），中心與邊陲（Le centre et la périphérie），地區（La région），省份（Le département），世代（La génération）

第二冊、傳統 TRADITIONS

典範 MODÈLES：

土地（La terre），鐘塔（Le clocher），大教堂（La cathédrale），宮廷（La cour），主要職業團體（Les grands corps），軍職（Les armes），自由職業：以律師爲例（La profession libérale, Un cas, le barreau），企

業（L'entreprise），職業（Le métier），Ferdinand Brunot 的《法語史》（L'*Histoire de la langue française*, de Ferdinand Brunot）

扎根 ENRACINEMENTS：

地方（Le local），布列塔尼詩歌民謠集（Le *Barzaz-Breiz*），歐克語言文化協會（Le Félibridge），諺語、童話與歌謠（Proverbes, contes et chansons），馮傑內普的《法國民俗手冊》（Le *Manuel de folklore français,* d'Arnold Van Gennep）

特色 SINGULARITÉS

對話（La conversation），獻殷勤（La galanterie），葡萄園與葡萄酒（La vigne et le vin），美食（La gastronomie），咖啡館（Le café），環法自行車賽（Le tour de France），普魯斯特之《追憶似水年華》（La *Recherche du temps perdu*, de Marcel Proust）

第三冊、從檔案到標誌 DE L'ARCHIVE À L'EMBLÈME

記錄 ENREGISTREMENT：

系譜（La généalogie），公證人業務（L'étude du notaire），工人生活（Les vies ouvrières），工業時期（L'âge industriel），檔案（Les archives）

名勝 HAUTS LIEUX：

拉斯科（Lascaux），阿萊西亞（Alésia），韋茲萊（Vézelay），巴黎聖母院（Notre-Dame de Paris），羅亞爾河城堡群（Les châteaux de la Loire），蒙馬特上的聖心堂（Le Sacré-Cœur de Montmartre），艾菲爾鐵塔（La tour Eiffel）

認同 IDENTIFICATIONS：

高盧雄雞（Le coq gaulois），教會的長女（La fille aînée de l'Église），

自由、平等、博愛（Liberté, Égalité, Fraternité），查理曼大帝（Charlemagne），聖女貞德（Jeanne d'Arc），笛卡兒（Descartes），國王（Le roi），國家（L'Éat），巴黎（Paris），法語靈妙之處（La génie de la langue française）

紀念活動的時代（L'ère de la commémoration）

French Historians' Memory Studies:
Important Works and Discussions during the Last Thirty Years

Li-Chuan TAI

Abstract

Memory studies have become an important field of research in international human sciences, and French historical works have set the trend. This article focuses on *Les Lieux de mémoire, Régimes d'historicité*, and *Le syndrome de Vichy*, three principal works often mentioned in the discipline, each of which cross-references the others. The article analyses the key points and related topics contained in these works, which not only reopened the discussion about the relationship between history and memory but also provided historiographical reflections and observations about the concept of historical time in Western civilization. The studies about the Vichy regime and trauma memories, as well as the judicial cases related to these issues, have raised debates among French historians about historians' duties as citizens.

Key words: history, memory, historicity, historical time, traumatic memories

徵引文獻

皮耶・諾哈編，戴麗娟譯，《記憶所繫之處》，臺北：行人出版社，2012。

Arendt, Hannah. *Between Past and Future*. New York: Penguin, 2006.

Aron, Robert. *Histoire de Vichy, 1940-1944*. Paris: Fayard, 1954.

Bastide, Roger. *Les religions afro-brésiliennes: Contribution à une sociologie des interprétations de civilisations*. Paris: PUF, 1960.

Bloch, Marc. "Mémoire collective, tradition et coutume. A propos d'un livre récent," *Revue de synthèse historique*, 118-120(1925), pp. 73-83.

_____. *Apologie pour l'histoire ou Métier d'historien*. Paris: A. Colin, 1964.

Blocker, Déborah. and Elie Haddad. "Le présent comme inquiétude: temporalités, écritures du temps et actions historiographiques," *Revue d'histoire moderne et contemporaine*, 53:3 (2006), pp. 160-169.

Blondel, Charles. "Revue critique: M. Halbwachs, Les cadres sociaux de la mémoire," *Revue philosophique*, 101 (1926), pp. 290-298.

Conan, Éric, and Henry Rousso. *Vichy, un passé qui ne passe pas*. Paris: Fayard, 1994 [English version: *Vichy: An Ever-Present Past*. Hanover, NH: Dartmouth College Press, 1998].

De Certeau, Michel. *L'écriture de l'histoire*. Paris: Gallimard, 1993.

Delacroix, Christian. François Dosse and Patrick Garcia eds. *Historicités*. Paris: La Découverte, 2009.

Den Boer, Pim. "Loci memoriae — Lieux de mémoire," in Astrid Erll and Ansgar Nünning eds. *Cultural Memory Studies: An International and Interdisciplinary Handbook*. Berlin, New York: Walter de Gruyter, 2008, pp. 19-25.

De Saint-Pulgent, Maryvonne. "Le patrimoine au risque de l'instant," *Cahier de Médiologie*, 11 (2001), pp. 303-309.

Dosse, François. *Pierre Nora: Homo historicus*. Paris: Perrin, 2011.

Gauchet, Marcel. *La Religion dans la démocratie: Parcours de la laïcité*. Paris: Gallimard, 1998.

Halbwachs, Maurice. *La mémoire collective* Paris: Albin Michel, 1997.

_____. *Les Cadres sociaux de la mémoire*. Paris: Albin Michel, 1994.

Hartog, François. "Marshall Sahlins et l'anthropologie de l'histoire," *Annales: Économies, Sociétés, Civilisations*, 38:6 (1983), pp. 1256-1263.

_____. "Marshall Sahlins, Des îles dans l'histoire," *Annales: Économies,*

Sociétés, Civilisations, 44:6 (1989), pp. 1361-1363.

_____. and Gérard Lenclud. "Régimes d'historicité," in Alexandre Dutu and Norbert Dodille eds. *L'état des lieux en sciences sociales*. Paris: L'Harmattan, 1993, pp. 18-38.

_____. "Time, History and the Writing of History: the *Order* of Time," in Rolf Torstendahl and Irmline Veit-Brause eds. *History-Making: The Intellectual and Social Formation of a Discipline*. Stockholm: Kungl. Vitterhets Historie och Antikvitets Akademien, 1996, pp. 95-113.

_____. *Régimes d'historicité: Présentisme et expériences du temps*. Paris: Editions du Seuil, 2003.

_____. "Time and Heritage," *Museum International*, 57:3 (2005), pp. 7-18.

_____. *Evidence de l'histoire*. Paris: Gallimard, 2005.

Joutard, Philippe. *La Légende des camisards: Une sensibilité au passé*. Paris: Gallimard, 1977.

Koselleck, Reinhart. *Vergangene Zukunft: Zur Semantik geschichtlicher Zeiten*. Frankfurt am Main: Suhrkamp, 1979 [French vesion: *Le future passé: Contribution à la sémantique des temps historiques*. Paris: Editions de l'EHESS, 1990].

Lavabre, Marie-Claire. "Usages et mésuages de la notion de mémoire," *Critique international*, 7:4 (2002), pp. 48-57.

Le Goff, Jacques, and Pierre Nora eds. *Faire de l'histoire*. Paris: Gallimard, 1974.

_____. Roger Chartier and Jacques Revel eds. *La Nouvelle Histoire*. Paris: Retz-CEPL, 1978.

_____. *Histoire et mémoire*. Paris: Gallimard, 1988.

Lorenz, Chris. "Unstruck in time. Or: the sudden presence of the past," in Karin Tilmans, Frank van Vree and Jay Winter eds. *Performing the Past*. Amsterdam: Amsterdam University Press, 2010, pp. 67-104.

Müller, Jan-Werner. ed. *Memory and Power in Post-war Europe: Studies in the Presence of the Past*. Cambridge, New York: Cambridge University Press, 2002.

Nora, Pierre ed. *Les Lieux de mémoire*. Paris: Gallimard, 1984-1992.

_____. "Between Memory and History: *Les Lieux de Mémoire*," *Representations*, 26 (1989), pp. 7-25.

_____. *Realms of Memory: Rethinking the French Past*. English language edition edited by Lawrence D. Kritzman and translated by Arthur Goldhammer. New York: Columbia University Press, 1996-1998.

_____. *Rethinking France: Les Lieux de mémoire*. Chicago: University of Chicago Press, 2001-2010.

_____. *Présent, nation, mémoire*. Paris: Gallimard, 2011.

Obeyesekere, Gananath. *The Apotheosis of Captain Cook: European Mythmaking in the Pacific*. Princeton, N.J.: Princeton University Press, 1992.

Olick, Jeffrey K. Vered Vinitzky-Seroussi and Daniel Levy eds. *The Collective Memory Reader*. New York: Oxford University Press, 2011.

Paxton, Robert O. *Vichy France: Old guard and New Order, 1940-1944*. New York: Columbia University Press, 1972

Prost, Antoine. *Les Anciens combattants et la société française, 1914-1939*. Paris: Presses de la Fondation nationale des sciences politiques, 1977.

Radstone, Susannah. and Bill Schwarz eds. *Memory: Histories, Theories, Debates*. New York: Fordham University Press, 2010.

Ricœur, Paul. *La mémoire, l'histoire, l'oubli*. Paris: Editions du Seuil, 2000.

Rousso, Henry. and Philippe Petit. *La hantise du Passé*. Paris: Textuel, 1998.

_____. "Un jeu de l'oie de l'identité française," *Vingtième Siècle, Revue d'histoire*, 15 (1987), pp. 151-154.

_____. *Le Syndrome de Vichy: 1944-198...*. Paris: Editions du Seuil, 1987.

Sahlins, Marshall. "L'apothéose du capitaine Cook," in Michel Izard and Pierre Smith eds. *La Fonction symbolique: essais d'anthropologie*, Paris: Gallimard, 1979, pp. 307-339.

Tai, Hue-Tam Ho. "Remember Realms: Pierre Nora and French National Memory," *American Historical Review*, 106:3 (2001), pp. 906-922.

Vidal-Naquet, Pierre. *Les Assassins de la mémoire*. Paris: Maspéro, 1981.

Wachtel, Nathan. *La Vision des Vaincus: Les Indiens du Pérou devant la conquête espagnole (1530-1570)*. Paris: Gallimard, 1971.

Yates, Frances A. *The Art of Memory*. Chicago: The University of Chicago Press, 1966.

【書評】

評方祖猷《黃宗羲長傳》

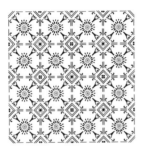

楊正顯

國立海洋大學助理研究員

《黃宗羲長傳》，方祖猷著，杭州：浙江大學出版社，二〇一
一年六月。四四〇頁。

　　黃宗羲（1610-1695）是明末清初儒學的代表性人物，有關他的
生平、思想與各方人士的往還，以及所面對的時代課題，長期以來廣
泛受到學界的關注，也積累了為數甚多的研究論文及專著。由於黃宗
羲在明末清初學術思想史上的重要地位，至今仍是學界持續聚焦的關
鍵人物。方祖猷先生是研究明清學術思想史的著名學者，早年與其師
陳訓慈（1901-1991）先生合著《萬斯同年譜》（1991），其後戮力於
明末清初史學，著有《清初浙東學派論叢》（1996）、《萬斯同評傳附
萬斯大評傳》（1996）、《萬斯同傳》（1998）、《王畿評傳》（2001）等
書，並參與《黃宗羲全集》（1985-94）、《續甬上耆舊詩》（2003）、
《羅汝芳集》（2007）、《萬斯同全集》（2013）的整理工作。以其對於
明清學術思想史的專精，及對相關文獻史料的嫻熟，由他來擔任黃宗
羲傳記的作者，實是最合適的人選。

　　《黃宗羲新傳》是近年一部甚具學術價值的力作。此書既以「長
傳」為名，不同於傳統傳記、評傳與年譜的寫法，作者基於學界研究
成果的基礎上，以生動的文筆，對黃宗羲的生平事蹟娓娓道來，吸引
讀者進入黃宗羲的歷史世界。但作者並不滿足於平鋪直敘黃宗羲生平
史實，也不以己見妄意評斷傳主的作為，同時還針對學術界尚未有定
論的爭議，根據史料予以釐清，對深入理解傳主生平問題，做出實質
的貢獻。

　　《長傳》基本上以明代亡國為界，將黃宗羲生平分成兩大階段，
而貫串兩階段者則是政治與思想兩種脈絡。本書將黃宗羲生平經歷以
七個時期來細述：一是「童年、青少年時期」，主要描述黃宗羲出生
前後的時代氛圍與危機，進而論及其父黃尊素（1584-1626）的家教
與遇難對其成長的影響。由此我們已可見出此書的書寫策略，乃扣緊
政治與思想的交光互影。作者以黃宗羲自題畫像中「初錮之為黨人，

繼指之為游俠，終厠之於儒林」的說法，作為後三章的主題。

接下來的三章，分別是「黨人時期」、「抗清遊時間」與「廁身儒林初期」。「黨人時期」主要說明黃宗羲因鳴其父冤，參與了東林黨人「復社」的活動，並因此與當世豪傑廣泛交往。但也因其「黨人習氣未盡」，故在評論明末政治事件時，無法平情判斷事情緣委與箇中曲直。其次「抗清遊俠時期」，主要說明黃宗羲面臨清兵南下進而四處招募志士抵禦的活動，最終的結果歸於徒勞無功。此後，黃宗羲以「遺民」自居，一方面通過曆算術數之學，通曉天下大勢的演變、治亂興衰的過程；另一方面也開始反省明代乃至於過往歷史的教訓，因而有《留書》之作。接著是「廁身儒林初期」，這也是本書封面字「猶聞老眼盼大壯，豈料餘生終明夷」（全祖望〔1705-1755〕語）的主軸。〈明夷〉和〈大壯〉皆是《易經》卦名，黃宗羲所以關注二卦之意義，與此時著作《明夷待訪錄》的心境有關。作者在此節主要說明清朝底定天下之後，黃宗羲反省朝代興衰治亂之緣由，撰述《明夷待訪錄》一書，並在書前〈題辭〉中，說明此時是「明夷」之時，需「艱貞守正」，以度亂世，並期待「大壯」治世的到來。於此節中，作者也提及黃宗羲對其師劉宗周（1578-1645）之學的發揚，以及因與同門對師教理解不同而起紛爭。

第五期是「創辦證人書院」，主要說明黃宗羲創辦越中與甬上證人書院的過程與講學內容的變化。此節也述及黃宗羲與呂留良（1629-1683）兩人因〈高旦中墓誌銘〉的爭論而產生衝突。接著是「三藩作亂，康熙右文」，敘述三藩之亂前後，以及一連串康熙右文政策下，黃宗羲心境的變化。因為理想中的「大壯」治世並未真正來臨，仍在一亂世之中，黃宗羲該如何自處呢？此時也因與當朝大官交往等種種爭議行為，黃宗羲「遺民」志節備受質疑。最後是「飾巾待盡時

期」，主要談黃宗羲人生最後的作爲與心境。晚年時，黃宗羲陸續編纂《宋元文案》、《宋元儒學案》、《明文海》及《明儒學案》等書，完成對傳統學術的總結工作。另外，也於病榻之中，寫了《思舊錄》與《破邪論》兩本書，一方面回憶過往的師友，一方面也對當時風俗敗壞的現象，提出批判。最後，作者討論與解釋黃宗羲對其身後喪葬事宜的作法。

　　整體而言，作者力求將黃宗羲的所作所爲及其思想表現，放置於清初的歷史背景之中。在論述上，一方面要理解明末清初易代之際的政治社會情況，另一方面，也必須針對黃宗羲生平種種重大事件詳加考定，以免以訛傳訛。與前人之作相較，此書不單描述黃宗羲在學術史上的貢獻，也不僅說明其生平大概，作者不是任意猜測黃宗羲的心境轉變，而是企圖蒐羅有關黃宗羲的各種材料，[1]以此爲基礎來重建黃宗羲的歷史世界。此點顯現出作者深厚的文獻學功力。

　　作者用力最深之處，在於針對黃宗羲於明亡後種種作爲與其心境轉變關係的論述；也就是《明夷待訪錄》〈題辭〉中，處於「明夷（亂世）」之時，等待「大壯（治世）」之運的來臨。[2]作者認爲黃宗羲在「大壯」之運還未來臨之際，堅守著遺民志節，在三藩之亂時，對於復明有所期待；但在三藩被平定之後，在康熙的右文政策下，已經接受清朝統治的正當性（頁330）。雖然其遺民的底線已經退縮到不出仕與不世襲的地步，但與當時人所批評者相較，黃宗羲仍不愧爲遺

1　例如：黃宗羲於崇禎五年參加文昌社，作者引用較爲罕見的清人董秉純所編的《四明董氏宗譜》，來證明此一事蹟。見頁25。

2　作者此一觀點來自王汎森，〈《明夷待訪錄》〈題辭〉中的十二運〉，《中央研究院歷史語言所集刊》，84：3（臺北，2013），頁527-555。見頁103，注1。

民。黃宗羲變節與否，一直是學界爭論的重大議題。作者援引很多的史料，證明黃宗羲一直堅守遺民志節，只不過在某些時空環境下，不得不有些權宜措施。

對此問題，筆者提出一些看法與作者商榷。「遺民」問題的提出，自然與《明夷待訪錄》一書的成立有關。在《明夷待訪錄》前身《留書》中，黃宗羲曾說明其寫作的意圖是：

> 古之君子著書，不惟言之，惟其行之也。……吾之言非一人之私言也，後之人苟有因吾言而行之者，又何異乎吾之自行其言乎？[3]

很清楚地表明此書在於留給「後之人」實踐的準則，至於所謂的「後之人」，從全書的內容而言，自然並非指夷狄建立的清朝。到了康熙元年，此書內容經過刪改後，改稱《明夷待訪錄》，「遺民」志節的問題因而產生。首先是內容刪除批評夷狄的種種說法，於是《留書》中「後之人」，因而可以涵蓋清朝政府。第二，〈題辭〉內引胡翰「十二運」之說，表明康熙時代即將進入代表治世的「大壯」之運，這一點也引起非議，儘管黃氏並沒有明言清朝必定是此運的創造者。然而黃氏的《易學象數論》也收有胡翰「十二運」之說，並且明白記載各運分期年數來看，可以確知在寫作《留書》之時，黃氏還不完全相信十二運之說；到了《明夷待訪錄》時，以此說立論來表達自己的期待，直到晚年撰寫《破邪論》時，又轉而批評此說「無乃欺人」。從相信到懷疑，其間態度的轉變，表達黃氏自身對現實環境的期待與幻滅，而其「言」是否能「行」，所期待的「後之人」，似乎

3　黃宗羲，《留書・自序》，收入沈善洪主編，《黃宗羲全集》第11冊（杭州：浙江古籍出版社，2005），頁1。

也僅剩統治逐漸穩固的清朝政府。加上黃宗羲從未明白地拒斥清政府，於是時人乃至後人懷疑甚至批評其變節，不能說沒有道理。

　　作者因對黃宗羲的詩文資料相當熟悉，對部份資料的解讀，似乎已讀到意在言外之處。例如，作者論及魏大中（1575-1625）寫信給黃尊素求援時，此紙是由黃宗羲轉交給黃尊素的，作者認爲：「黃宗羲當時年雖少，也間接參與了這場鬥爭。」（頁8）由於此紙只是經由黃宗羲遞給其父，作者解讀黃宗羲「間接參與」，其實不無道理，但可惜沒有其他證據可以再作引申。

　　作者論及天啓時期黨爭對黃宗羲的影響說：「強烈的感情在一定程度上障蔽了眼睛，在他反思明末的歷史時，其視角就不夠廣闊而有所忽略。」（頁12）並指出《汰存錄》之作不盡客觀即起因於天啓黨爭的遺害。但我們若換個角度，跳脫主客觀之別，單看黃宗羲的個人思想，政治經驗的影響仍是理解其思想不可或缺的重要成份。

　　作者論及張溥（1602-1641）創立復社，立社規與盟約，說：「訂立上述規條，用意的確很好，希望學以致用，但其途徑卻僅僅爲復興古學，古學怎能致君澤民呢？盟約也不錯，但能否做到，則又作別論了！」（頁18）又說「在時文下復興古學，必然膚淺。」（頁46）顯示作者對明末文社的評價傾向負面。雖然此種批評符合明末清初部份士人的看法，但我們若回到當時的歷史脈絡，對文社、文章及古學內容的評價，應會十分複雜而多元。勾勒這些多元紛雜的線索，也許會是另一個有趣的課題。

　　另外指出書中某些小錯誤：如頁66，注3：「沈清玉《冰壺集·黃梨洲先生傳》，抄本」，但在頁122，注4，卻寫成「沈冰壺《黃梨洲小傳》，抄本」，參考文獻中則爲：「《冰壺集》沈清玉，清寫本

（頁432）」，沈冰壺乃山陰人，熟悉明末清初史事，[4]但著作較爲罕見，不知作者各處所指是否爲同一材料？

最後，筆者認爲對黃宗羲研究有興趣的學者，仍然可以多發掘新材料。《黃宗羲全集》雖曾於2005年做過增訂，但只增加黃宗羲三種筆記與十條佚詩文。近年來，已有不少新材料陸續出現，例如〈長嘯齋摹古小技序〉、[5]〈偶存軒稿序〉[6]等，書畫眞跡中亦有其文字留存，[7]這些材料都有待於更全面地收集，將會爲黃宗羲研究提供莫大的助益。

4　《山陰縣志》記云：「沈冰壺，字清玉。歲貢生。性孤峭，喜博覽，家貧無書，恆借書披閱。有所著述，以一缸貯之，往往爲人取去。最熟勝國諸老軼事，著有《古調自彈集》。」見徐元梅等修、朱文翰等輯，《（嘉慶）山陰縣志》，收入《中國地方志集成·浙江府縣志輯》第37冊（上海：上海書店出版社，1993），卷15，〈鄉賢三〉，頁733c。

5　黃天美，〈黃宗羲佚著《長嘯齋摹古小技序》辨析〉，《浙江社會科學》，3（杭州，2010），頁108-110，129。

6　侯富芳，〈黃宗羲佚序一則述略〉，《淮陰師範學院學報（哲社版）》，32（淮安，2010），頁500-501。

7　楊儒賓、馬淵昌也主編，《中日陽明學者墨跡：紀念王陽明龍場之悟五百年　中江藤樹誕生四百年》（臺北：國立臺灣大學出版中心，2008），頁58（圖版）、105（釋文）。

《思想史》稿約

1. 舉凡歷史上有關思想、概念、價值、理念、文化創造及其反思、甚至對制度設計、音樂、藝術作品、工藝器具等之歷史理解與詮釋，都在歡迎之列。

2. 發表園地全面公開，竭誠歡迎海內外學者賜稿。

3. 本學報為半年刊，每年三月及九月出版，歡迎隨時賜稿。來稿將由本學報編輯委員會初審後，再送交至少二位專家學者評審。評審人寫出審稿意見書後，再由編委會逐一討論是否採用。審查採雙匿名方式，作者與評審人之姓名互不透露。

4. 本學報兼收中（繁或簡體）英文稿，來稿請務必按照本刊〈撰稿格式〉寫作。中文論文以二萬至四萬字為原則，英文論文以十五頁至四十頁打字稿為原則，格式請參考 *Modern Intellectual History*。其他各類文稿，中文請勿超過一萬字，英文請勿超過十五頁。特約稿件則不在此限。

5. 請勿一稿兩投。來稿以未曾發表者為限，會議論文請查明該會議無出版論文集計畫。本學報當儘速通知作者審查結果，然恕不退還來稿。

6. 論文中牽涉版權部分（如圖片及較長之引文），請事先取得原作者或出版者書面同意，本學報不負版權責任。

7. 來稿刊出之後，不付稿酬，一律贈送作者抽印本30本、當期學報2本。

8. 來稿請務必包含中英文篇名、投稿者之中英文姓名。論著稿請附中、英文提要各約五百字、中英文關鍵詞至多五個;中文書評請加附該書作者及書名之英譯。

9. 來稿請用真實姓名,並附工作單位、職稱、通訊地址、電話、電子郵件信箱地址與傳真號碼。

10. 投稿及聯絡電子郵件帳號:intellectual.history2013@gmail.com。

專號徵稿啓事

　　爲紀念《青年》（1915，後改爲《新青年》）雜誌創刊一百周年，本刊正籌劃出版青年專號。舉凡與《青年》或《新青年》雜誌相關，抑或與五四運動相關之論文或研究討論，本刊均竭誠歡迎賜稿。來稿請參考本刊〈撰稿格式〉，論文電子檔請寄至 intellectual.history2013 @gmail.com，或將紙本寄至台北市南港中央研究院歷史語言研究所陳正國先生收。有關本刊相關訊息，請參考 http://www.linkingbooks.com.tw/lnb/top/9789570842661.aspx。

Call For Papers

　　The journal *Intellectual History* (Sixiangshi, Taipei) is planning a special issue in 2015 on the New Culture Movement in commemoration of the hundredth anniversary of the founding Youth (Qingnian) magazine (renamed New Youth, in 1917). Articles and research notes may be in Chinese or English; send electronically to intellectual.history2013@gmail. com, or by mail to Dr. Jeng-Guo Chen, The Institute of History& Philology, Academia Sinica, Nankang, Taipei 11529, Taiwan. The style is identical with that of *Modern Intellectual History*. For more information on *Intellectual History*, see http://www.linkingbooks.com.tw/lnb/top/9789570842661.aspx.

《思想史》撰稿格式

（2013/08修訂）

1. 橫式（由左至右）寫作。

2. 請用新式標點符號。「 」用於平常引號，『 』用於引號內之引號；《 》用於書名，〈 〉用於論文及篇名；英文書名用 Italic；論文篇名用 " "；古籍之書名與篇名連用時，可省略篇名符號，如《史記・刺客列傳》。

3. 獨立引文每行低三格（楷書）；不必加引號。

4. 年代、計數，請使用阿拉伯數字。

5. 圖表照片請注明資料來源，並以阿拉伯數字編號，引用時請注明編號，勿使用 "如前圖"、"見右表" 等表示方法。

6. 請勿使用："同上"、"同前引書"、"同前書"、"同前揭書"、"同注幾引書"，"ibid.," "Op. cit.," "loc. cit.," "idem" 等。

7. 引用專書或論文，請依序注明作者、書名（或篇名）、出版項。

   A. 中日文專書：作者，《書名》（出版地：出版者，年份），頁碼。

   　如：余英時，《中國文化史通釋》（香港：牛津大學出版社，2010），頁1-12。

   　如：林毓生，〈史華慈思想史學的意義〉，收入許紀霖等編，《史華慈論中國》（北京：新星出版社，2006），頁237-246。

   B. 引用原版或影印版古籍，請注明版本與卷頁。

如：王鳴盛，《十七史商榷》（臺北：樂天出版社，1972），卷12，頁1。

如：王道，《王文定公遺書》（明萬曆己酉朱延禧南京刊本，臺北國家圖書館藏），卷1，頁2a。

C. 引用叢書古籍：作者，《書名》，收入《叢書名》冊數（出版地：出版者，年份），卷數，〈篇名〉，頁碼。

如：袁甫，《蒙齋集》，收入《景印文淵閣四庫全書》第1175冊（臺北：臺灣商務印書館，1983），卷5，〈論史宅之奏〉，頁11a。

D. 中日韓文論文：作者，〈篇名〉，《期刊名稱》，卷：期（出版地，年份），頁碼。

如：王德權，〈「核心集團與核心區」理論的檢討〉，《政治大學歷史學報》，25（臺北，2006），頁147-176，引自頁147-151。

如：桑兵，〈民國學界的老輩〉，《歷史研究》，2005：6（北京，2005），頁3-24，引自頁3-4。

E. 西文專書：作者—書名—出版地點—出版公司—出版年分。

如：Samuel P. Huntington, *Political Order in Changing Societies* (New Haven: Yale University Press, 1968), pp. 102-103.

F. 西文論文：作者—篇名—期刊卷期—年月—頁碼。

如：Hoyt Tillman, "A New Direction in Confucian Scholarship: Approaches to Examining the Differences between Neo-Confucianism and Tao-hsüeh," *Philosophy East and West*, 42:3 (July 1992), pp. 455-474.

G. 報紙：〈標題〉—《報紙名稱》（出版地）—年月日—版頁。

〈要聞：副總統嚴禁祕密結社之條件〉，《時報》（上海），2922號，1912年8月4日，3版。

"Auditorium to Present Special Holiday Program," *The China Press* (Shanghai), 4 Jul. 1930, p. 7.

H. 網路資源：作者—《網頁標題》—《網站發行機構／網站名》—發行日期／最後更新日期—網址（查詢日期）。

倪孟安等，〈學人專訪：司徒琳教授訪談錄〉，《明清研究通迅》第5期，發行日期2010/03/15，http://mingching.sinica.edu.tw/newsletter/005/interview-lynn.htm (2013/07/30)。

8. 本刊之漢字拼音方式，以尊重作者所使用者為原則。

9. 本刊為雙匿名審稿制，故來稿不可有「拙作」一類可使審查者得知作者身分的敘述。

《思想史》購買與訂閱辦法

（2014/3/31修訂）

一、零售價格：每冊新臺幣480元。主要經銷處：聯經出版公司官網、
　　門市與全省各大實體書店、網路書店。

二、國內訂閱 (全年二冊 / 3、9月出版)：
　　機關訂戶，新臺幣960元；個人訂戶，新臺幣760元；學生訂戶，
　　新臺幣720元。郵政劃撥帳戶「聯經出版公司」，帳號01005593。

三、海外訂閱 (全年二冊 / 3、9月出版)：
　　港澳 / 大陸地區——航空每年訂費NT$2200元（US$78），
　　　　　　　　　　　海運每年訂費1972元（US$70）
　　亞洲 / 大洋洲地區—航空每年訂費NT$2342元（US$82），
　　　　　　　　　　　海運每年訂費2086元（US$74）
　　歐美 / 非洲地區——航空每年訂費NT$2542元（US$90），
　　　　　　　　　　　海運每年訂費2086元（US$74）
　　若需掛號，全年另加US$5

　　請將費用以美金即期支票寄至：
　　臺北市大安區新生南路三段94號1樓　聯經出版公司
　　1F., No.94, Sec. 3, Xinsheng S. Rd., Da'an Dist., Taipei City 106,
　　Taiwan (R.O.C.)
　　TEL：886-2-23620308

Subscription

A. List price: (surface postage included)
    Hong Kong, Macao, China US$70 per issue; Asia, Oceania, America,
    Europe, Australia and Other Areas US$74. (Add US$5 for registered
    mail)

B. List price: (air mail)
    Hong Kong, Macao, China: US$78 per issue; Asia and Oceania Areas
    US$82 per issue;
    America, Europe, Australia and Other Areas: US$90. (Add US$5 for
    registered mail)

C. Subscription Rate: (2 issues per year)
    Please pay by money order made payable to:
    Thoughts History, 1F., No.94, Sec. 3, Xinsheng S. Rd., Taipei City
    106, Taiwan (R.O.C.)

E-mail：lkstore2@udngroup.com
TEL：886-2-23620308
FAX：886-2-23620137

聯 經 出 版 事 業 公 司

《思想史》期刊　信用卡訂閱單

訂 購 人 姓 名：＿＿＿＿＿＿＿＿＿＿＿＿

訂 購 日 期：＿＿＿年＿＿＿月＿＿＿日

信 用 卡 別：□VISA CARD　□MASTER CARD

信 用 卡 號：＿＿＿＿＿＿＿＿＿＿（卡片背面簽名欄後三碼）＿＿＿必填

信用卡有效期限：＿＿＿月＿＿＿年

信 用 卡 簽 名：＿＿＿＿＿＿＿＿＿＿＿（與信用卡上簽名同）

聯 絡 電 話：日(O)：＿＿＿＿＿＿＿＿　夜(H)：＿＿＿＿＿＿＿＿

傳 眞 號 碼：＿＿＿＿＿＿＿＿＿＿＿＿

聯 絡 地 址：＿＿＿＿＿＿＿＿＿＿＿＿＿＿＿＿

訂 購 金 額：NT$＿＿＿＿＿＿＿＿＿＿元整

發 　 　 票：□二聯式　□三聯式

統 一 編 號：＿＿＿＿＿＿＿＿＿＿＿＿＿

發 票 抬 頭：＿＿＿＿＿＿＿＿＿＿＿＿＿

◎若收件人或收件地不同時，請另加塡！

收 件 人 姓 名：□同上＿＿＿＿＿＿＿＿＿＿＿□先生　□小姐

收 件 人 地 址：□同上＿＿＿＿＿＿＿＿＿＿＿＿＿＿

收 件 人 電 話：□同上 日(O)：＿＿＿＿＿＿　夜(H)：＿＿＿＿＿＿

※ 茲訂購下列書籍，帳款由本人信用卡帳戶支付

訂閱書名	年 / 期數	寄送	掛號	金額
《思想史》	訂閱＿＿＿年	□ 航空 □ 海運	□ 是 □ 否	NT$

訂閱單塡妥後

1. 直接傳眞FAX：886-2-23620137

2. 寄臺北市大安區新生南路三段94號1樓　聯經出版公司 收

　TEL：886-2-23620308

思想史

思想史 3　專號：盧梭與早期中國共和

2014年9月初版　　　　　　　　　　　　　　　　定價：新臺幣480元
有著作權・翻印必究
Printed in Taiwan.

編　　　著	思 想 史 編 委 會				
發 行 人	林　　載　　爵				

出　版　者	聯 經 出 版 事 業 股 份 有 限 公 司	叢書編輯	陳　　逸　　達
地　　　址	台北市基隆路一段180號4樓	封面設計	沈　　佳　　德
編 輯 部 地 址	台北市基隆路一段180號4樓		
叢 書 主 編 電 話	(0 2) 8 7 8 7 6 2 4 2 轉 2 2 5		
台 北 聯 經 書 房	台 北 市 新 生 南 路 三 段 9 4 號		
電　　　話	(0 2) 2 3 6 2 0 3 0 8		
台 中 分 公 司	台 中 市 北 區 崇 德 路 一 段 1 9 8 號		
暨 門 市 電 話 ：	(0 4) 2 2 3 1 2 0 2 3		
台 中 電 子 信 箱	e-mail：linking2@ms42.hinet.net		
郵 政 劃 撥 帳 戶	第 0 1 0 0 5 5 9 - 3 號		
郵 撥 電 話	(0 2) 2 3 6 2 0 3 0 8		
印　刷　者	世 和 印 製 企 業 有 限 公 司		
總　經　銷	聯 合 發 行 股 份 有 限 公 司		
發　行　所	新北市新店區寶橋路235巷6弄6號2樓		
電　　　話	(0 2) 2 9 1 7 8 0 2 2		

行政院新聞局出版事業登記證局版臺業字第0130號

國家圖書館出版品預行編目資料

思想史 3 專號：盧梭與早期中國共和/思想史
編委會編著 . 初版 . 臺北市 . 聯經 . 2014年9月（民
103年）. 276面 . 14.8×21公分（思想史：3）
ISBN 978-957-08-4469-6（第3冊：平裝）

1.思想史 2.文集

110.7   103018292